KB008032

황우석
이야기

황우석 이야기

초판 1쇄 인쇄 2009년 3월 16일
초판 2쇄 발행 2009년 6월 15일

지은이 | 노광준
펴낸이 | 전익균

이사 | 송영욱, 임상현
편집장 | 김남희
기획 | 김미화, 이동하
편집 | 이미순
디자인 | 이은아, 이호영
마케팅 | 오정민
경영지원 | 최예란
표지사진 | 연합뉴스 제공

찍은곳 | 예림인쇄
출력 | 한국커뮤니케이션
제본 | 바다제책

펴낸곳 | 에이원북스
주소 | 서울 강남구 역삼동 723-28 영빌딩 1, 2층
전화 | 02-3442-4393~4   팩스 | 02-3442-6771
e-mail | svinvest@hanmail.net   홈페이지 | www.assetclass.co.kr
등록번호 | 제16-4043호 등록일자 | 2006. 11. 28

값 12,000원

ISBN 978-89-92873-37-6 (03300)

*잘못 만들어진 책은 구입하신 곳에서 바꾸어 드립니다.
*에이원북스(Aonebooks)는 (주)새빛에듀넷의 자사브랜드입니다.

황우석 이야기

노광준 지음

AONEBOOKS 에이원북스

일면식도 없었던 저의 이 껄끄러운 졸고를
하나하나 검토해주신 분들,
너무 과분한 서평과 추천사를 주신
유승식 교수님과 김병종 교수님,
쉽지 않은 출판을 결정한 뒤 정성을 다 해주신
새빛출판사 여러분,
그리고 매서운 사이버 교정으로
실수를 다잡아주신 18명의 네티즌 여러분께

진심어린 감사의 인사를 드립니다.

황우석 이야기를 시작하며

에디슨은 한때 사기꾼으로 놀렸습니다. 연구는 실패를 거듭했고, 영국의 한 학자는 그가 에너지 법칙이 있다는 것조차 모르는 것 같다며 비웃기까지 했습니다. 그러나 결국 에디슨의 전구는 멘로파아크의 밤을 환히 밝히며 세상을 바꿨고, 이후 에디슨은 『사이언스』 창간에 큰 기여를 했습니다.

토마스 에디슨
(Thomas Alva Edison; 발명가, 1847.2.11.~1931.10.18.)

벨이 전화기 특허권을 따냈을 때 『더 타임즈』는 가장 최근에 나온 미국 최대의 허풍이라고 논평했습니다. 나중에 진짜 허풍쟁이가 된 것은 누구였을까요? 벨은 AT&T를 설립했고 '벨 연구소'는 11명의 노벨상 수상자를 배출했습니다. 이처럼 과학발전의 이면에는 늘 비판과 반비판이라는 혹독한 투쟁이 숨어 있습니다.

1802년 영국의 풍자만화가 James Gillray의 만평. 천연두 예방을 위해 우두주사를 맞은 사람들이 소로 변한다.

　사람의 생명을 다루는 생명의학 분야에서는 한층 격렬한 투쟁이 있었습니다. 천연두가 아직 난치병으로 분류되던 시절, 영국의 시골 의사 제너는 소의 우두균을 이용한 면역치료법을 고안했습니다. 그러자 종교계는 그를 이단으로 몰았고, 신문에는 제너의 우두주사를 맞은 사람들이 소로 변하는 만평이 실렸습니다. 그러나 이후 제너의 치료법은 종교가 아닌 과학을 통해 검증됐고 마침내 인류는 천연두로부터 해방되었습니다.

　헝가리의 의사 제멜바이스는 의사들의 씻지 않은 손이 산모들의 죽음을 부른 산욕열 감염의 원인임을 지적했습니다. 그는 의사들의 적으로 내몰렸고 말년에는 외롭게 정신병원에서 죽어가야 했습니다. 그러나 후속연구는 그의 주장이 사실임을 입증해냈고, 지금 모든 의사들은 환자와 만나기 전에 반드시 손을 깨끗이 씻고 있습니다.

　이처럼 새로운 과학기술은 어느 날 갑자기 우리 눈앞에 나타나는 것이 아니라 비판과 반비판, 과학을 과학으로 검증하는 격렬한 투쟁을 거듭하는 가운데 마침내 거대담론이 허물어지고 새로운 패러다임이 열리게 되는 것입니다. 토마스 쿤은 이를 과학혁명의 구조로 설명했습니다.

이제 황우석 이야기로 들어가 보겠습니다. 참으로 반전도 많았고 괴담도 신화도 무성했습니다. 그러나 과학만은 그 자리에 없었습니다. 우리는 '줄기세포'라고 하는 아주 중요한 과학 논란에서 과학은 쏙 빠진채 윤리와 의혹만이 검증이라는 옷을 입고 피투성이 칼춤을 추는 것을 지켜봐야 했습니다.

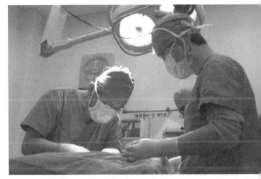
연구실 밖에서는 황우석 박사와 관련하여 이런 저런 소동이 있었지만, 이 와중에도 황우석 연구팀은 연구에만 몰입해 있었다.

과학의 요체는 '재현 가능함'에 있다고 합니다. 그렇다면 당시 황우석팀의 성과는 재현 가능한 과학이었을까요? 아니면 재현할 수 없는 종교 혹은 사기였을까요? 아마도 양심에 충실한 분들이라면 이 질문에 쉽게 대답할 수 없을 것입니다. 왜냐하면 우리는 단 한 번도 과학적 실험을 통한 검증기회를 갖지 못했기 때문입니다.

황우석 논란의 핵심쟁점은 크게 바꿔치기, 원천기술, 처녀생식으로 요약됩니다. 골치 아프고 복잡한 이 쟁점을 가장 정확하고 공정하게 다룰 수 있는 검증방식은 '어디 한번 입증해보라'며 재현실험의 기회를 주는 것이었습니다. 모두가 지켜보는 가운데 실험을 해보면, 기술이 있는지 없는지 누가 조작의 주체인지를 정확히 가려낼 수 있었습니다.

그러나 국립 서울대학교는 재현실험 요청을 거부했습니다. 소장파 학자들의 처녀생식 공동 재검증 요청 또한 거부했습니다. 그 후 황우석 박사와 젊은 연구원들은 다시 줄기세포 연구승인을 요청했지만, 2008년 8월 한국 정부는 이를 거절했습니다. 그 뒤 진보도 보수도 지식인도 저널리즘도 모두 이 사안을 외면했습니다.

나는 2005년 12월 이후 계속된 나의 취재가 이 나라의 과학을 지키는 데 일조할 것이라고 믿는다.

저는 조그만 라디오 방송사의 프로듀서입니다. 줄기세포의 줄자도 몰랐으며, 오히려 〈PD수첩〉의 저널리즘을 막아서는 안 된다는 생각을 했던 사람입니다. 그런 제가 벌써 4년째, '황우석 박사와 무슨 관계냐'는 버거운 시선을 감내하면서, 책과 방송 그리고 적지 않은 수의 블로그 취재기사를 써왔습니다. 왜냐하면 신화와 괴담이 휩쓸고 간 그 자리에 과학적 진실이 돋아나고 있는 것을 봤기 때문입니다. 언젠가 이 소모적인 논쟁이 끝나고 이 나라의 과학을 지키는 데 일조할 수 있으리라는 꿈이 있었기 때문입니다.

저의 첫 취재는 2005년 12월 24일 황우석 지지자들의 첫 촛불시위 현장으로부터 시작됐습니다. 과연 그들이 광신도인가를 밝혀내겠다는 소박한 목표로 시작된 저의 취재는 이후 서울대 조사발표와 검찰

수사, 〈추적60분〉과 특허논란, 그리고 33차에 이르는 피 말리는 법정 공방에 다다르며 조금씩 폭을 넓혀왔습니다.

글의 재료는 되도록 손이 덜 갔으면서도 검증된 '날 것'을 고르려 애썼습니다. 요약본이 아닌 서울대 조사보고서 원문, 검찰 수사결과 원문, 섀튼 조사보고서 원문, 주요 외신 원문, 황우석 연구팀의 논문과 발표문 전문, 법정 공방의 맥락, 그리고 자료로 채워질 수 없는 부분에 대해서는 관련 인사들에 대한 직접 인터뷰를 참고했습니다. 그러나 이를 요리하는 과정에서 요리사인 저의 '손맛'만은 배제시킬 수 없었기에, 저는 이 책을 '황우석의 진실'이 아닌 '황우석 이야기'로 이름 붙여 내놓습니다.

흔히 열매의 단맛에 취해 열매가 맺기까지 농부의 땀방울을 외면하듯 우리는 눈앞에 새로 나타난 과학성과 앞에 열광 혹은 의혹의 눈길을 보내면서도, 그 속에 담겨진 과학자들의 땀과 눈물의 가치에 대해서는 대수롭지 않게 여기는 것 같습니다.

저의 취재가 맞다면, 지난 2008년 미국에서 발표된 황우석팀의 죽은 개 '미시' 복제의 성과는 그냥 얻어진 것이 아닙니다. 최근 호주에서 발표된 줄기세포 특허등록 현황 역시 우연의 산물이 아닙니다. 그들은 모든 것을 잃은 상황에서도 연구를 계속해왔습니다. 황우석 박사와 20여 명의 연구원들은 구로의 전세 연구실과 경기도의 농기구 창고 한켠을 막은 간이 실험실에서 연구를 재개했고, 현재 35명으로 불어난 이들 연구팀은 동물복제 성과와 논문발표를 통해 줄기세포 연구에 매진하고 있습니다.

현재 호주에서 등록된 특허는 서울대와 하버드 연구자들의 처녀생식설에 가로막혀 발급이 지연되었고, 경쟁국들은 줄기세포 상용화의 고원을 향해 전력질주하고 있는 형편입니다. 하지만 황우석팀 연구원들 또한 1번 줄기세포가 처녀생식이 아닌 체세포 복제 줄기세포임을 증명하는 과학검증 결과를 얻은 뒤 이에 대한 국제 학술지 논문발표를 위해 준비하고 있습니다. 이제는 그들에 대한 괴담조차 잊혀져가고 있지만, 그들의 과학 이야기는 오늘도 계속되고 있습니다.

2009년 3월
시골피디 노광준

'핵치환 맞춤형 줄기세포' 연구의 작은 불씨

유승식(하버드대 의과대학 교수)

줄기세포와 관련되어 인간이 파악한 '과학적 사실'은 극히 일부이다. 대부분은 아직 개척되지 않았거나 연구가 진행 중이다. 소위 알려진 '사실'조차도 일부분 혹은 전체적으로 과학적 반문은 가능하다고, 하버드 대학의 동료 줄기세포 연구자(재생의학 연구자로 불리기도 한다)들은 조심스럽게 이야기한다. 줄기세포는 연구자들에게 많은 질문을 던지고 있지만 인류에게는 그만큼 많은 혜택을 주리라 예상된다.

일반인들에게는 과학의 언어와 방식은 이해하기 힘들다. 어떻게 보면 외국어를 습득하는 것보다 더 어렵게 느껴지기도 한다. 그러므로 언론의 역할은 이같이 어려운 과학의 언어를 대중이 이해하기 쉽도록 전달하는 것이며, 가능한 한 정확한 지식을 가지고 이성적인 판단을 내리도록 도와야 할 책임이 있다. '과학'을 다루는 언론에 있어 중요한 것은 '사실'의 전달이다. 서구에서는 '과학언론(Scientific Journalism)'이라는 분야가 따로 있을 정도로 사실에 기초한 과학언론을 중요시

한다.

이 책은 지금까지 보아왔던 책 중에서도 가장 '핵치환 맞춤형 줄기세포'와 관련된 이야기들을 '사실'에 충실하게 정리하였다. 어떻게 보면 '황우석 박사'와 연구팀에 대한 '옹호와 변론'에 지나지 않는다고 할 수도 있겠으나, 책에 담긴 '사실'을 가만히 짚어보면 '큰 뜻'이 숨어 있음을 알 수 있다. '핵치환 맞춤형 줄기세포'는 여러 가지 병마와 싸우는 인류와 인류의 미래에 중요한 역할(이는 직접적이거나 간접적일 수도 있다)을 할 수 있다는 것이다.

의과학 연구를 하는 사람으로서 본인은 줄기세포 관련 질문을 자주 받게 된다. 물론 여러 가지 질문들이 있지만, '핵치환 맞춤형 줄기세포는 과연 있었는가?', '핵치환 맞춤형 줄기세포는 중요한가?'로 정리할 수 있겠다. 이에 대한 나의 의견은 '핵치환 맞춤형 줄기세포'의 성립은 가능성이 매우 높아서, 이미 성공했는데도 모르고 있을 가능성이 높다는 것이고(이는 즉, '맞춤형 줄기세포는 있다'는 말로 해석해도 좋다), '맞춤형 줄기세포'의 (과학적·경제적) 중요성은 현재에 있어서 부화로 정량화(quantification)하기 어려울 정도로 중요하다는 것이다.

'핵치환 맞춤형 줄기세포' 연구의 불씨는 우리나라에서 시작되었으나, 국내에서는 불행하게 빛을 보지 못하게 되었고, 미국 유럽 일본 싱가포르에서는 유도줄기세포나 성체줄기세포를 이용한 연구의 '군불'을 후끈후끈하게 때고 있다. 조금이나마 미약한 불씨(핵치환 맞춤형 줄기세포 연구자)를 가지고 있는 것이 안타깝기는 하지만, 조속한 재현실험 없이는 불씨도 지키기 힘들 수도 있다.

태풍, 그리고 그 이후의 기록

김병종(화가, 서울대 교수)

그것은 하나의 태풍이었다. 지진이고 해일이었다. 미처 손쓸 새도 없이 한반도를 휩쓸고 간 그 거센 바람의 뒷자리는 너무도 참담했다. 무너지고 파괴된 곳곳에서 탄식과 비탄의 소리가 들려왔다. 그 태풍의 와중에 황우석 박사가 있었다. 비처럼 쏟아지는 온갖 비난과 저주의 돌멩이들을 묵묵히 견뎌내며 그는 미동도 않고 태풍의 한가운데에 서 있었다. 그러기를 몇 년, 이제 태풍은 물러난 듯하다. 어차피 태풍이란 지나가게 마련이니까. 언제 그랬냐는 듯 검은 먹구름으로 뒤덮였던 하늘은 활짝 개어 해가 빛나고 있다. 갈라지고 터진 땅에서는 다시 파릇한 生命들이 움드고 있다. 그렇다. 그 부서운 태풍의 소식은 어느새 우리의 기억에서마저 흐릿해지고 있다.

그런데 돌연 한 사람이 태풍의 기록을 들고 나타났다. 뜬금없는 일이었다. 출판사로부터 기록물을 받아들고 나서 나는 그 진의부터 의심했다. 출판사로서는 전공보다는 황 박사와 나와의 친분관계를 짚어내어 분야가 달라도 한참 다른 내게까지 추천을 부탁해온 것이었지만, 나로서는 혹 황우석의 이름을 걸고 하려는 장사가 아닌가 의심했던 것이다. 황 박사에게 물었지만 그런 책이 나온다는 사실조차 모르고 있었다.

나는 내 앞에 배달되어온 원고를 읽기 시작했다. 그 끔찍했던 태풍의 기억들을 되살린다는 것은 괴로운 일이었지만 흥미가 동한 것도 사실이었기 때문이다. 그런데 원고를 읽으면서 나는 몇 가지 점에 놀라지 않을 수 없었다. 우선 글의 내공이 상당하다는 점이었다. 문장동네에서는 글깨나 쓴다는 사람들의 면면이 대충 알려져 있기 마련인데 그 이름마저 생소한 젊은 저자가 그만큼 탄탄하게 글을 쓰고 있다는 사실에 놀란 것이다. 둘째는 사태를 바라보는 놀랍도록 침착한 시선이었다. 기존의 언론보도에서부터 떠도는 풍설에 이르기까지 온갖 광기와 흥분의 더께를 걷어내고 태풍 아래의 모습을 놀랍도록 차분하게 관찰하고 있는 것이었다.

글을 읽다보니 과학적 진실의 공방 이면으로 내가 아는 인간 황우석의 모습들이 언뜻언뜻 지나가곤 했다. 나는 황 박사에게 두 번 놀란 적이 있다. 첫 번째 놀람은 그의 연구를 향한 초인적인 노력이다. 저녁을 함께 하고 밤 9시쯤 헤어지면 나는 번번이 집으로 돌아가지만 그는 연구실로 갔다. 그리고 다음 날이면 전화를 걸어 문외한인 내게 연구진행 상황을 소상히 설명해주곤 했다. 그러기를 10여 년째나 계속했다. 두 번째 놀람은 사태 이후에 왔다. 그 충격이 하도 커서 나는 당사자인 황 박사의 안위부터 걱정하였지만, 그 사나운 광풍을 온몸으로 받아내면서도 그가 전과 달라진 부분이 전혀 없다는 점에서의 놀람이었다. 그 충격의 와중에서도 인간성이나 품성의 어느 한 부분이라도 깎이고 훼손된 곳이 없었던 것이다. 그는 여전히 온후한 모습이고 자신을 내동댕이친 세상을 향해서도 따뜻한 시선을 던지고 있다. 그리고 도대체 그간 무슨 일이 일어났나 싶게 자기 연구에 매진하고 있는 점도 꼭 같다.

요즘도 가끔씩 그는 운동화에 작업복 차림으로 내 앞에 나타나 방금 끝내고 온 실험에 대해 눈을 반짝이며 설명해주곤 한다. 산천을 헤매다가 예쁜 나비를 새로 발견한 소년의 눈빛이 되어 흥분과 설렘으로 설명을 해주는 것이다. 그 눈빛을 보면서 이제는 이 나라가 걸었던 그에 관한 모든 족쇄를 풀 때가 되었다고 느낀다. 의혹의 눈길도, 모든 부당한 혐의도 거둬들일 때가 되었다고 생각한다. 더 이상 족쇄를 채우고 있는 것은 죄악이라고 생각한다.

수년 전 황 박사는 우리가 함께 참여한 한 책에서 '생명의 노래를 부르는 화가'라는 글을 써서 나에게 헌정했다. 그 글을 쓸 무렵 그는 자신의 집 거실에 내 작품 한 폭이 걸렸으면 좋겠다는 얘기를 했고, 나는 노벨상을 받으면 기꺼이 한 점을 내놓겠다고 약속을 했다. 이 마지막 덕담을 끝으로 그는 죄인 아닌 죄인이 되어 우리의 시야로부터 멀어져 버렸다. 그를 몰아낸 것은 우리다. 그를 다시 불러들여야 할 주체도 우리이다. 얼어붙은 대지는 풀리고 땅은 새 생명을 노래한다. 우리 모두 어둡고 음습한 태풍의 기억 속에서 걸어 나와 봄을 맞아야 할 때이다. 이 새봄에 황 박사의 활짝 웃는 모습을 다시 보고 싶다.

C·O·N·T·E·N·T·S

황우석 박사는 누구인가

제 친구 중에 자타가 공인하는 생화학 교수가 한 사람 있는데 황우석 박사라면 입에 거품을 물고 비판하더군요. 같은 학자요 교수인데도 평소 그답지 않게 내가 이해하지 못할 편견에 가득 찬 이야기로 말입니다. 평소 생명과학 분야에 대해 약간의 식견을 가지고 있던 나로서는 뭔가 '이건 아니다'라는 느낌이 들기 시작했습니다. 그리고는 거꾸로 관심을 갖게 되더군요.

__ 어느 네티즌의 글 중에서

01
PART

01

〈PD수첩〉 제보자의 편견

'모든 것을 의심하라'며 황우석 박사를 까발린 〈PD수첩〉은 정작 자신들의 제보자 K씨의 말을 의심해보
긴 한 것일까?
_ 시골피디

〈PD수첩〉 제보자 K씨의 인터뷰 내용대로라면, 황우석 박사라는
사람은 실험도 안 하고 현미경도 조작할 줄 모르며, 연구원들이 내놓
은 결과만 달달 외워 대중들의 입맛에 맞게 각색해 발표하는 '전형적
인 언론플레이어'로 비친다.

실험실에서는 꽝입니다. 소나 돼지를 필드에서 만지고 수술하는 건
잘하시는데, 실험에 대해서는 전혀 모르세요. (중략) 황 교수님은 외우
는 걸 잘해서 그것만 딱 외워서 다른 사람에게 이야기를 하죠. (중략)
현미경을 조작하는 게 아니라 그냥 눈으로 보시는 거고, 체세포 탈핵
하는 것은 다른 사람 손입니다. 한번 황 교수님이 해봤으면 좋겠습니
다. 허허…….[2) [PD수첩/K씨 인터뷰]

너무나 적나라했던 〈PD수첩〉 제보자의 진술은 과연 사실일까? 황우석 전 교수가 연구원들의 도움 없이 혼자 수행했던 박사학위 논문과 교수임용 직후 국내외 학술지 발표논문을 살펴보면 '실험실에서는 꽝'이라는 제보자 진술은 믿기 힘들다.

많은 이들에게 황우석 박사는 '소 박사'로 알려져왔다. 실제로 그는 석사논문에서도 한우 인공수정에 관련된 연구를 했고 대학원 생활 내내 소와 씨름해왔다는 평가를 받는다. 그런데 그가 박사학위를 받고 한 사람의 연구자로서 소에 대한 실질적인 성과를 발표하기까지는 실험실 안에서 '생쥐'를 이용한 기초연구가 바탕을 이루었다. 일반적인 BT 분야 연구실에서는 우선 생쥐 실험을 통해 기본원리와 미세조작기법을 확립시킨 다음 소나 돼지, 나아가 인간까지 다양하게 범위를 확대시켜간다. 황 박사의 경우도 그러한 과정을 밟아왔다.

그는 1982년 생쥐 실험을 통해 성 호르몬의 생리작용을 세포·분자 수준에서 연구한 박사학위 논문[3]을 발표했다. 이에 대해 황우석팀의 연구자료 200여 편을 분석해 집필한 바 있는 소장파 과학사학자 김근배 교수는 자신의 책에서 '기초연구에 아주 많은 시간을 들여 쓴 우수한 논문'이라 평했다.

이것은 각종 실험 장비와 시약을 많이 이용하여 호르본의 생리작용을 짜임새 있게 탐구한 기초적인 연구였다. 아주 많은 시간과 노력을 들여서 쓴 우수한 학위 논문인 것을 한눈에 알 수 있다.[4] [김근배 교수]

일본에서 첨단기법 습득, 국내 최초 시험관송아지 생산

1984년 황우석 박사는 수의대 학장의 추천으로 일본 홋카이도 대학으로 1년 반 가량 연수를 다녀온다. 홋카이도 대학은 'Boys, Be Ambitious(젊은이여 야망을 가져라)!' 를 연설한 미국인 윌리엄 클락이 초대 교장직을 맡았던, 일본 내에서 가장 미국식으로 설계된 대학이다. 이 대학의 세계적인 동물 수정란 연구자 가나가와 히로시(金川弘司) 교수 연구실에서 실험한 황 박사는 짧은 기간 내에 당시로는 첨단기술이었던 동물 난자와 수정란에 대한 미세조작기법을 배웠다.

당시 그는 열 살 정도 어린 외국 연구원들에게 첨단기법을 하나라도 더 배우기 위해 하루 4시간 정도만 자며 죽기 아니면 살기 식으로 공부했다고 전해진다.[5] 그 시절 그는 현미경이 장착된 미세조작기법을 집중적으로 익힌 것으로 보인다.

초기 발생단계의 수정란을 정교하게 분할하는, 선진국에서도 처음 시도되던 미세조작기술까지 배웠다. (중략) 당시 황우석이 익힌 기법에는 현미경이 장착된 미세조작기가 사용되었다. 현미경 아래에서 미세유리바늘과 마이크로 피펫을 가지고 수정란이나 난자를 정밀하게 분할하거나, 후에는 핵을 제거하는 일이 가능해졌다. 이로써 세포 및 분자 수준에서 난자와 수정란을 연구하는 길이 열린 것이다.[6] [김근배 교수]

서울대 교수로 임용된 뒤 황우석은 일본에서 배운 수정란 급속동결법 등을 활용해 젖소 실험에서 절반 이상의 생존율을 얻는 등 다수의 학문적 성과를 논문으로 발표한다.[7] 김근배 교수는 당시 논문이 공동

연구 형식으로 되어 있지만 실제로는 황우석 교수 혼자 연구를 수행했던 것으로 보인다고 평한다. 이후 황우석 교수는 연구인력을 조금씩 보강시켜가며 국내 최초의 체외수정 시험관송아지 생산(1993년), 국내 최초의 소 수정란 핵이식 복제 성공(1995년)이라는 단계를 거쳐 결국 영롱이 복제로 대표되는 체세포 핵이식 복제 기술 단계에 이른다.

이는 수의산과의 전통분야인 인공수정으로부터 시작되어 수정란 이식, 체외수정, 수정란 복제, 체세포 복제로 발전하는 현대 동물복제의 모든 단계를 차근차근 하지만 빠른 속도로 밟아 올라간 것으로, 한 순간의 행운이나 과장으로 얻어진 결과가 아니었다.

황우석의 시삭은 뒤늦고 보잘것없었지만 그리 오래 걸리지 않아 국내 선두의 위치로 도약했다. (중략) 그는 가축번식 연구의 발전과정을 잘 예측하고 그것을 순차적으로 밟아나감으로써 정상으로 오르는 지름길을 찾았다. 인공수정, 수정란 이식, 체외수정, 수정란 복제는 그가 거쳐간 이정표들이다. 이것들은 다음 단계의 기술을 연구할 때마다 중요한 디딤돌이 되면서 그 기술적 가능성을 열어주었다. 직장검사, 수정란 보존, 난자 체외배양 등은 황우석 연구팀이 각 단계마다 확보한 핵심기술들이다.[8] [김근배 교수]

이처럼 황 박사는 실험실에서 이뤄진 미세조작기술을 바탕으로 착실히 단계를 밟아 성과를 냈다. 그럼에도 불구하고 그의 이미지가 '실험실 샌님'보다는 현장을 중시하는 '현장파'로 굳어진 것은 크게 두 가지 이유가 작용했던 것 같다.

첫 번째는 그의 출생 배경이다. 그는 충남 부여의 농촌 마을에서 남의 집 소를 돌보며 생활하는 홀어머니 밑에서 자랐다. 온 가족이 예외없이 남의 집 소를 돌봐야 하는 찢어지게 가난한 집이었다. 그러나 이런 어려움 속에서도 유독 공부를 잘했던 그는 자수성가 학생들이 흔히 선택하던 '명문고-의대' 코스 대신 그는 '명문고-수의대' 코스를 택했다. "왜 의사 대신 쇠침장이가 되려하느냐?"며 담임선생님께 뺨을 맞았다는 일화도 있다. 그러나 그는 소를 연구하고 농민들에게 실질적인 도움을 줄 수 있는 수의대 교수를 오히려 자랑스러워했던 것 같다.

황 교수는 복제소로 유명해지기 전만 해도 일주일에 두세 번씩 농촌을 돌아다니며 농민들의 소를 돌봤다. 몇 년 전 기자가 황 교수를 만났을 때 새로 산 그의 차는 소똥 냄새로 가득했다. 그를 잘 아는 농민들은 황 교수를 '소똥을 사랑하는 사람'이라고 부른다.[9] [동아일보]

두 번째는 열악한 국내 연구 현실이다. 동물복제 연구는 실험실에서 만든 복제배아를 실제 현장에 있는 소, 돼지에게 이식하고 임신시켜 태어나게 해야 완성된다. 다시 말해 실험실에서 아무리 최첨단 기법의 복제배아를 만들어도 이를 임신시킬 동물을 다수 확보하지 못하면 모든 노력이 수포로 돌아간다는 말이다. 소 한 마리가 얼마인데 그 많은 동물을 연구비로 사서 관리할 수 있겠는가?

그러다 보니 황우석 전 교수는 전국 곳곳의 목장주들에게 평소 소들의 임신진단이나 번식치료까지 해주며 환심을 얻은 뒤 목장주를 설득해 복제 대리모 실험을 허락받는 '우회작전'을 폈다. 낮에는 실험실에서 연구하고 틈틈이 목장에 나가 소를 관리해주는 강행군이었다. 당시 황 교수 밑에서 석·박사 학위를 받았던 충남대 수의학과 조종기 교수의 말이다.

정말 돈이 많이 드는 건 실험실 일이 아니라 필드였어요. 복제배아를 만들어서 이걸 소에게 착상시켜야 하는데 목장주들은 당연히 싫어하죠. 왜냐하면 소가 발정 오는 걸 한 번 놓치면 다음 발정 올 때까지 20여 일을 기다려야 하는데 그 사이 사료비를 비롯해 돈이 제법 들어가거든요. 그래서 대리모 한 마리당 30~40만 원 정도를 드리고 부탁을 했어요. 그래도 안 맡으려고 해요. 발정기 놓치면 사료비 들어, 착상한 뒤에 제대로 임신이 될지 안 될지도 보장할 수 없는데 목장주들이 좋아할 리 없죠. 당연히 황 선생님하고 대학원생들이 그 목장에 정기적으로 나가는 거예요. 임신진단도 해주고 정기검진에 번식치료까지 해주죠. 그래야 연구할 수 있으니까.[10] [조종기 교수]

　이런 과정을 거쳐 황우석 연구실은 비로소 '실험실'의 성과가 소, 돼지, 개복제 등 '필드'의 성과로 고스란히 이어지는 소위 '잘나가는 연구실'로 정착할 수 있었다.
　허나 안정기에 접어든 2000년에야 연구팀에 합류해서 더구나 의사라는 이유로 도축장 나가는 것도 면제받고 줄기세포만 연구해온 제보자 K씨는 이 연구팀에게 있어 현장이라는 게 어떤 의미인지 전후 배경을 잘 몰랐던 것 같다. 아니면 애써 모른 척했는지도.

02

언론이 탄생시킨 '사이비 교주'

무슨 일이든지 시작이 있고 진행이 있고 끝이 있습니다. 중간 토막만 잘라 말하면 어떤 결론이 나올까요? 어떤 사람이 길가에서 피를 흘리며 두들겨 맞아 쓰러져 있습니다. 이걸 본 사람이 "야, 참 안됐어", "누가 저렇게 때렸어", "때린 놈이 나쁜 놈이다", "어떻게 이럴 수 있어" 했는데 알고 보니까 두들겨 맞은 사람이 자기 아버지를 폭행하고 어머니를 때리고 세상에서 못된 짓 다한 사람이라면, "아이고 잘 맞았다" 하며 금세 달라집니다." _ 가수 나훈아

2005년의 성탄을 하루 앞두고 한국 언론과 미국의 『뉴욕타임즈』는 황우석 교수가 난치병 소년에게 '다시 걷게 해준다'는 약속을 했었다고 보도했다.

"내 아들이 황우석 교수에게 '박사님, 저를 다시 일으켜 걷게 해줄 수 있나요?'라고 묻자, 그는 '너를 다시 걷게 해줄게. 약속하마'라고 대답했다"고 아버지 김 목사는 말했다.²⁾ [뉴욕타임즈]

언론은 이를 '비윤리적 행위'의 전형으로 전 세계에 보고했고³⁾, 이는 유럽(EU) 의회 토론회에서 거론되기도 했다.⁴⁾ 그러나 전 세계로 퍼져나가며 황 박사를 '사이비 교주'로 비치게 한 팩트는 취재결과 '불

량 팩트'로 밝혀졌다.

황우석 박사가 소년을 만나 대화를 나눈 것은 2002년 10월경, 당시 그의 옆에는 많은 난치병 환자와 신경외과 전문의가 있었다. 필자는 수소문 끝에 당시 황 박사 옆에서 소년과의 대화를 들었던 의사를 취재할 수 있었다. 그는 가천의대 길병원의 신경외과 전문의 이 언 교수였다.

그에게 당시 상황에 대해 이런저런 보도가 있었다고 하니 대뜸 "그게 그런 식으로 보도됐냐?"고 반문한다. 당황한 빛이 역력했다. 그는 신문 볼 틈도 없이 집과 병원만 오가며 환자와 연구만 생각하던 '세상 물정 모르는' 의과학자였던 것이다. 그는 평소 황우석 박사의 어법이 소년에게 섣불리 미래를 장담할 정도로 오버하는 스타일이 아니었다며 당시 상황을 이렇게 설명했다.

오래된 일이라 당시 상황이 자세하게 기억나지는 않습니다만, 황 박사가 아이에게 '너를 일으켜주겠다'는 식의 말은 하지 않았던 것으로 기억합니다. (중략) 당시 상황에서 분명히 말할 수 있는 것은, 체세포 연구를 해야 하는 상황에서 아이의 체세포가 필요했고 그렇게 하려면 아이와 부모의 동의를 구해야 하거든요. 그런데 연구가 어떤 연구인지도 모르는 채 동의를 해줄 사람은 없죠. 아이 부모에게 '이 연구는 어떤 연구이고, 이러저러하게 한다'라고 설명을 하는 과정에서, '혹시 잘 되면 이러이러한 효과를 얻을 수도 있다' 이렇게 희망을 주는 말은 했을 수 있겠죠. 그런데 이런 말은 연구자로서 누구에게라도 할 수 있는 말이고, 그런 말을 들은 누구라도 흔쾌히 동의해줄 수 있는 것 아닙니까? 연구가 잘되면 그 아이뿐 아니라 다른 병으로 고생하는 다른 아이들도 효과를 얻을 수 있는데 누가 이걸 마다하겠습니까?⁵⁾

[가천의대 길병원 이 언 교수]

이 교수는 마지막으로 "황 교수님, 참 억울하시겠다"는 말을 덧붙였다. 다음으로 필자는 아이의 아버지인 김 목사를 취재했다. 수많은 언론이 김 목사의 말을 인용해 그런 제목을 뽑았는데 어떻게 생각하냐고 물으니 김 목사는 대뜸 이런 말을 했다.

그게 한국 방송(언론)의 한계 아닐까요?⁶⁾ [소년의 아버지 김 목사]

한국 언론의 한계와 진실

필자가 김 목사와 인터뷰하던 시기는 2007년 1월경이다. 이미 황 박사가 모든 것을 잃은 시기로, 소년의 아버지 김 목사는 더 이상 황 박사의 눈치를 보며 과거를 치장해줄 이유가 없었다. 그런데 김 목사는 필자에게 황우석 박사에 대해 지금도 고마운 감정을 갖고 있다며, 그와 처음 병원에서 만나던 상황을 이렇게 설명했다.

연구자로서의 의무적인 설명 과정이었다기보다는 뭐랄까, 사람에 대한 인정? 예, 아이의 어려운 상황에 대해 위로해주고, 그 부모에 대해서도 위로해주는, 아무튼 저로서는 충분히 그럴 수 있다, 그런 말을 할 수 있다고 받아들였습니다. [소년의 아버지 김 목사]

다시 말해 당시 현장에 있었던 의사도 소년의 아버지도 황 박사를 사이비 교주로 여기지 않고 있다는 것이다.

당시 상황은 이러했다. 김 군은 여덟 살 때 어머니가 운전하던 차에서 교통사고를 당했다. 목을 심하게 다치고 척수가 손상됐다. 현대의학으로는 평생을 휠체어 위에서 살아야 했고, 말을 할 때는 목에 꽂은 호스를 움켜쥐고 말해야 했다. 슈퍼맨 크리스토퍼 리브와 같은 경추 골절이었다. 그런데 이런 상황에 처한 아이의 성격은 무척 밝았다. 천진난만했다. 당돌하게도 휠체어를 끌고 신경외과 전문의들과 함께 있던 황우석 박사 앞으로 다가온 것이다. 그리고는 "교수님이 황우석 교수님이시죠? 저 정말 잘생겼죠? 저 좀 제발 일으켜주세요"라고 말했다. 웃으면서 그 맑은 눈망울로 말이다. 그러자 잠시 뜸을 들이던 황 박사는 이렇게 대답했다.

"아저씨가 네가 일어날 수 있는 그 단계까지 꼭 이 기술을 개발할게. 대신 너도 지금처럼 의젓하고 밝은 모습 잃지 않겠다고 약속해 줄 수 있겠니?"

그렇게 소년과 51세의 서울대 교수는 손가락을 걸고 약속했다. 그후 연구팀은 소년의 체세포를 떼어가 줄기세포 연구를 시작했고, 자신이 몰던 차에서 아이가 사고를 당했다는 죄책감에 시달리던 어머니는 '나이가 많아 효과가 있을지 모르지만 나도 돕겠다'며 난자를 기증했다. 생명윤리 논란으로 황 박사 연구가 금지될 지경에 이르자 아버지 김 목사는 생명윤리자문 역할을 맡아 일을 했다.

이것은 줄기세포 논란이 터지기 전 황우석 교수 자신이 각종 강연회에서 빠짐없이 밝혀온 내용이기도 하다. 당시 수많은 청중이 감동의 박수를 쳤다. 그런 사연이 논문조작 이후 일순간에 '사이비 교주의 괴담'으로 왜곡돼 전 세계로 퍼져나간 것이다.

검찰 수사결과에 따르면, 당시 황 교수는 소년의 체세포와 줄기세포(NT-2)를 분화전문가인 영국 케임브리지 대학 로저 페터슨 연구팀에게 분양했다. 『사이언스』 논문발표 이후 식약청을 방문해 임상시험 단계를 협의했고, 실제로 세계줄기세포 허브 의료진은 소년의 임상시험일을 2006년 12월경으로 잡아두고 있었다.[7]

그가 만일 전 세계를 속일 작정이었다면 왜 가짜 줄기세포를 환자의 체세포까지 동봉해 외부에 보냈을까? DNA 분석 한 방이면 탄로나는 거짓말을 도대체 왜?

그 뒤 소년의 아버지는 필자에게 이메일을 보내왔다. 아이가 그 일로 큰 충격을 받았고 많이 아프다는 가슴 아픈 사연이었다.

가슴 아프게도 지금 제 아들은 무의식의 세계에서 벌써 5개월을 보내고 있답니다. 그렇게 상처를 안은 채로.[8] [소년 아버지의 이메일]

황우석 논란 당시 소년의 집까지 찾아가 취재 경쟁을 벌였던 그 많은 언론들은 더 이상 소년의 이야기를 다루지 않는다. 소년 혼자 고독하게 병마와 사투를 벌이고 있을 뿐이다. 한 가지 다행스러운 것은 그 뒤 연구재개를 모색하던 황우석팀이 다시금 소년의 체세포를 떼어갔다는 소식이 언론 보도를 통해 전해진 것이다.[9]

황 박사는 아직도 소년과의 약속을 잊지 않은 것 같다. 영화보다 더 영화 같은 현실, 그 끝은 해피엔딩이었으면 좋겠다.

03

여성연구원 난자기증의 진실

바른 언론과 불량 언론의 결정적인 차이점은 오보를 내느냐 내지 않느냐에 있는 것이 아니라 오보를 냈음이 확인될 때 사과하고 바로잡느냐 아니면 모른 척 시치미 뚝 떼고 그냥 넘기느냐에 있다.
_ 시골피디

뉴스를 보다가 등골이 오싹했던 적이 있는가? 나는 있다. 그날 밤 그 뉴스, 황 교수가 제자의 난자기증을 강요했다는 보도이다.

귀중한 실험재료인 난자가 없어지자 박 연구원은 결국 자신의 난자를 제공하기로 결정했습니다.[1] [MBC 뉴스데스크]

자신의 난자를 제공해서라도 원상회복 시켜놓으면 되지 않냐고 이야기하자, 황 교수가 '그렇게 하라'고.[2] [미디어오늘]

연구원 P씨가 친지에게 보냈다는 이메일에도 난자제공이 강제적으로 이뤄졌음을 암시하는 내용이 담겨 있다.[3] [중앙일보]

하지만 이 보도들은 사실이 아니었다. 연구원 난자강요 의혹은 사실이 아닌 것으로 최종 확인됐다. 처음에는 믿겨지지 않았다. 혹시 내가 잘못 본 걸까? 그래서 두 번 세 번 다시 내용을 확인했다. 확실했다. 앞에서 언급된 기사내용은 대부분 사실무근으로 확인됐다. 일찌감치 서울대 조사에서 사실무근으로 확인됐고, 4개월 뒤 발표된 검찰 수사에서도 그 결과는 재확인됐다. 하지만 대부분의 사람들은 잘 모른다. 왜냐하면 언론이 그런 사실조차 보도하지 않았기 때문이다.

언론은 박 모 연구원이 실수로 난자를 깨뜨리자 그 실수를 계기로 자신의 난자를 제공했다고 보도했다. 그러나 이에 대해 박 연구원은 '사실무근의 소문'이라 일축했다. 언론은 황 교수가 박 연구원을 논문저자에서 뺄 수 있음을 시사하며 난자제공을 강요했다고 보도했다. 하지만 박 연구원은 이 역시 사실무근이라 진술했다. 다른 곳도 아닌 서울대 조사 최종보고서에 실린 내용이다.

○○○ 전 연구원은 자신이 실수로 난자를 깨뜨려 그 죄책감 때문에 난자를 제공하게 되었다는 소문은 사실무근이라고 진술했다. 논문저자로 참여하려는 걱정 때문에 난자를 제공하게 되었다는 소문도, 당시 실험 자체가 너무 진척이 안 된 상태여서 논문이 나갈지에 대해서는 생각조차 하기 어려운 형편이었기에 역시 사실이 아니라고 진술했다.[4] [서울대 조사위원회]

난자강압 의혹 보도가 나온 지 정확히 열흘째 되던 시점이었다. 그러나 서울대 조사위원회 발표 내용이라면 앞을 다퉈가며 보도하던 언론은 어쩐 일인지 이 내용만은 단 한 줄도 다루지 않았다. 관련 의혹을 실지 않았던 몇몇 언론사만 기사 중간부분에 몇 줄 끼워넣었을 뿐이다. 반면 황우석 난자강압설을 대서특필하던 언론사들은 '황 교수가 박 연구원을 차에 태워 병원까지 동행했다'며 오히려 황 교수의 거짓말 의혹까지 하나 더 보탰다.

그러나 이런 문제제기 역시 4개월 뒤 나온 검찰발표로 힘을 잃었다. 검찰 역시 서울대 조사위와 같은 결론을 낸 것이다. 연구원 난자기증에 있어 황우석 박사의 강압성은 없었다.

황우석은 연구원 두 명(박○○, 구○○)으로부터 난자를 제공받았으나 위 연구원들은 모두 당시 자발적으로 기증의사를 밝힌 후 난자를 제공하였다고 진술하므로 난자제공 과정에서 황우석의 강압성은 없었던 것으로 확인됨.[5] [서울중앙지검]

당시 검찰수사는 황 박사에게 결코 우호적인 분위기가 아니었다. 검찰은 모든 의혹을 총동원해 황 박사를 사기 및 횡령, 그리고 생명윤리 위반 혐의로 기소했다. 그런 검찰이 연구원 난자강압설에 대해서만은 황우석 박사의 강압이 없었다고 발표한 것이다.

그러나 이 내용 역시 언론에 보도되지 않았다. 해당 언론사들은 자신들의 의혹제기에 부합하는 부분은 헤드라인과 그래픽 처리로 크게 키운 반면, 뒤집힌 부분은 아예 다루지 않았다.

물론 해당 언론사들 입장에서야 할 말이 없는 것도 아닐 것이다. 그 수많은 의혹보도들의 출처는 크게 두 군데인데, 하나는 〈PD수첩〉 제보자들이고 또 하나는 국가생명윤리위원회의 일부 위원이었다. 〈PD수첩〉 제보자들은 줄기세포 가짜 여부를 처음으로 고발한 전직 연구원들로 언론사 입장에서는 서울대 조사발표로 이들의 제보가 입증되던 당시, 이들의 또 다른 주장을 쉽게 믿었을 것이다. 더구나 국가생명윤리위원회 소속 일부 위원의 잇따른 발언도 이들의 입장을 충실하게 뒷받침하고 있었다.

그런데 문제는 〈PD수첩〉 제보자와 일부 생명윤리위원의 주장이 실은 심각하게 편향된 '추측'에 불과했다는 것이다. 당시 제보자 B씨가 〈PD수첩〉과 인터뷰했던 내용을 살펴보자.

'황 교수님이 이름도 뺄 수 있겠다' 하는 불안감에 (연구원 P는) 난자제공도 불안해하면서 결심을 하게 됐죠. 그 불안감이 ○○ 언니(또 다른 난자기증자 K)한테 전염이 된 거죠. 그러면서 P가 울고불고하면서 잘하면 우리가 논문저자에서 빠질 수 있다고……." [6]

[PD수첩/제보자 B씨]

얼핏 보면 제보자가 마치 모든 내막을 알았던 것처럼 보인다. 그러나 당시 박 연구원은 황 교수팀의 체세포 핵이식을 전담한 핵심연구원으로 논문이 안 나오면 안 나왔지, 나오는 논문에서 결코 이름이 빠질 수는 없는 인물이었다.

더구나 또 다른 난자기증 연구원인 구 연구원은 이미 수의대 IRB 조사를 통해 '두 아이의 엄마로서 난치병 연구에 도움을 주고자 했고 황 교수 모르게 가명으로 미즈메디에서 수술을 받았음'을 진술한 바 있다.[7] 그녀가 논문에 이름이 빠질 것을 걱정했다면 왜 황 교수 모르게 가명으로 난자기증을 했을까? 도대체 어디부터 어디까지 믿어야 할지 의심스러운 제보자의 진술이었다.

또 다른 〈PD수첩〉 제보자 K씨는 제보자 B씨의 남편이다. 그는 자신이 인간줄기세포 팀장을 맡고 있을 당시 난자를 기증한 박 연구원이 보낸 이메일을 받았으며, 그 이메일에는 박 연구원이 황 교수로부터 강압을 받았음을 나타내는 정황이 나타나 있다고 언론에 제보한 바 있다. 자신은 박 연구원의 건강을 진심으로 걱정했고, 박 연구원 또한 자신을 신뢰했기에 그런 이메일을 보냈다는 뉘앙스를 풍기면서 말이다. 그런데 정작 검찰조사를 받으러 온 박 연구원은 제보자 K씨와 마주친 순간 파르르 떨며 몸을 피했다는 진술이 나왔다. 당시 검찰조사를 받으러 갔다가 이 장면을 목격했다는 황우석팀 연구원의 말이다.

검찰수사를 받으러 온 박 연구원이 제보자 K씨와 복도에서 마주쳤는데요. 그 순간 ○○가 얼굴빛이 새파랗게 변하며 입술을 바르르 떨었어요. 그리고 제보자 K를 피해 다시 수사관실로 들어갔어요.[8]

[연구원 A씨]

평소에 신뢰하고 자신을 걱정해준 제보자였다면 왜 박 연구원은 그런 행동을 했을까?

당시 황 교수의 난자강압설을 강하게 주장하던 국가생명윤리위원회 위원의 말도 설득력이 떨어진다. 천주교 생명연구회 총무이기도

했던 이동익 신부는 평화방송과의 인터뷰를 통해 황 교수가 연구원들에게 난자기증동의서를 돌렸다는 의혹이 있으며 이는 난자기증을 강요하는 분위기였음을 말해준다고 주장했다.[9]

그런데 실제 연구원들에게 난자기증동의서가 배부된 시기는 2003년 5월경이다. 두 명의 연구원이 난자를 기증한 시기는 그보다 두 달 앞선 3월경이기에 이들의 기증은 난자기증동의서 배부와 관련성이 없다. 그리고 당시 동의서를 작성한 십여 명의 여성 연구원 중 아무도 난자를 기증했거나 기증을 위한 준비를 하지 않았던 것으로 확인됐다. 난자기증을 강요하려고 일부러 동의서를 배부했다는 이동익 신부의 주장은 추론에 불과했던 것이다. 하지만 당시 수많은 의혹보도를 통해 그러한 추론은 마치 검증된 진실처럼 통용되었다.

국민들은 언론에게 무엇을 바라고 있을까? 한국언론재단이 지난 2006년 만 18세 이상 성인 남녀 1,200명을 대상으로 실시한 '언론 수용자의 의식조사' 결과, 수용자들은 우리 언론이 시급히 고쳐야 할 문제점으로 다음을 지적했다.

① 무책임한 보도 태도(30.5%)
② 권력과 유착된 보도 태도(23.6%)
③ 국민의 입장보다 언론사 이익을 보호하려는 보도 태도(21.1%)

기사 역시 사람이 쓰는 것이다. 실수도 있고 편견도 있을 수 있다. 어쩌면 믿었던 제보자의 말이 알고 보니 사실무근이었다는 것을 알고 누구보다 놀라고 실망할 수도 있다. 살다 보면 어처구니없는 일이 정말 많지 않은가?

문제는 그런 실수가 나왔을 때, 자신들이 틀렸다는 것이 밝혀질 때, 이를 감추지 말고 바로잡으려는 의지가 있느냐에 있다. 사람들은 '완벽한 가식'보다는 '솔직한 성실함' 앞에 훨씬 더 두터운 신뢰와 애정을 보내주지 않을까?

04

월화수목금금금

나는 어떤 일도 우연에 기대지 않는다. 내 발명품 중 그 어느 것도 우연히 탄생한 것은 없다. 모든 것이 노력에 의해 가능했다.
_ 토머스 에디슨

한때 황우석 연구팀을 대표하는 말이었던 '월화수목금금금'. 그런데 논문조작 파문 이후 한 언론사는 이 표현이 일본 군가를 베낀 것으로 식민지 노동력 착취를 뜻한다는 기사를 내보내기도 했다.

'월화수목금금금'이란 문구가 일제 군국주의 시대 구호를 약간 변형한 것이라는 지적이 나와 눈길을 끌고 있다. (중략) 일본 군가에는 '월월화수목금금'이라는 말이 나온다. 당초 군의 고된 훈련과 근무 상황을 대변하는 말이었으나 일제 강점기 우리나라에서는 식민지 노동착취를 독려하는 구호로 악용됐다.[1] [연합뉴스]

정말로 황우석팀 '월화수목금금금'은 일본 군국주의의 잔재이자 연구원 착취의 상징일까? 과학현장과 무관한 기자나 일반인들에게는 그리 보일 수도 있을 것이다. 그러나 적어도 줄기세포를 연구하는 과학자들에게 있어 '월화수목금금금'은 자연스러운 생활의 일부이다. 연구실마다 조금 더하고 덜하고의 차이는 있겠지만 기본적으로 이 분야에서는 휴일이나 명절이 큰 의미가 없는 것 같다. 왜냐하면 세포라는 게 사람의 달력에 딱 맞춰 공휴일과 일요일에는 가만히 있다가 평일에만 자라는 게 아니지 않는가? 따라서 영락없이 사람이 세포의 사이클에 맞춰 생활해야 한다. 그러다 보면 자연스럽게 '월화수목금금금'이 된다. 어느 병원의 줄기세포 연구원들에 대한 언론의 현장스케치를 보자.

연구원들의 얼굴에는 피곤함이 배어 있었지만 당연한 일상이라는 표정이다. 연구실은 사람이 아닌 '세포의 리듬'을 중심으로 돌아간다. 연구원들은 "주말이라고 세포를 굶길 수는 없는 것 아니냐. 세포를 실험하는 곳은 어느 곳이나 '월화수목금금금'일 수밖에 없다"고 말했다.[2] [서울신문]

또 다른 배아줄기세포 전문가 박세필 교수의 실험실도 별반 차이가 없다. 미국 위스콘신 대학 연구원 출신인 박 교수는 애당초 일본 군국주의와는 거리가 먼 학자이다. 그럼에도 그는 매일 연구실에 나와 세포를 다루고, 그의 연구실 연구원들은 일주일이면 며칠씩 새벽 도축장으로 출근해 소의 난소를 채취하는 등 강행군을 마다하지 않는다. 박 교수의 말이다.

일전에 황 교수님께서 지나가는 말로 "세포 키우는 사람이 공(골프) 치러 다니면 그 사람은 가짜다"라고 하셨는데 동감합니다. 세포 키우는 사람은 공 치러 갈 수가 없어요. 전 일요일에 집에 있는 게 더 불안해요. 아무리 바쁜 일이 있어도 실험실에 나와서 세포 크는 걸 보고 가야 안심이 돼요. 해외출장 가서도 매일 전화로 처음 하는 말이 세포 잘 크냐는 것이죠.[3] [박세필 교수]

늘 긴장되고 피곤한 생활, 무슨 즐거움이 있을까? 그런데 박 교수는 힘들여 배양한 줄기세포가 심장세포로 분화하는 걸 보면 마치 실험접시 위에서 심장이 팔딱팔딱 뛰는 것 같은 신기한 느낌이라고 했다. 앞으로 이 세포가 다른 누군가에게 희망이 될 수 있을 거라고 생각하면 보람이 느껴진다고 했다. 그 말을 할 때 박 교수의 얼굴은 진짜로 즐거운 표정이었다.

비단 줄기세포 분야만이 아니다. 동물을 키우거나 채소육종을 하거나 미생물을 만지거나 혹은 우주과학을 하거나 상관없이, 과학자들 상당수는 자신이 다루는 세포나 동식물의 스케줄에 따라 명절과 휴일을 반납하기 일쑤다.

포항공대 생물학과 김종현 박사는 주말부부지만 가끔 그 주말마저도 연구소에서 보내곤 한다. 김 박사는 "키우고 있는 세포나 동물에 따라 전적으로 스케줄이 정해지기 때문에 주5일제도가 별 의미가 없다"며 "학생이 트레이닝하는 과정에서 주말에 배우러 나오는 것이기에 일종의 투자라고 생각한다"고 말했다.[4] [매일경제]

하지만 이런 당위성이 있는 것도 아니면서 억지로 "너희는 왜 '월화수목금금금' 안 해?"라는 식으로 다그친다면 그것은 정말 군국주의식 발상이고 교묘한 파시즘일 것이다. 아마도 전국의 공무원들이 모두 '월화수목금금금'의 생활을 한다면 민원인들은 많이 피곤해질 것이다. 피곤에 지쳐 짜증나고 날카롭게 변한 공무원들과 마주해야 할 테니까. 그러나 세포 사이클에 맞게끔, 그것도 선진국 연구팀을 능가하는 성과를 올리기 위해 열악한 환경에서도 어떻게든 해보겠다며 열의를 불태우는 '월화수목금금금'이라면, 강요된 것이 아니라면 그야말로 박수치며 도와줘야 할 부분 아닌가?

황우석 연구팀이 어떻게 실험해왔는지 연구원들의 말을 들어봤다. 현재 핵이식 작업의 핵심인 김 수 박사의 말이다.

약 7년간을 근무하면서 대략 따져보니까 15만 개의 난자를 다뤘던 것 같습니다. 그중에서 약 10만 개의 난자를 가지고 체세포 핵이식 연구를 실시했고 소, 돼지, 개, 심지어 원숭이까지 체세포 복제연구를 수행하고 나서야 비로소 황우석 박사님으로부터 인간체세포복제 연구를 수행하라는 지시를 받았습니다.[5] [김 수 박사]

7년간 15만 개의 난자, 그리고 10만 개의 핵이식. 이게 얼마나 많은 횟수일까? 황우석팀에서 동물복제를 담당했던 가천의대 생명공학부 김대영 교수는 '목이 돌아가지 않을 정도의 실전경험'이라고 설명해줬다. 정말 목이 안 돌아가 침도 많이 맞았다고 한다.

저는 돼지 연구를 담당했는데 하루 평균 500개가 넘는 돼지 난자 중에 성숙난자를 골라 300개 이상을 핵이식했습니다. 쉬는 날은 거의 없었고. 이런 식으로 하면 핵이식 수십만 개는 금방 넘죠. 핵이식은 매일 아침 7시에 들어가서 오후 2~3시쯤 끝나죠.[6] [김대영 교수]

체세포 핵이식은 현미경으로 난자를 보면서 수작업으로 핵을 빼내고 집어넣는 까다로운 과정이다. 하루 4~5시간 동안 현미경만 쳐다보며 온 정신을 집중해야 하는 것이다.

(핵이식) 끝나면 목이 안 돌아가요. 정말로. 저도 실험실 2년차에 접어들면서 한의원 다니며 부항도 뜨고 피도 빼고 했는데 대부분의 연구원들이 그랬을 거예요. 그러다 보니 핵이식이 끝나고 연구원들끼리 마사지를 해주는데 안마시술소가 따로 없죠. 그리고 "위궤양 걸리니까 밥 먹고 해라" 하는 말을 가장 많이 들었어요. 서로들 밥 먹는 것도 잊어버리고 현미경을 붙잡았으니까요. [김대영 교수]

이게 전부는 아니다. 핵이식 작업이 진행되는 동안 다른 팀은 새벽 도축장에서 동물난소를 채취해온다. 그런 다음 연구실에 10여 명이 붙어앉아 난소 속의 난자를 찾아내는 데 2~3시간, 찾아낸 난자를 체외배양을 통해 성숙난자로 만드는 데 통상 이틀(돼지의 경우 44시간, 소의 경우 24시간) 걸린다. 중요한 것은 이런 작업이 도축장 쉬는 날을 제외하면 하루도 빠짐없이 진행돼 왔다는 것이다.

도축장 쉬는 날을 제외하고 주 6회 핵이식 실험을 했습니다. 일요일도 쉬어본 적이 없어요. 거기서 끝나는 게 아니죠. 실제 필드로 나가 핵이식으로 만들어진 배아를 대리모 자궁에 착상시켜야 하거든요. 돼지 농장들은 보통 멀리 있습니다. 충북에도 있고 전남 광양에도 있고…… 저녁 때는 거기 가는 거예요. 밤 9시나 10시쯤 농장에서 황우석 교수님과 만나 수술에 들어가죠. 교수님은 아무리 바쁜 일이 있어도 수술 집도를 꼭 본인이 해오셨어요. [김대영 교수]

집으로 돌아오면 새벽 1~2시. 잠시 눈 붙이고 다음날 아침 7시부터 다시 핵이식. 쏟아지는 연구 데이터의 분석과 정리, 그리고 논문작성. 김대영 교수는 이처럼 강도 높은 실전경험이 황우석팀의 연구성과를 가능하게 한 원동력이라고 말했다.

어릴 때부터 공을 많이 다뤄보니까 축구를 잘하게 되죠. 이 연구도 마찬가지입니다. 저희처럼 매일 수백 개씩 핵이식을 하는 팀하고 일주일에 한 번 혹은 가끔 한 번씩 핵이식하는 팀하고는 비교가 안 될 겁니다. 다른 나라 연구팀도 저희처럼 하면 결과 나오죠. 일단 저희 실험실에 들어온 이상 밖에서 의사를 하고 왔든 어떤 대학을 나왔든 적어도 1년 이상은 비디부디 풍부힌 경험을 쌓아아 결과가 나오는 겁니다.

[김대영 교수]

그의 말을 듣고 도서관으로 가서 황우석 박사가 2004년도에 썼던 책을 찾아보았다. 과연 황우석 박사라는 사람이 어떤 생각을 하고 어떤 생활을 해왔는지 솔직히 궁금했기 때문이다. 그런데 황 박사의 책에는 이런 구절이 있었다.

제자들이 결혼하겠다며 배우자와 인사를 하러 올 때마다 나는 이렇게 말한다. "당신 남편은 토요일도 없고 일요일도 없다. 당신 아이가 아빠 얼굴도 모를 수 있다. 그래도 좋으면 결혼해라. (중략) 사람들은 너무나 숭고한 것은 이룰 수 없는 이상에 불과하다고 한다. 그대로 되기만 하면 좋겠지만 세상일이 어디 그러냐는 식이다. 그렇지만 세상에는 소리 없이 자신의 확고한 신념과 이상에 몸 바친 사람들이 많다. 나는 언제나 그런 사람들과 함께 일해왔고, 지금 이 순간에도 그런 이들과 함께 하고 있다. 우리 사회의 이공계 푸대접에도 내가 우리의 미래는 밝다고 장담하는 이유가 여기에 있다.[7]

지금도 황우석팀의 '월화수목금금금'을 핏대 높여 욕하는 분들이 많다. 하지만 나는 그 분들도 황우석팀 연구원들을 직접 만나 눈을 마주하며 이야기를 나눠보면 달라지리라 생각한다. 나처럼 말이다.

어쩌면 그 분들이 욕하며 비판하던 대상은 황우석 박사가 아니라 자기 직장의 권위적인 상사들이 아니었을까? 예전 황 박사팀이 개가를 올릴 당시 "봐, 너희도 저렇게 해야지, 안 그래?" 하면서 덮어놓고 '월화수목금금금'을 강요하던 사람들, 또 오늘은 "대통령도 새벽에 나와 일하는데, 경제도 안 좋은 데 이래서 돼?"라며 누군가에게 보여주기식 '월화수목금금금'을 강요하는 이들을 향해서 말이다.

05

기자가 본 황우석 연구팀

기자생활하면서 인터뷰를 해보면 '이 사람은 어떤 사람이겠구나' 하는 느낌이 오는데, (황우석팀) 연구원들은 맑고 정직하다는 느낌이었다. 오히려 그날 젊은 연구원들과 대화를 나눴기 때문에 나는 그들에 대한 믿음이 생긴 것 같다.
_ 경인일보 왕정식 기자

2006년 1월 12일, 황우석 박사의 마지막 기자회견장. 24명의 연구원들이 67분 내내 황 박사 뒤를 지켰고 일부는 눈시울을 붉히기도 했다.[1] 언론의 반응은 냉소적이었다. 동정심을 자극하려 연구원을 동원했다는 둥, 잘나갈 땐 혼자 나오더니 불리해지자 연구원들 데려와 그들 앞길까지 막느냐는 둥 비난 일색이었다.[2]

그런데 경인일보 왕정식 기자의 생각은 다르다. 그는 기자회견이 있기 나흘 전에 황우석팀 연구원들을 단독으로 취재한 바 있는데, 당시 연구원들은 정말 눈시울을 붉히며 스승의 억울함을 적극 호소했다는 것이다.

경인일보 왕정식 기자를 만나 인터뷰하기로 한 이유는 크게 세 가지다. 우선 그가 칩거에 들어간 황우석 박사를 만나 인터뷰한 몇 안 되는 기자였고, 기자로서 한 번 받기도 힘든 기자상을 열 번이나 받은 기획취재 최다 수상자[3]로 누구보다 믿을 수 있는 기자라는 것, 그러면서도 필자와 가까운 거리에서 근무하고 있다는 것이 그 이유다.

2008년 7월, 마침내 왕정식 기자와 인터뷰를 할 수 있었다. 기자상 신기록을 세운 올해 15년차 왕정식 기자에게 당시 황우석 연구원들 취재상황을 자세히 물어봤다.

[문] 칩거 중인 황우석팀을 만났는데 전부터 관심이 있었나?

"솔직히 뭐가 뭔지 헷갈렸고 중앙쪽 사안이라 지역기자인 나로서는 큰 관심이 없었다. 다만 당시 황 교수를 물심양면으로 도와주던 지인이 우리 언론사로 '너무 억울하다. 한번 만나보지 않겠느냐'라는 제의를 해와 약속을 정하고 취재했다. 그때가 아마 2006년 1월 8일로 기억한다."

[문] 당시 상황을 좀 더 구체적으로 들어보자.

"사실 썩 내키지 않는 취재였다. (황 박사가) 잘 나갈 때는 중앙언론에 (이슈를) 풀고, 궁지에 몰리자 지역언론에 기대려 하나 싶은 생각도 솔직히 들었다.

그런데 약속장소에 가봤더니 황 교수 역시 그 지인의 요청으로 거기 있었을 뿐 우리 인터뷰에 응할 의사가 도무지 없어 보였다. 너무 초췌하고 모든 걸 다 포기한 듯한 표정으로 우리에게 '연구원들과 이야기 나누시고 그래도 제가 필요하면 오시라'고 한 뒤 옆방에 건너가 나오지 않았다. 그래서 우리 인터뷰는 대부분 연구원들과 이뤄졌다."

[문] 당시 황 교수와는 어떤 이야기를 나눴나?

"너무 초췌하고 자포자기한 표정이 역력해서 우리 팀 어느 누구도 '지금 심경이 어떠냐?'라는 말 밖에 할 말이 없었다. 다른 구체적인 질문을 도저히 할 수 없는 상태였다. 황 교수 역시 '제가 뭔 말을 하겠습니까?', '누가 믿어나 주겠습니까?'라고 답했던 것 같다."

[문] 연구원들과의 대화는?

"처음에는 연구원들이라고 해서 나이가 많은 사람들인 줄 알았는데 너무 젊어서 깜짝 놀랐다. 당시 김 수 연구원 등 세 명이 있었는데, 우리 오기 전에 벌써 한 번씩 울었는지 눈이 빨갛더라. 그런 그들에게 설명해달라고 요구하는 게 미안할 정도였고 그들은 거의 울면서 이야기를 했다. '우리 교수님 밖에서 보는 것처럼 그런 분 아닙니다'라면서.

당시에는 황우석 교수가 연구원들을 협박해 난자를 강요했다는 기사가 나오고 있었는데, '정말 황 교수가 그런 사람이라면 교수 자리 내놓고 칩거 중인 거기까지 와서 저 젊은 연구원들이 저렇게까지 도와주겠는가'라는 생각이 들었다. 밖에서 볼 때와 굉장히 다르다는 느낌을 받았고, 그들이 나에게 거짓말한다는 느낌은 받지 못했다."

[문] 연구원들의 진술을 신뢰했다는 말인가?

"그렇다. 직감적으로 믿음이 갔다. 기자생활하면서 인터뷰를 해보면 '이 사람은 어떤 사람이겠구나' 하는 느낌이 오는데, 연구원들은 맑고 정직하다는 느낌이었다. 오히려 그날 젊은 연구원들과 대화를 나눴기 때문에 나는 믿음이 생긴 것 같다. 만일 당시 상황에서 내가 황우석 박사하고만 모든 이야기를 나눴다면 들으면서도 '저게 정말 일까?'라는 의심을 많이 했을 것이다. 오히려 전반을 이해하는 데 도움이 됐다."

[문] 연구원들이 한 말 중 제일 기억에 남는 것은?

"미즈메디 김선종 연구원이 '선생님, 해냈습니다'라며 줄기세포 배양에 성공했다고 보고했을 때 자신들이 얼마나 좋아했는지, 또 황우석 교수가 얼마나 감격스러워했는지, 당시 연구실 분위기와 그날 황 교수의 표정까지도 구체적으로 설명해줬다. 결론적으로 자신들도 김선종에게 완전히 속았다는 것이다. 도저히 믿기지 않는다고 했다.

물론 그렇다고 해도 연구 총책임자였던 황 교수로서는 할 말이 없다. 그런데 정말 그는 (김선종의 섞어심기를) 몰랐던 것 같다. 왜냐하면 김선종 연구원에게 배양 업무를 전담할 수밖에 없는 구조였고, 과학자들 사이에서는 김선종의 말과 DNA 검증자료를 믿을 수밖에 없었다고 생각한다."

[문] 당시 그 인터뷰를 통해 '황우석팀이 오히려 2004년 논문도 조작된 것을 밝혔다'고 보도했는데…….

"황우석팀 내부에서도 자체조사를 하지 않았겠나? 모든 실험자료 검토하고 미국의 박종혁, 김선종과 전화해 상황 맞춰보고 그랬더니 '아, 2004년 논문도 얘들한테 속았구나'라는 결론을 냈던 것 같다. 그 전까지는 자기들도 '그래도 2004년 것 하나는 살지 않겠나'라는 기대가 있었는데, '처음부터 미즈메디에게 속았구나'라는 것을 확인하면서 망연자실한 표정이었다."

[문] 이후 검찰발표까지 지켜보면서 드는 생각은?

"(검찰발표의) 핵심이 어긋난 것 같다. 이 사건의 팩트는 '논문조작' '과학사기'이다. 그런데 검찰은 '횡령·유용'에 초점을 맞췄다. 법원 검찰청 출입을 오래하면서 느끼는 것인데, 사실 연구비 횡령·유용으로 걸면 대한민국 교수님들 중에서 글쎄 몇 분이나 자유로울지 모르겠다. 예를 들어 국가에서 전투비 연구 명목으로 1억 원을 받는다고 할 때, 이 돈 일부를 연구실 운영비로 쓰면 그게 '유용'이다. 목적과 다르게 쓰는 거니까. 개인 돈과 공금이 섞여서 운영됐다면 그게 '횡령 의혹'이다. 그런데 이렇게 걸면 어떤 대학도 자유롭지 못할 것이다."

[문] '과학사기'에 대한 생각은?

"사기란 것은 아무것도 없는 사람이 많이 가진 척 남을 속인 것 아닌가? 그런데 황우석 교수의 경우는 사기라고 말할 수 없다. 최소한 핵치환 기술 등 원천기술을 갖고 있지 않았나? 문제가 있다면 김선종 연구원에게 속은 상태에서 과욕을 부린 것이라고 본다. 나도 만일 대단한 성과를 갖고 있으면 조금 더 부풀리려는 유혹이 있을 것이다. 황 교수도 그런 과욕을 내지 않았는가 싶은데 사실 이런 과욕에 대해 처벌하기는 쉽지 않다. 그러다 보니 검찰도 엉뚱한 '연구비 횡령·유용'으로 잡아넣지 않았을까 추정하는데 이는 사실 본질에서 벗어난 내용이다."

[문] 사기 여부를 따지면 김선종 연구원의 섞어심기(바꿔치기)가 더 부각되어야 하지 않나?

"나도 일정 부분 동감한다. 김선종 씨가 모두를 속인 게 모든 조작의 시발점이다. 그런데 검찰은 김선종 씨의 행각을 '업무방해'로 걸었고, 황 교수에게는 '횡령'을 걸었다. 이렇게 (결과가) 나오면 기자들은 업무방해보다는 '횡령'을 더 크게 본다. 포커스가 잘못 잡혔다는 생각이다."

– 2008년 7월 경인일보 기자실에서

06

바보들의 행진

아직도 학위가 안 나오는 걸 보면 안타깝죠. 논문은 진작에 다 썼는데⋯⋯. 하지만 저희 팀이 연구성과로 명예회복을 하는 게 우선이라고 생각해요. 그러면 모든 것이 자연스럽게 해결되겠죠.
_ 황우석 교수를 따라나선 뒤 아직도 서울대에서 박사학위를 받지 못한 황우석팀 연구원

논문이 조작됐다는 서울대 조사위원회의 발표가 나올 즈음, 언론은 황우석팀의 해체를 내다봤다.

황 교수 연구팀은 사실상 해산될 수밖에 없는 처지가 됐다. 연구사업이 전면 재검토되고 책임연구자와 지도교수들이 물러날 경우 40여 명에 달하는 연구원은 다른 교수나 연구진으로 이동할 수밖에 없다.

[매일경제]

그런데 이러한 언론의 예상은 철저히 빗나갔다. 스무 명 가까운 젊은 연구원들이 모든 것을 잃은 황우석 전 교수를 중심으로 똘똘 뭉친 것이다.

논문조작 파문 이후 맨땅에서 다시 시작한 그들은 숱한 어려움을 겪으면서도 2008년 세계에서 처음으로 죽은 개를 복제해내는 연구성과를 발표했다. 그동안 이들은 어떻게 살아온 것일까?

2006년 1월, 서울대 조사위원회가 최종 조사결과를 발표했을 때 모두가 손가락질했다. '줄기세포는 가짜, 스너피는 이병천 교수의 것, 황 박사는 사기꾼'이라고. 한때 '좌(左) 병천, 우(右) 성근'으로 불리던 두 명의 교수도 이 무렵 결별을 결심했다. 그런데 정작 실험실에서 말없이 연구만 해오던 젊은 연구원들은 더 이상 아무것도 가진 것 없는 스승을 따라나섰다. 그들이 스승의 마지막 기자회견 자리를 끝까지 지켰을 때 사람들은 그들을 '강요된 인간병풍'이라고 표현했다. 그러나 그들은 병풍이 아니라 젊은 과학자였고, 그들의 행동은 진심이었다.

우리가 알고 있는 황 교수님은 외부에 알려진 바와 다릅니다. 그래서 우리는 교수님과 함께 다시 연구하고 싶다고 말했습니다.[2]

[AP/김 수 박사]

2006년 여름, 숨죽이던 해외 과학자들이 속속 황우석식 줄기세포 연구재개를 발표했다. 그에 앞서 미국의 『USA투데이』는 '황우석팀 연구조작 판명은 타격이자 축복'[3]이라 표현했다. 미국 ACT의 로버트 란자팀에 이어 하버드 대학이 황우석식 줄기세포 연구를 재개했고,[4] 캘리포니아 주지사 아놀드 슈워제네거는 무려 1억 5천만 달러를 줄기세포 연구에 대주겠다고 약속했다.[5]

그때 황우석 박사와 젊은 연구원들은 구로동에 전세를 얻어 간이 실험실을 마련했다.[6] 인원은 병역특례 문제로 서울대에 남은 일부를 제외하고 20여 명이었다. 그들은 제 돈 들여 산 장비 하나 서울대에서 갖고 나올 수 없었다고 한다. 그들은 서울대 연구원이라는 명성과 안정된 연구기반 대신 검찰에게 기소당한 스승과 함께 완전히 바닥에서 새로 시작하는 길을 택했다.

저희 돈을 들여 산 실험장비조차 서울대는 갖고 나갈 수 없다고 불허했습니다.[7] [AP/김 수 박사]

2006년 가을, 서울대는 또 다른 논문검증을 시작했다. 유독 황우석 박사를 따라나선 연구원들의 석박사 논문이 도마 위에 올랐다. 브릭 네티즌들이 먼저 학위논문의 사진이 중복된다는 제보를 했고, 서울대 본부가 즉시 조사에 착수했다. 어찌된 일인지 비공개 원칙을 깬 채 모든 것은 언론에 그대로 노출되었으며 '제자까지 논문조작', '그 스승에 그 제자'라는 비난여론이 쏟아졌다.[8]

그런데 이 와중에서도 그들은 서울을 떠나 먼지가 풀풀 나는 경기도의 한 농기구 창고 안에서 개복제 실험에 착수하고 있었다.

서울시 내에서는 동물실험을 할 수 없어, 경기도 모처에 있는 친척의 골프장 농기구 창고 한켠을 베니어합판으로 막고 개의 복제실험에 다시 착수하였다.[9] [수암연구원]

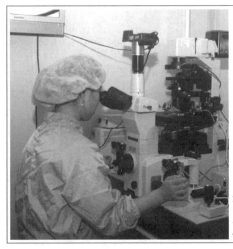

2007년 1월, 황우석 박사 친척의 도움으로 먼지 날리던 창고 대신 작지만 잘 갖춰진 연구실을 갖게 되었다(출처 : 베스트프렌즈어게인 www.bestfriendsagain.com).

2007년 1월, 황 박사 친척의 도움으로 드디어 먼지 날리던 농기구 창고 대신 작지만 잘 갖춰진 연구시설이 경기도 용인 일원에 마련되었다.

2007년 봄, 서울대가 세계 최초 늑대복제 성공을 발표했다. 사실 복제늑대는 황우석 교수가 재직하던 당시 태어난 연구성과이다. 그러나 서울대는 마치 황 교수가 배제된 상태에서 새로 수립한 성과인 양 황우석이란 이름을 싹 지우고 발표했다. 언론 역시 이제 '동물복제 하면 이병천'[10]이라며 이병천 교수 띄우기에 나선다. 그러나 며칠 뒤 서울대와 이병천 교수는 잘못된 성공률 계산을 논문에 표기해 망신살이 뻗치기도 했다.

밖에서는 이런 소동이 벌어지고 있었지만, 황우석 연구팀은 복제연구에만 몰입해 있었다. 당시 그들을 주목한 사람은 아무도 없었지만, 그들은 새로운 개복제에 성공했다. 시각장애인에게 길을 안내하는

2007년 1월, 황우석 연구팀은 '골든리트리버'의 암수 복제에 성공했다. 이어 3월에 3두의 암수 리트리버 종 복제견이 태어났다(출처 : 베스트프렌즈어게인).

'골든리트리버'의 암수 복제였다.

2007년 1월 24일, 골든리트리버 종의 국내 챔피언 개체로부터 채취한 세포로 복제에 성공한 것이 임신에 성공, 2007년 3월 25일, (중략) 무사히 첫 분만을 하게 된다. 이후 연이어 3두의 암수 리트리버 종 복제견이 태어났다.[11] [수암연구원]

2007년 여름, 신정아 교수 학력위조 사건이 사회적 이슈로 떠올랐다. 선혀 상관없는 '황우석'이라는 이름이 또 다시 서론됐다. '예술계의 여자 황우석', '황우석 변호사가 곧 신정아 변호사'라는 표현들이었다.[12]

이때 그들은 또 다른 개복제에 성공하고 있었다. 의학연구에 사용되는 실험동물 '비글' 종 복제였다. 그런데 이 무렵 미국인들이 찾아왔다. 중국에 가는 길에 잠깐 들렀다며 왔지만, 실은 6년 전에 죽은 미시 복제 프로젝트 역량을 타진하기 위한 사전 검증이었다.

(미국 바이오아트사 방문단은) 황우석 박사가 직접 집도하는 난자채취 수술, 복제배아 착상수술 및 제왕절개 수술의 전 과정을 주시하면서 소요시간을 일일이 측정하였고, 연구진들의 복제실험 과정도 낱낱이 기록하면서 관찰하였다. 그리고 태어난 복제견들의 효율과 유전자검 사 기관에서 실시한 일명 '블라인드 테스트'라는 방식으로 검사하여 나온 결과를 꼼꼼히 분석하였다.[13] [수암연구원]

2007년 가을, 미국에서 섀튼 박사가 다시 모습을 드러냈다. 그는 노벨의학상 수상자 앞에서 발표를 했다. 결국은 인간배아줄기세포로 가야 한다는 것이 그 내용이었다.[14] 영국 줄기세포 학계에서는 축포 가 터졌다. 마틴 에반스 교수가 노벨의학상을 받은 것이다. 그는 영 국 배아줄기세포의 대부였다.[15]

하지만 한국의 황우석 연구팀은 줄기세포 연구기회조차 잡을 수 없 었다. 정부의 연구승인이 없었기 때문이다. 그러나 그들은 세계 최초 로 죽은 개를 복제했다. 지난 10년간 외국 연구진이 수백만 달러를 들 여도 복제하지 못했던 죽은 개 미시. 그 냉동 체세포를 건네받아 첫 실험에서 임신이 되는 성과를 거둬 미국인들을 놀라게 한 것이다.

2007년 9월 27일, 실험에 착수한 후 첫 실험에서 임신이 되었고, 1주 일 후의 추가실험에서 연이어 임신이 확인되었다. (중략) 1, 2호 복제

복제 미시는 크리스마스를 20일 앞둔 12월 4일에 태어났다. 성탄 전야에 연구원들은 복제 미시에게 산타클로스 모자를 씌워준 채 조촐한 파티를 했다(출처 : 베스트프렌즈어게인).

미시에 이어 3,4,5호까지의 복제 미시가 연이어 태어나 (중략) 데이비스 소재 캘리포니아 대학교(UC Davis) '유전자검사연구소'로 옮겨가 대학 측이 이들로부터 직접 혈액을 채취하여 유전자 검사를 시행했다.[16] [수암연구원]

2007년 12월, 성탄절을 앞두고 복제 미시가 태어났다. 당초 미국인들은 크리스마스까지 복제가 가능하겠냐고 부탁했다. 그러나 복제 미시는 크리스마스를 20일이나 앞둔 12월 4일에 태어났다. 또 한 번 놀란 미국 측은 개의 이름을 한국식으로 지었다. 용인에서 태어났다고 용의 한국어인 '미르'에 'a'를 붙인 '미라'였다. 성탄 전야에 연구원들은 복제 미시에게 산타클로스 모자를 씌워준 채 조촐한 파티를 했다.

2008년 4월, 줄기세포 연구는 여전히 할 수 없었다. 그 무렵 영국 정부는 윤리적 비난을 무릅쓰고 동물-인간의 이종간 핵이식 허용을 추진하고 있었다. 미국의 차기 대권주자들은 모두 배아줄기세포를 적극 지원하겠다는 의사를 밝히고 있었다. 하지만 한국은 동토의 땅이었다.

이 와중에 중국 '사자개'가 복제돼 태어났다. 대형 개 '티벳 마스티프'는 태어날 때부터 사자처럼 힘차게 우는 일명 '사자개'였다. 중국 과학원 연구자들의 제안으로 시작된 이 연구는 한 달 사이 연이어 17마리나 태어나는 성과를 냈다.[17]

2008년 5월, 『뉴욕타임즈』가 황우석팀의 개복제 성공을 보도했다.[18] 이는 국내 주요 포털 사이트에서 뉴스검색 1위를 차지했다. 2, 3위가 '맨유 박지성', '대통령 쇠고기 담화'였다.

그 무렵 필자는 수암연구원을 방문해 연구원들을 만났다. 황우석 박사는 미국 출장 중으로 여전히 만날 수 없었고, 연구원들은 각자 실험을 하다 점심시간이 되자 간이식당에 하나둘 얼굴을 나타냈다. 이중에는 두 아이의 엄마도 있었고, 실험실 커플로 결혼을 앞둔 연구원도 있었다. 몇 달 전 새로 들어왔다는 새내기 연구원들도 있었다. 그러나 이들 모두에게는 '아이들과 식구들에게 너무 미안하다'는 공통점이 있었다.

정도의 차이는 있지만 연구 스케줄은 여전히 빡빡해 보였다. 한 남성 연구원은 아예 개들과 숙식을 함께 한다고 했다. 새로 복제된 개들이 너무 많이 탄생해 아예 강아지 집 위에 연구원 한 명이 이불을 깔고 자며 관리한다는 것이다. 이들은 밥을 먹으며 TV를 보다가 미시

복제 관련 뉴스가 나오면 "얘, 니 얼굴 나왔다"하며 까르르 웃기도 했다. 지금까지 TV 보도를 보며 "왜 저런 관점으로만 볼까?" 하며 안타까웠다는 이들이었다.

그 가운데 한 남자 연구원이 있었는데, 사연이 기막혔다. 진작에 박사학위 논문을 작성해 제출했지만, 서울대에 남지 않고 황 교수를 따라나선 이후 논문심사 진행조차 이뤄지지 않고 있다는 것이다. 학위가 계속 늦춰지는 게 안타깝지 않느냐는 질문에 그는 이렇게 답했다.

아직도 학위가 안 나오는 걸 보면 안타깝죠. 논문은 진작에 다 썼는데. 하지만 저희 팀이 연구성과로 명예회복을 하는 게 우선이라고 생각해요. 그러면 모든 것이 자연스럽게 해결되겠죠.

그의 표정은 의외로 담담했다. 하지만 나는 그의 속마음을 조금이나마 헤아릴 수 있을 것 같다. 사실 나도 박사학위 논문을 쓸 때 경험했지만, 학위심사에서 계속 미끄러질 때의 심정은 속된 말로 '미치기 일보 직전'이다. 머리가 빠지기도 하고 심한 스트레스 증세를 호소하는 사람도 많다. 하물며 자신의 실력 때문이 아니라 논문 외적인 문제로 그렇다는 생각이 들 때, 그 스트레스의 강도는 상상을 초월할 것이다. 아마도 그 연구원 또한 엄청난 울분과 번민으로 가슴을 태웠을 것이다. 그러나 그는 묵묵히 연구실로 향하고 있었다. 겉보기에 그들은 아무 일 없었던 사람들처럼 평화로워 보였다.

간이식당을 나설 때 벽에 붙은 사진 한 장이 눈에 띄었다. 황우석

황우석팀 연구실의 간이식당 벽에 붙은
사진 한 장. 나는 이 사진에 '바보들의
행진'이라는 제목을 붙였다(출처 : 베스트
프렌즈어게인).

박사와 연구원들의 사진이었다. 나는 이 사진의 제목을 이렇게 붙이
고 싶다. '바보들의 행진!'

07

황우석은 의사인가 수의사인가

'약은 약사에게, 진료는 의사에게.' 난자채취는 의사 노성일 이사장에게 묻고, 난자사용은 연구책임자 황우석 박사에게 물어야.
_ 시골피디

2008년 3월에 나온 기사[1] 는 황우석 박사를 의사로 만들었다.

'황우석 불법 난자채취' 손배소 2년째 '감감'

세계일보 기사입력 2008.03.21 08:32 · 최종수정 2008.03.21 10:04

황우석 전 서울대교수(사진)의 **불법** 난자 채취와 관련한 손해배상 소송 재판이 처음 제기된 지 2년이 다 되도록 정식재판이 한 번도 열리지 않은 것으로 드러났다.

20일 서울중앙지방법원 등에 따르면 황 박사 연구팀에 난자를 제공했던 위모(여)씨와 박모(여)씨 등 2명이 지난 2006년 4월 21일 국가와 한양대학병원, 성심의료재단 등을 상대로 제기한 6400만원 상당의 소장 접수 후 지금까지 단 한 번의 정식 재판도 열리지 않았다. 황 박사 측이 난자를 줄기세포로 만드는 기술을 갖춘 것처럼 속였고, 난자 채취의 후유증 등을 제대로 설명하지 않았다"고 주장했

전형적인 '제목 따로 기사 따로' 기사로, 읽는 이로 하여금 황우석 박사 본인이 불법으로 난자를 채취했다는 오해를 불러일으키기에 충분하다(출처 : 포털사이트 '다음'의 미디어다음).

‘약은 약사에게, 진료는 의사에게’ 받아야 한다. 이게 상식이자 실정법이다. 그러면 인간의 난자를 채취하고 그 과정을 설명하는 일은 의사의 일인가 수의사의 일인가? 당연히 의사의 역할이자 책임이다. 이것이 상식이자 실정법이다. 우리나라 보건의료기본법을 보자.

모든 국민은 보건의료인으로부터 자신의 질병에 대한 치료방법, 의학적 연구대상 여부, 장기이식 여부 등에 관하여 충분한 설명을 들은 후이에 관한 동의 여부를 결정할 권리를 가진다.[2] [제12조]

그렇다면 여기에서 ‘보건의료인’이란 누구를 지칭하는가? ‘생명윤리 및 안전에 관한 법률’에 따르면 ‘의사나 한의사, 간호사’ 등으로 수의사는 포함되지 않는다.

현행법상 보건의료인 : 법령이 정하는 바에 의하여 자격 면허 등을 취득하거나 보건의료 서비스에 종사하는 것이 허용된 자(의사, 치과의사, 한의사, 조산사 및 간호사) (중략) 배아생성 의료기관으로 지정받은 의료기관은 배아를 생성하기 위하여 정자 또는 난자를 채취하는 때에는 정자제공자, 난자제공자, 인공수태 시술대상자 및 그 배우자의 서면동의를 얻어야 한다.[3] [제15조]

사실이 이러함에도 앞의 기사를 보면 수의사인 황우석 박사가 마치 난자를 채취한 의사인 양, 난자채취 관련 소송의 핵심인물로 휘말려 있는 듯 보도했다. 여기에는 다음과 같은 문제가 있다.

첫째, 가장 큰 영향력을 미치는 뉴스의 헤드라인에서 작은 따옴표로 '황우석 불법 난자 채취'라는 문구를 강조했는데, 이는 읽는 이로 하여금 마치 황우석 박사 본인이 불법으로 난자를 채취했다는 오해를 불러일으키기에 충분하다.

둘째, 기사 내용을 요약한 첫 문단에서도 '황우석 전 서울대 교수의 불법 난자 채취와 관련한……' 이라는 식으로 헤드라인의 오류를 고스란히 반복, 읽는 이로 하여금 거듭된 오해를 자아내고 있다.

셋째, 헤드라인 못지않게 기사내용을 함축해 보여주는 사진설정의 경우에도 황우석 선 교수가 낭혹스러워 하는 듯한 모습의 사진을 내걸어 그가 소송의 당사자라는 메시지를 강하게 암시하고 있다.

넷째, 그러나 정작 소송 주체를 보면 이번 소송의 원고와 피고는 난자를 제공한 여성들과 '국가, 한양대학병원, 성심의료재단 등'으로 황우석 박사와는 직접적 관련이 없으며, 담당재판부 판사의 인터뷰를 비롯한 기사 본문 전체에서도 직접 관련성을 입증할 만한 어떠한 내용도 포함되어 있지 않다.

결국 실체적 사실이나 본문내용과도 상관없이 '헤드라인-요약기사-사진'이 배열된, 전형적인 '제목 따로 기사 따로' 기사임을 알 수 있다. 이런 기사들은 우리 주변에 의외로 많다. 빛의 속도로 전해지는 디지털 혁명과 함께 기사의 오류도 빛의 속도로 전해지고 있다.

08

황우석 관련주는 없다

변호사 : 실험실 전체 랩미팅 자리에서 황우석 교수는 '체세포 핵이식 연구는 개인의 소유물이 아니라 국가의 소유물이어야 함'을 여러 차례 피력했죠?
연구원 : 예, 여러 번 들었습니다.
_ 황우석 박사 관련 12차 공판 중에서

2007년 3월, 한 일간지는 황우석 박사가 '에스켐'이라는 회사에 85만 주를 배정받아 증시에 진입했다고 보도했다.

황우석: 직업 전 교수, 투자회사 에스켐, 공시 날짜 2월 22일, 형식 3차 배정 유상증자에 측근인 박병수 수암장학재단 이사장 참가, 배정 주식수 85만 주, 배정 금액 4,680원. [중앙일보]

기사는 이 회사가 막대한 시세차익까지 올렸다고 말했다.

황 전 교수의 지원자로 알려진 박병수 이사장이 유상증자에 85만 주 참여했기 때문이다. 주당 4,680원, 벌써 137억 원의 시세차익을 올렸

다. 말 그대로 대박이다.[1]

　기사를 가만히 보면 팩트는 하나에 불과하다는 것을 알 수 있다. '박병수 이사장이 한 회사에 유상증자 참여'. 그런데 여기서 파생되는 여러 가지 추측이 꼬리에 꼬리를 물고 그 추측들이 마치 확정된 사실인 양 단정적인 뉘앙스를 풍긴다. 이런 식이다. '황우석 박사 코스닥 참여. 벌써 대규모 시세차익'.

　아무리 소문에 사고 뉴스에 파는 주식시장이라고 하지만, 이 정도가 되면 뭐가 소문이고 뭐가 뉴스인지 헷갈리게 된다. 확인결과 정작 황우석 박사는 '에스켐'이라는 코스닥 기업에 투자를 한 사실이 없다. 후원자로 알려진 박병수 이사장 역시 당시 유상증자 참여를 통해 시세차익을 올릴 수 없는 구조에 있었다. 박병수 씨가 이사장으로 있으면서 황우석 박사 연구를 지원하고 있는 수암재단의 책임 있는 관계자는 당시 언론보도를 납득할 수 없다는 표정이었다.

(박병수) 이사장님이 참여한 것은 맞는데 그 회사의 대주주 자격으로 참여했습니다. 현행법상 대주주의 지분은 살 수도 팔 수도 없다는 것 알고 계시죠? 그런데 도대체 누가 시세차익을 어떻게 올렸다는 건가요?[2] [수암재단 관계자]

　그런데 9개월 뒤, 이번에는 '비티캠'이라는 회사가 황우석 관련주로 관심을 끌어모으며 상한가 행진을 계속했다.[3] 언론에서는 아예 황박사의 장모와 제자 그룹 누구누구가 참여하고 있다고 보도했다.[4] 아니 땐 굴뚝에 연기 날까? 이쯤 되니 필자 역시 이번에는 '황 박사가 주식에 참여하려나 보구나'라는 생각을 했다. 그러나 이 소문 역시 사실이 아닌 것으로 밝혀졌다.

수암생명공학연구원 관계자는 비티캠과의 관련설을 부인했다. 그는 "수암연구소와도 연관이 없고 황 박사와도 관계가 없다"며 "이런 부분에 대해 사전 협의를 한 일이 없다"고 밝혔다. 그는 "(황 전 교수가) 지금은 연구에만 몰두할 시점이며 이번 일로 개인투자자 가운데 피해자가 발생할까 우려하고 있다"고 덧붙였다.[5] [머니투데이]

수암재단 관계자에 따르면, 당시 황 박사는 관련 보도를 본 뒤 자신을 도와주려는 선의의 개미투자자들이 피해를 볼까 안타까워했다는 후문이다.

해가 바뀌어 2008년 5월, 미국 기업과의 개복제 성과가 외신에 발표되었다. 발표와 함께 이른바 황우석 관련주들은 일제히 오르기 시작했다. 더구나 그때는 황 박사가 'H-Bion'이라는 회사의 대표이사로 이름을 올려놓고 있을 무렵이었다. '이 정도면 주식에 대한 입장도 표명하지 않겠는가'라는 게 필자의 생각이었다. 그런데 황우석 연구팀은 개복제 성과를 설명하며 각 언론사로 보내진 공식자료를 통해 '황우석 관련주는 없다'는 입장을 거듭 확인했다.

그동안 황 박사의 친척 등이 설립했다는 바이오 관련 회사들의 이름이 황 박사와 연관지어 언론에 오르내릴 때마다 자신과 무관함을 공개적으로 천명할 수도 없어 속앓이를 해오던 차에, 황 박사가 주도적으로 상업법인을 설립하면서 유사한 사태나 억측이 해소되기를 바라고 있다.

그러나 H-Bion사는 자타가 인정할 수 있는 건실한 기반과 수익모델이 창출되어 국제적 신뢰가 쌓이기 전까지는 주식시장에 직간접 상장 또는 타 회사와의 연계 없이 기술개발에만 전념하겠다는 계획이다. 동시에 향후 수암연구원의 연구를 재정적으로 후원해야 할 H-Bion사로서는 연구소 운영을 지원하고 잉여금이 남을 경우에는 바이오아트사와 공동으로 비영리공익법인을 설립하여 희귀멸종 동물의 종 보존 연구에 기여할 계획이다.[6] [수암생명공학연구원]

그럼에도 불구하고 여전히 주식시장은 황우석 관련 뉴스에 울고 웃는 현상을 반복하고 있다. 어쩌면 '황우석'이라는 이름은 이미 국내 바이오주를 대표하는 아이콘으로 자리 잡고 있는지도 모른다. 그러나 이러한 시장의 평가를 가장 부담스러워하는 이는 다름 아닌 황우석 박사라는 생각이다. 그가 평소에 밝혀온 지론들[7]과 공판에서 사실로 확인된 것들을 모아보면, 황우석이라는 사람은 아직도 자신의 기술이 주식시장의 호재거리로 작용하기보다는 '공익적 재부'이기를 더 바라는 것 같다.

09

언론이 만들어준 100억대 땅부자

그런 식으로 보도한다면 우리나라에 수백억대 땅부자들 얼마든지 만들어내죠. 시골에 땅 있고 집 한 채 가지면 전부 100억대 부자죠.
_ 부동산중개업을 하는 네티즌 장덕진 씨

지난 2006년 MBC 〈뉴스데스크〉는 황 박사 소유의 경기도 광주 농장이 '시가 무려 100억 원대의 농장'이라고 보도했다.

서울대 시설이라는 간판이 서 있지만 실제로는 황우석 교수의 개인 땅입니다. 산ㅁ-1, 산ㅁ-3부터 6 그리고 친인척 명의로 보이는 ㅁ-7번지까지 모두 6만 6천 평. 시가로 100억 원 정도입니다.[1] [MBC]

『시사저널』은 '100억대 땅부자가 소시민이냐?'고 꼬집었다.

황우석, 30세 때 경기도 땅 6만 5천 평 매입, 가난한 학자의 삶과는 거리[2] [시사저널]

전셋집에 살던 소시민 황우석 박사가 알고 보니 '100억대 땅부자' 였다는 것이다. '특별취재팀'이 취재한 내용이라는데, 과연 사실일 까?

네티즌 장덕진 씨의 사례는 우리나라 네티즌이 어느 정도로 역동적 이며 탁월한 정보수집력을 지니고 있는지 여실히 보여주고 있다.

장덕진 씨는 수도권에서 부동산중개업을 하는 두 아이의 아버지이 다. 어느 날 정치 사이트에서 인터넷 토론을 하던 중 '황우석 100억대 농장'이라는 이슈가 눈에 들어왔다. "사실일까?" 호기심이 발동한 장덕진 씨는 자신의 직업적 전문성을 살려 직접 황우석 농장의 시세 가치를 검증해보기로 했다.

그는 우선 뉴스에 나온 농장의 위치와 지번을 추적했다. 친절하게 도 TV뉴스의 그래픽 영상에는 지번까지 노출시키고 있었다. 그것을 바탕으로 해당 부지의 '임야대장'과 '토지이용계획확인서'를 일일이 비교 확인했다. 국토해양부가 온라인으로 제공하는 '토지이용규제정 보서비스'를 활용, 그 땅에 어떠어떠한 규제가 걸려 있는지를 살폈 고, 구글 어스를 통해 해당 부지에 대한 GPS 위성사진까지 살펴봤다. 장덕진 씨는 예전 항해사를 했던 경험이 있기에 구글이 전해주는 위 성사진을 통해 해당 부지의 경사도가 어느 정도인지, 개발 가능성이 어느 정도인지를 가늠해볼 수 있었다고 한다.

또한 다른 네티즌들이 직접 찍어온 농장 주변 사진을 인터넷으로 검색해 모자이크 식으로 맞춰봤고, 인터넷 뉴스검색을 통해 십여 년 전 뉴스부터 살펴보며 농장의 사연과 이력을 추적했다. 그렇게 알아

본 장덕진 씨는 결국 자신이 직접 농장을 답사하려던 계획을 포기했다. 가보나마나 이 땅은 개발이 불가능한 곳이라는 것이다.

가보나마나 개발 자체가 불가능한 땅이에요. 묶여 있는 규제가 너무 많고 산 정상 부근으로 경사도가 심해서 개발이익이 없어요. 최근에는 주변으로 고압 송전탑 공사까지 한다는데 누가 그 땅을 100억에 삽니까?[3] [네티즌 장덕진 씨]

그의 말은 사실이었다. 황우석 박사 소유의 농장부지는 2만 5천여 평이다. 언론은 옆에 붙어 있는 지인 소유의 임야(4만여 평)까지 합쳐 모두 6만 5천여 평이 '황우석 농장'이라 보도했다. 문제는, 황 박사의 땅이든 지인의 땅이든 간에 모조리 2중 3중의 법 규제에 묶여 있는 '목장용지'와 '임업용 산지'라는 것이다.

국토해양부 전산시스템을 활용해 파악한 황우석 박사 소유의 '목장용지'에 대한 정보[4]는 다음과 같다.

〈목장용지 84,157㎡〉
국토의계획및이용에관한법률에 따른 '관리지역'
수도권정비계획법에 따른 '자연보전권역'
수질및수생태계보전에관한법률에 따른 '배출시설설치제한지역'
환경정책기본법에 따른 '특별대책지역'

최소한 세 가지 규제로 개발이 제한됨을 알 수 있다. 임야에는 한 가지 규제가 더 붙어 있었다. 옆에 붙은 지인 소유 임야도 마찬가지였다.

〈임야 132,240㎡〉
국토의계획및이용에관한법률에 따른 '농림지역'
산지관리법에 따른 '임업용산지'
수도권정비계획법에 따른 '자연보전권역'
수질및수생태계보전에관한법률에 따른 '배출시설설치제한지역'
환경정책기본법에 따른 '특별대책지역'

이 자료를 부동산 애널리스트이자 그 분야의 권위자인 K씨에게 보여줬다. 그는 대뜸 '개발 불가' 판정을 내리며 이런 설명을 보탰다.

예를 들어 '자연보전권역'이라는 것은 건축이 제한된다는 것을 뜻하고, '배출시설제한구역'이라는 것은 오염배출 시설을 지을 수 없다는 거죠. 식당도 안 되고 공장도 지을 수 없고, 또 '농림지역'이라는 말은 우리가 흔히 농업진흥지역이라고 합니다. 농사만 지어야 하는 땅입니다. 광주시 전체가 팔당상수원 보호구역이긴 하지만 이 땅은 더더욱 많은 규제에 묶여 있어요. 말 그대로 소 키우고 나무 심는 땅이지 여기서 다른 걸 할 수 있는 곳이 아니에요.[5] [부동산 애널리스트 K씨]

그는 이 땅에 대해 요즘 유행인 펜션이나 전원주택 단지로의 개발 가능성 또한 없다고 했다. 건축제한이나 개발제한이 2중 3중으로 따라붙어 있기에 그냥 이 지역에 상주하는 사람이 '농가주택'을 짓고

사는 것은 허용되어도 그 외에 다른 것은 생각할 수도 없고, 설령 어찌어찌해서 전원주택 단지를 짓더라도 산을 깎고 도로 내고 하는 등의 투자비용이 워낙 막대할 것이기에 이익이 나지 않는다는 것이다.

이런 땅을 많은 언론이 '100억대 시세'로 보도했다는 말을 해주자 그는 기막힌다는 표정을 지었다.

토지의 시세를 정확히 파악하려는 의지가 있었다면, 우선 그 땅의 용도가 무엇인지, 그리고 그 용도와 같은 용도를 가진 땅이 주변에서는 실제 얼마에 거래되었는지를 알아야 합니다. 그게 진짜 그 땅의 시세니까요. 하지만 지금 이 농장의 시세는 파악할 수 없는 게 정상입니다. 왜냐하면 거래가 안 되는 땅이니까요. 그런데도 100억대 시세라고 보도를 했다면, 그것은 아마도 기자님들이 그 땅의 용도나 규제는 고려하지 않은 채 '개발된다면 얼마인가요?'라는 식으로 개발을 전제 하에 시세를 묻고 기사를 쓰신 것 같네요. [부동산 애널리스트 K씨]

언론의 부동산 시세 관련 보도태도에 대한 지적이었다. 앞서 위성사진까지 검색해 황우석 농장의 시세를 알아봤던 네티즌 장덕진 씨도 언론의 보도태도를 개탄했다. 이런 식의 보도태도라면 마음만 먹으면 얼마든지 100억대 땅부자를 만들어낼 수 있다는 것이다.

봉하마을도 마찬가지예요. 예를 들어 1천 평의 땅이 있으면 그 땅의 용도와 규제로 볼 때 1백 평밖에 집을 지을 수 없어요. 그래서 거기 맞춰 1백 평 집을 지었어요. 그 이상은 짓고 싶어도 못 짓고 더 이상

개발이 안 되는 거예요. 하지만 기자들은 그런 걸 고려하지 않고 '1백 평 집을 지어서 현재 얼마니까 앞으로 1천 평 다 개발하면 이만큼이다'라는 식으로 기사를 씁니다. 아방궁이 된 것이죠. 그런 식이라면 시골에 땅 좀 있고 집 한 채 있는 사람은 누구든 100억대 부자로 몰아갈 수 있어요. [네티즌 장덕진 씨]

그러면 황우석 농장은 어떻게 해서 조성된 것일까? 박사학위를 받은 뒤 교수 부임이 유력하던 황우석 박사는 그러나 후임을 약속했던 지도교수의 갑작스러운 죽음으로 교수임용에서 밀려난다. 지도교수의 후임으로 다른 전공의 지망자가 내정되는 모습을 보며 그는 심한 쇄설삼을 느꼈던 것 같다. 그 후 그는 시간강사 생활로 3년을 보냈다. 그 무렵 서울에 있던 16평짜리 아파트를 팔고 시골에 실험농장 부지를 샀는데, 그곳이 바로 경기도 광주시 퇴촌면에 있는 지금의 '황우석 농장'이다. 임야대장에 따르면 황 박사가 이 땅을 소유한 때는 1983년 무렵으로 당시 공시지가는 ㎡당 30원이었다. 30만 원이면 1만㎡의 땅을 살 수 있던 산꼭대기 황무지를 서울에 있는 아파트를 팔아 사들였던 것이다.

나는 그때 결혼을 해서 16평짜리 아파트에 살고 있었는데, 무작정 그 집을 팔아 경기도 광주의 황무지를 구입했다. 그리고 소를 사들여 농장을 만들었다. 그 무렵 서울대학교 수의과에는 실험농장이 없었다. 나라도 인공수정을 연구하는 사람들이 본격적으로 실험할 수 있는 장소를 만들고 싶었던 것이다. 돈도 없는 고작 시간강사 주제에 뜻은 참

으로 원대했다.[6] [황우석 박사]

그가 팔아치운 서울의 아파트는 잠실에 있던 아파트였다. 당시 잠실 시세는 86년 아시안게임과 88년 올림픽을 앞두고 치솟고 있었다. 이런 곳을 팔고 황무지를 사들인 땅 투기꾼이 어디에 있을까? 그러나 일부 언론의 보도는 그를 영락없는 100억대 자산가로 만들었다.

10

병실에 누워 있는 모습은 '명연기' 인가

친구가 입원했다는 소식에 깜짝 놀라 병원으로 면회를 갔어요. 그런데 황 교수 위 아래로 카메라 세 대가 모니터링을 하더군요. 정보기관에서 경호한다고 하는데, 나는 그걸 보며 황 교수가 참 불쌍하다는 생각을 했어요. 내 친구 황우석은 병원까지 가서도 쉬지 못하는구나.
_ 황우석 박사의 서울대 수의대 동기 윤석만 씨

아직도 황우석 교수가 병상에 누워 있던 사진을 언론플레이라 비난하는 분들이 있다.

병원에 입원해 수염을 기른 채 초췌한 모습으로 등장한 장면에는 대사 한 마디 없었다. 하지만 그의 표정연기는 단연 압권이었다. 진정한 고수의 내공이 느껴지는 순간이었다.[1] [이형기 교수]

그런데 당시 황우석 전 교수의 모습은 연기가 아니었다. 진짜 아팠던 상황이었음은 법정에서 검찰조차 인정하는 부분이다. 앞에서 황 박사가 명연기를 했다고 묘사한 이형기 교수는 의사 출신인데, 그가 정말 의사라면 현직 서울대 의대 교수가 당시 상황에 대해 진술한 법

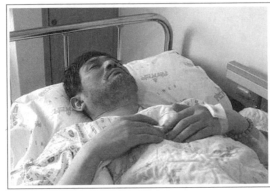

심한 우울증과 스트레스로 입원한 황우석 교수. 하지만 언론은 언론플레이의 일환으로 몰고갔다.[2]

정 증언까지 무시하고 넘어갈 수는 없을 것이다.

당시 황우석 교수의 주치의 역할을 하기도 했던 서울대 의대 안규리 교수는 22차 공판에 검찰 측 증인으로 출석했다. 검찰은 안 교수에게 "당시 황 교수의 상태가 입원까지 할 정도로 심한 상태였냐"며 당시 입원이 언론플레이의 일환이었음을 입증하려 했다. 그러나 검찰의 기대와는 달리 안 교수는, 당시 상황은 입원을 해야 할 정도로 심각한 상태였으며, 서울대 병원 전문의들의 소견과 기록이 이를 증명한다고 증언했다.

당시 상황을 어떻게 생각하실지 모르겠지만, 저희 (서울대) 병원 전문의들의 의료소견과 진단서를 보면 (당시 황 교수는) 심한 우울증, 다소 극단적인 위험행동을 할 수 있는 것으로 판단되었습니다. 저는 그때 (황 교수에게) 입원을 권유한 것을 지금도 잘했다고 생각합니다.[3]

[안규리 교수]

심한 우울증과 극단적인 위험행동에 대해 당시 황우석 교수가 어떤 상황에 처해 있었는지 변호인단의 심문이 이어졌고 안규리 교수는 보다 자세히 설명했다.

황 전 교수는 체중이 4kg 줄고, 서울대 병원에 입원 당시에도 스트레스가 심하고 자살시도 등 극단적인 위험행동의 부담이 있어서 보호자 및 해당 과에게 '이(자살시도 등)에 대한 감시'가 필요하다고 전달한 사실이 있습니다. 당시 정신과 의사들도 '중증 우울증'이 있으니 잘 돌보라 진술했고 이를 비서와 가족들, 이병천 교수 등에게 연락해 알렸습니다. [안규리 교수]

그렇다면 그가 받은 스트레스의 원인은 무엇이었을까? 검찰조사에 따르면 황 교수는 〈PD수첩〉의 취재가 본격화되던 시기였던 최소한 2005년 10월까지는 『사이언스』 논문에 제출한 줄기세포가 '가짜'임을 모르고 있었던 것으로 보인다.[4] 미즈메디의 김선종 연구원이 "선생님 해냈습니다"라고 했을 때 황 교수를 비롯한 서울대 수의대 연구원들은 그들이 진짜 줄기세포를 만들었다고 믿었고, 뒤이어 나온 DNA 검사결과 역시 진짜로 믿었던 것이다. 이후 그들은 국내외 연구진에게 줄기세포를 분양까지 해줬다. 당연히 줄기세포가 진짜 맞냐고 캐묻고 다니는 〈PD수첩〉팀에 대해 '터무니 없는 음해공작' 정도로 치부했던 것이다.

그런데 〈PD수첩〉에게 내준 줄기세포의 DNA 지문 분석결과가 논문과 일치하지 않는다는 답변을 받았다. 그들의 검증이 제대로 된 검증인지를 믿을 수 없어 독자적으로 YTN 취재팀에게 의뢰했던 DNA 분석결과까지도 논문과 일치하지 않는다는 회신이 돌아왔던 것이다. 그 결과 앞에 황우석 교수를 비롯해 서울대 수의대 연구팀 모두 심한 충격을 받았던 것 같다. 당시 줄기세포 팀장을 맡았던 권대기 연구원은 검찰진술에서 충격에 휩싸인 실험실 분위기를 그대로 전하기도 했다. "결과가 나온 순간 서울대팀 모두 멍했습니다. 그리고 다음에 나오는 DNA 결과가 잘 나오기를……."5)

그런 상황에서 황우석 전 교수는 심한 배신감과 좌절, 그리고 이 상황에서 어떻게 행동해야 할 것인가를 놓고 극심한 불면의 밤을 보냈던 것으로 보인다. 물론 황 교수 개인의 입장에서만 보면, 모든 것을 국민 앞에 까발리고 '바꿔치기' 수사를 의뢰한 뒤 연구책임자로서의 도의적 책임을 지고자 하는 편이 학자로서 보기 좋았을 것이다. 그러나 만일 필자가 그 상황에 처했더라도 결단은 쉽지 않았을 것 같다. 왜냐하면 우선 언론 환경을 장담할 수 없었기 때문이다.

이미 〈PD수첩〉은 세포가 가짜라는 증거를 손에 들고 그 주범으로 황 박사를 찍고 있었다. 이런 가운데 양심선언은 오히려 책임 뒤집어 씌우기나 책임회피로 비춰지며 더 큰 역풍을 맞을 수도 있는 상황이었다. 더구나 그가 책임지고 있던 세계 줄기세포 허브는 물론 한국의 줄기세포 연구 또한 막대한 타격을 입을 수 있는 만큼 신중하고도 조용하게 문제를 해결해야 한다는 현실론 또한 만만치 않았던 것으로 보인다.

어떤 해법을 찾든 가슴 아프고 억장이 무너지는 고통이다. 그러한 스트레스와 불면의 밤이 '월화수목금금금'의 생활로도 끄떡없던 과학자를 패닉 상태로 몰아넣지 않았을까?

당시 황 전 교수를 면회했던 수의대 동기 윤석만 씨는 병실에서의 상황을 이렇게 회상한다.

해외 생활을 오래 하다가 귀국했는데, 친구가 입원했다는 소식에 깜짝 놀라 면회를 갔어요. 그런데 황 교수 위아래로 카메라 3대가 모니터링을 하더군요. 정보기관에서 경호한다고 하는데, 나는 그걸 보며 황 교수가 참 불쌍하다는 생각을 했어요. 내 친구 황우석은 병원까지 가서도 쉬는 게 쉬는 게 아니구나.[6]

그나마 조금이라도 쉬라고 당부했지만, 장관 면회에 국회의원들 안부전화는 쉴 새 없이 울리고 있었다고 한다. 검찰 수사결과에 따르면 당시 황우석 박사는 서울대 연구실로 다시 출근하면서 어떻게든 연구의 끈을 이어가려 몸부림쳤던 것으로 보인다. 그는 미국의 김선종, 박종혁 연구원에게 "어찌되었든 귀국해 줄기세포를 다시 만들자"고 거의 애걸하다시피 부탁했다. 그러나 두 연구원은 끝내 미국에서 오지 않았고 결국 황우석팀과 세계 줄기세포 허브는 무너져내렸다.

그 후 2년 반이 지나 황우석 전 교수와 미즈메디 김선종 연구원은 법정에서 마주쳤다(2007년 8월 28일). 황 전 교수는 피고인 석에, 그리고 김선종 연구원은 검찰 측 증인으로 증인석에 앉아 있었다. 재판장이 황 전 교수에게 "할 말 있으면 하라"고 했고, 그러자 황 전 교수는 김 연구원에게 이런 말을 건넸다.

증인(김선종)은 2005년 12월 하순 저와의 마지막 통화 기억하시죠? 지금까지 무슨 일을 했든 모든 책임은 나 혼자 지고 가겠으니 사실대로 말해달라고…… 기억나시죠?[7] [황우석 박사]

김선종 연구원은 "기억난다"고 말하며 고개를 들지 못했다.

그때를 실기하고 지금 증인과 내가 이런 모양으로 이 자리에 서 있는 현실이 안타깝습니다. [황우석 박사]

한편 안규리 교수가 출석한 22차 공판에서는 또 한 가지 사실이 확인됐다. 평소 황우석 교수의 제자사랑이 각별했다는 것이다. 검찰은 안규리 교수에게 "황 전 교수가 미국의 김선종 연구원에게 건넨 2만 달러는 치료비치고는 너무 많은 액수 아니냐?"며 추궁하자, 안 교수는 평소 다른 제자들이 입원해도 그렇게 했다고 답했다.

당연히 제자를 위한 마음일 것이라고 생각했습니다. 왜냐하면 그 전에도 비슷한 사례가 있었는데, 김선종 연구원이 쓰러지기 몇 달 전이었습니다. 황 교수팀의 제자 중 인도네시아에서 유학 온 연구원이 있는데 그 분이 쓰러지자 황 교수가 서울대 병원에서 뇌수술을 받을 수 있도록 주선하고 수술비 2,200여만 원을 전액 부담했던 사례가 있습니다. 뿐만 아니라 당시 황우석 후원회가 결성되어 이미 유능한 젊은 과학자를 키우자고 33억 원 정도의 기금이 모였던 상황입니다. 그 정도(2만 달러) 귀국비용은 큰 게 아니고, 빨리 나아서 (우리나라) 줄기세

포 허브에서 함께 성과를 내자는 생각이었을 겁니다.[8] [안규리 교수]

안 교수는 개인적으로 황우석 박사를 어떻게 평가하느냐는 변호인 측의 질문에 대해서도 '각별한 제자사랑'을 꼽았다.

제자사랑이 지극한 분이었습니다. 인도네시아 제자가 서울대 병원에 입원해 수술을 받았을 때도 치료비는 물론, 몇 번이나 찾아와 담당 선생들에게 잘 돌봐달라며 고개 숙여 인사했어요. [안규리 교수]

뇌수술을 받은 황우석팀 연구원은 인도네시아에서 온 박사과정의 '유다' 씨로 알려졌다. 그는 모국에서 교수 대우를 받을 정도의 나이에 황우석 연구팀에 들어왔지만, 나이 어린 한국 연구원들과 잘 어울리며 빡빡한 일정을 소화해왔다. 그가 쓰러져 뇌수술을 받을 때의 황우석 전 교수의 심경은 2004년에 발간된 책에도 찾아볼 수 있었다.

최소한 아침 7시 이전에 실험을 시작해야 한다는 '자율적(?) 규정' 아래 생활하고 있는 우리 실험실에서 7시 30분경 학교에 나오다 나와 마주친 유다는 그 자리에서 얼어붙은 것처럼 움직이지를 못했다. 나는 "그렇게 불성실한 자세라면 딩징 짐을 싸서 네 나라로 돌아가라"고 호통을 쳤고, 유다는 눈물을 흘리며 "한 번만 더 기회를 달라"고 호소했다.
알고 보니 새로운 환경과 구성원들 사이에서 전에 경험해보지 못한 육체적 격무와 정신적 긴장으로 심한 몸살에 걸렸던 모양인데, 뒤에 그런 사정을 듣고도 일이 바쁘다는 핑계로 사과조차 하지 못했다. 낯선 타국에서 몸이 아파 서러웠을 텐데 호통까지 쳤으니 유다의 마음이 어땠으랴. 수술실로 들어가는 유다의 모습을 지켜보며 뺨 위에 흐르는 눈물을 어찌할 수가 없었다.[9]

그러나 법정에서 확인된 이런 사실은 전혀 보도되지 않았다.

11

그들은 황우석의 인질이 아니었다

저는 정말 어처구니없는 일에 분노했습니다. 내가 정말 존경했던 도올 김용옥 선생까지도 황우석을 '사기꾼이다' 하고 모든 언론은 황우석 지지자들을 광신도로 매도하더군요. 난 기꺼이 광신도가 되기로 했습니다.[1]

_ 2007년 3월 31일, 어느 네티즌의 「오마이 뉴스」 댓글 중에서

2006년 1월, 탄핵반대 촛불이나 광우병 촛불 못지않은 규모로 '황우석 촛불'이 연일 광화문을 중심으로 피어올랐다.[2] 그러나 주류언론은 아예 다루지 않거나 혹은 '사회적 병리현상'으로 다뤘다. 스톡홀름 증후군, 인지부조화, 애국주의 등이 그것이다.

사회심리 전문가들은 여러 가지 해석을 내놓고 있다. 서울대 장○○ 교수는 "이 같은 상황을 인질과 납치범이 협력관계를 형성하는 '스톡홀름 증후군'으로 설명하는 시각도 있다"며 (중략) 또한 "곤경에 처한 사람이 자기에게 유리한 정보만 취득하려는 인지부조화 현상이 나타나고 있다"는 지적도 했다.[3] [중앙일보]

그러나 당시 촛불 현장을 취재했던 필자의 생각은 달랐다. 다음 글은 2005년 12월부터 10여 차례의 황우석 촛불현장 취재를 바탕으로 필자가 모 언론에 기고했던 2006년 3월 당시의 글이다.

서울대와 검찰청 앞에서, KBS와 MBC 앞에서 촛불을 들었던 이른 바 '황우석 지지자들'. 이들에 대한 언론과 학계의 반응은 싸늘함을 넘어 비아냥거림의 수준이다. '진실을 외면한 국익론자', '인질효과', '팬덤현상', '자제력을 잃은 맹신도들'이라는 것이다.

이에 대해 2005년 12월 24일 서울 청계천에서 첫 번째 대규모 촛불시위가 열린 뒤로부터 필자가 현장취재를 통해 만나온 이들의 말을 들어보자. 우선 '인질효과'라는 비난에 대해 물었다.

저는 황 교수님의 인질이 되어본 적이 없습니다. 동전의 양면을 모두 들춰보듯 이 사건의 진실이 무엇일까 양측 입장을 모두 검토한 뒤 저 스스로 내린 결정입니다.[4] [학원강사]

그에게 원래부터 황우석 전 교수를 잘 알거나 팬클럽 회원이었냐고 물었다. 그는 논란이 시작되기 전까지는 피상적으로만 알다가 언론보도를 보고 촛불을 들었다고 했으며, 이런 이들이 의외로 많았다.

황우석 교수 잘 알지도 못했고, 논문조작이라고 할 때 '사기꾼이었구나' 하고 화도 났어요. 그런데 내막을 알고 보니 중요한 잘못은 미즈메디 연구팀에서 다하고 이를 고의로 은폐시켰는데, 언론은 모두 황우석 한 사람한테만 몰매를 가하는 거예요. 황우석이 잘했다는 게 아니라, 석 대 맞을 짓을 했으면 석 대를 때려야지 왜 100대를 때려서 죽이냐구요?[5] [30대 주부]

이들은 나라를 위해서는 어떤 짓을 해도 상관없다는 파시즘적 사고방식을 가진 이들이었을까? 아니었다.

우리가 후손들에게 물려줘야 할 나라는 세계에서 가장 부강한 나라가 아닙니다. 제일 잘사는 나라가 아니에요. 정의가 바로 서는 나라, 억울한 사람 없는 나라, 체계가 올바로 잡힌 나라를 물려주겠다는 겁니다.[6] [40대 개인사업가]

팬덤현상은 일반적으로 열성적인 지지자를 뜻하는 'fan'과 사람의 무리를 경멸하는 뉘앙스의 'dom'이 결합되어 '스타에 대한 대중들의 조직적인 지원 현상'을 뜻하는 사회학적 용어이다. 연예인이나 스포츠 스타에 대한 수없이 많은 팬클럽 활동이 이에 해당된다고 할 수 있다. 만일 이러한 용어를 빌어 지난 2004년 대통령 탄핵 사태 당시 광화문 앞에서 촛불을 든 시민의 행렬이 '사실은 노사모의 팬덤현상이었다' 또는 '노무현에게 인질로 잡힌 사람들이었다'라고 설명한다면 어느 누가 납득하겠는가?

지난날 대통령 탄핵반대 촛불행렬이 '노무현'을 지키기 위해서가 아니라 '민주주의'를 지키려는 국민의 의사표현 방식이었던 것과 마찬가지로, 황우석 촛불행렬 또한 '황우석 교수' 개인을 옹호하기 위

2006년 3월 1일, 서울 세종문화회관 앞을 가득 메운 촛불의 행렬. 이날 집회에는 해외 교민들이 다수 참여하기도 했다.[7]

해서가 아니라 '연구는 연구로서 검증할 것', '원천기술은 특허로 지켜줄 것'을 요구하는 국민들의 정당한 의사표현인 것이다.

만일 이들의 행동이 황 교수에 대한 신앙심에서 비롯된 것이라면 황우석이란 스타가 한창 뜨고 있을 당시 그의 팬클럽은 왕성하게 움직이고 있었어야 했다. 하지만 그 당시 흥분했던 건 네티즌이 아니다. 엠바고를 파기하면서까지 특종 경쟁을 벌였던 언론과 황우석을 이용해 연구특수를 노렸던 학자들, 그리고 사진 찍기 바빴던 정치인들이었다. 그러던 그들이 논문조작이라는 앙상한 팩트가 발견되기 무섭게 돌변하여 오로지 황우석 죽이기에 몰두하고 있을 때 비로소 네티즌이 움직이기 시작한 것이다.

〈PD수첩〉에서 황 박사를 강도 높게 비난한 다음날이면 황우석 지지 카페 가입자 수가 급증하고, 서울대 조사위 결정이 내려진 직후 네티즌의 오프라인 활동이 시작된 것은 무엇을 의미하는가? 이들이 인터넷 상에 쏟아내고 있는 대부분의 글이 '황우석에 대한 감정적 지지'가 아니라, '언론보도와 서울대 조사위 발표의 문제점에 대한 논리적 반박'이라는 점에 대해서는 또 어떻게 설명할 것인가?

서울대 노정혜 교수가 폭행을 당했다며 대서특필됐던 바로 그날, 검찰청 앞에서는 한 달 이상 한겨울 추위에 떨며 비폭력 평화시위를 벌여온 20~30명의 평범한 주부들이 조용히 태극기를 들고 있었다. 물론 국민의 알 권리를 위해선 어디든 뛰어간다는 우리들의 언론에는 단 한 줄도 보도되지 않았지만 말이다.

줄기세포의 진실

이 책을 잡는 순간 여러분이 독자라는 생각을 잊어라. 여러분은

이제부터 한 명의 탐정이자 기자이자 검사이다. 누구의 말도 믿

지 마라. 오로지 믿을 것은 검증된 조각 팩트와 여러분 자신의

판단뿐이다. 그동안 누가 거짓말을 했으며 누가 피눈물을 흘려

왔는지 최종 판단은 여러분 자신의 몫이다.[0]

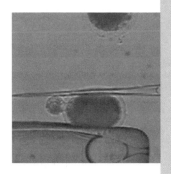

02
PART

12

사기극의 진범은 누구인가

택사스 주 댈러스에서 강간사건이 발생했다. 네 명의 피해여성은 모두 '윌러'를 범인으로 지목했다. 윌러는 무죄를 호소했으나 15년간 옥살이를 해야 했다. 그러나 뒤늦게 DNA 검사를 통해 진실이 밝혀졌다. 윌러는 범인이 아니었고 진짜 범인은 다른 두 명의 남성이었다.[1] 이처럼 사람은 거짓말도 착각도 할 수 있다. 그러나 DNA는 거짓말을 하지 않는다. _ 시골피디

2005년 연말 최대 유행어는 '바꿔치기'였다. 그런데 언론은 바꿔치기 가능성이 희박하다는 쪽으로 보도했다.

줄기세포 바꿔치기 정황상 힘들어[2] [한겨레]
바꿔치기 자작극으로 치닫는 황우석 거짓말[3] [프레시안]

결국 서울대 조사위는 "바꿔치기 없다"며 결정타를 날렸다.

'바꿔치기'란 말 자체를 이해하기 어렵다. 바꿔치기라는 것은 있는 것을 가지고 하는 것인데, 줄기세포 자체가 있었다는 증거를 찾지 못했다. 원래 없었는데 어떻게 바꿔치기가 있을 수 있는가?[4] [정명희 위원장]

그렇게 바꿔치기 논란은 종결됐고 이제 모든 여론의 화살은 황우석 박사에게로 쏠렸다. 그러나 당시 DNA 분석결과만은 과연 바꿔치기가 있었는지 없었는지, 그리고 누가 이 사기극의 진범인지를 정직하게 말해주고 있었다.

지금부터 보여지는 두 개의 DNA 검사결과는 모두 2006년 1월 10일 서울대 조사위원회가 공개한 최종보고서에 실려 있는 내용들이다. 너무나 명백한 과학적 사실들로 전문적인 지식이 없는 분들도 한눈에 알 수 있는 부분이다. 다만 필자는 서울대와 대다수 언론이 사용한 'DNA 지문분석(fingerprinting)'이라는 용어 대신 'DNA 프로필(profile)'이라는 용어를 사용하고자 한다. 'DNA 지문분석'은 1985년 영국 레스터 대학의 알렉 제프리즈 교수가 발표한 최초의 유전자 감식기술이지만, 요즘에는 지문분석 대신 여러 개의 마커를 사용해 대립유전자를 비교하는 훨씬 정교한 기법이 이용되고 있기에 'DNA 프로필'이라는 용어가 더 적절하다고 보기 때문이다.[5]

다음 쪽의 표는 서울대 보고서 8쪽에 실린 DNA 분석결과이다.[6] 세로열의 '2, 3, 4' 등의 번호는 2005년 『사이언스』 논문에 표기된 줄기세포주의 번호이다. 예를 들어 '2'는 '2번 줄기세포주', '3'은 '3번 줄기세포주'를 밀한다. 세로열의 XY와 XX는 '성염색체를 알려주는 정보로, 해당 줄기세포주가 남성(XY)의 것인지 아니면 여성(XX)의 것인지를 알려준다.

가로열의 '황 교수' '법의학' '국과수' '휴먼패스'는 각각 DNA 분석을 실시한 조사기관을 뜻한다. '황 교수'는 황우석 교수 측에서 의

2005년 「사이언스」 논문 줄기세포 DNA 분석결과(출처 : 서울대 보고서)

세포수 \ 분석	황 교수	법의학	국과수	휴먼패스	
성		배양세포	동결세포	배양세포	성
2	XY	Miz-4	Miz-4	Miz-4	Miz-4	XY
3	XX	Miz-8	Miz-8	Miz-8	Miz-8	XX
4	XY	Miz-2	Miz-7	Miz-2&7	Miz-7	XX
8	XX	Miz-7	Miz-7	Miz-7	Miz-7	XY
10	XY	Miz-10	Miz-10	Miz-10	Miz-10	XY
11	XY	Miz-2	Miz-2	Miz-2	Miz-2	XY
13	XX		Miz-10	Miz-7	Miz-10	XY
14	XY		Miz-2	Miz-2	Miz-2	XY

뢰해 나온 결과를, '국과수'는 서울대가 의뢰해 국립과학수사연구소가 검증한 DNA 프로필 결과이며, '법의학'은 서울대가 의뢰해 서울대 법의학실이 검증했다는 뜻이다.

결과를 보면 4개의 조사기관 모두 일치된 사실을 보여주고 있음을 알 수 있다. 『사이언스』 논문에 보고된 줄기세포주 8개(2번~14번)는 모두 가짜였다. 그들의 정체는 모조리 미즈메디 병원에 보관되고 있던 수정란 줄기세포였다. 예를 들어 2번 줄기세포주는 알고 보니 'Miz-4'로 미즈메디 4번 수정란 줄기세포였고, 3번 줄기세포주는 'Miz-8'로 미즈메디 8번 줄기세포였다.

이 데이터는 사기극의 집행자가 미즈메디 배양책임자임을 분명하게 말해주고 있다. 그가 황우석 교수의 지시를 받았든 황우석 교수를 철저히 속였든 간에 말이다. 왜냐하면 가짜 줄기세포 만들기에 쓰여진 미즈메디 세포 중 4번 줄기세포(Miz-4)를 제외하고 나머지 2번, 7번, 8번, 10번 미즈메디 세포들은 모두 한 번도 외부로 분양되지 않은 채 미즈메디 병원이 자체 보관하고 있던 수정란 줄기세포였기 때문이다.

범인은 미즈메디 병원 내부에 들어가 한 번도 분양되지 않은 미즈메디 세포를 가져올 수 있는 사람이었다. 한편 이를 서울대 수의대 연구실까지 가져와 진짜로 둔갑시킬 수 있는 사람이었다. 당시 서울대 연구실은 국정원이 보호하고 있었다. 이 와중에 미즈메디 핵심세포보관소와 서울대 핵심세포실험실을 동시에 오갈 수 있는 연구원은 미즈메디에서 파견된 배양책임자밖에 없었다.

또 한 가지, 서울대 4번 세포주와 13번 세포주에 대한 DNA 검사결과를 보면 세포 바꿔치기의 흔적이 남아 있다. 남성(XY)의 것인 4번 줄기세포주는 아예 성까지 뒤바뀐 채 여성(XX)의 것인 '미즈메디 7번 줄기세포'와 남성(XY)의 것인 '미즈메디 2번'이 섞여 있었다. 반면 여성(XX)의 것인 13번 줄기세포주의 경우, 법의학실과 휴먼패스 검증에서는 남성(XY)의 것인 '미즈메디 10번(Miz-10)'으로, 반면 국과수 검증에서는 여성(XX)의 것인 '미즈메디 7번(Miz-7)' 세포로 바뀌어 있음을 알 수 있다. 이는 명백한 '바꿔치기'이다. 누군가 서울대 배양 접시에 미즈메디 세포를 섞어넣고, 이를 또 다시 성까지 다른 제 2의 미즈메디 세포로 바꾼 것이다. 그 결과 남자가 여자로, 여자가 남자로 바뀐 것이다.

그 무렵 이미 서울대 조사위원회는 황우석 연구팀이 체세포 핵이식에 의해 줄기세포 배양의 전 단계인 배반포(Blastocysts) 단계까지 10%

이상의 효율로 최소 80개 넘게 수립한 것을 확인하고 이를 최종보고서에 기술했다.[7] 그럼에도 불구하고 모든 줄기세포가 미즈메디 것으로 나왔다는 것은 누군가 서울대 배반포를 줄기세포로 배양하는 단계에서 미즈메디 세포를 이용, 가짜 줄기세포를 만들었음을 말한다.

서울대 보고서 19쪽에 나오는 또 다른 DNA 분석을 보자.[8] 다음 쪽의 그림은 가짜세포 만들기가 언제부터 시작되었는지를 알려주고 있다. 그림은 황우석팀이 가장 먼저 만든 1번 줄기세포주(NT-1)의 '보관흐름도'이다.

그림의 왼쪽 맨 아래에 ①이라고 표기된 세포가 2003년 3월에 수립된 최초의 1번 줄기세포주이다. 이를 여러 기관에 분산 보관시켰는데, 화살표를 따라가면 서울대 수의대에서 만들어진 일부는 그대로 냉동보관됐고, 일부는 미즈메디로, 일부는 서울대 의대 문신용 교수 연구실로, 일부는 특허신청을 위해 세포주은행에 기탁 보관됐음을 알 수 있다. 그런데 화살표를 따라가다 보면 충격적인 사실이 확인된다. 이상하게도 미즈메디 병원에 갖다온 세포만 미즈메디 세포로 뒤바뀌어 있는 것이다.

그림의 거의 모든 곳에 보관된 줄기세포주의 DNA 프로필을 확인해본 결과 '정체불명세포 1'로 확인된다. '정체불명세포'란 서울대에서 만들어진 세포가 맞긴 맞는데, 이를 처녀생식세포로 불러야 할지 아니면 체세포 핵이식 줄기세포라 해야 할지 단정할 수 없어 서울대 조사위원회가 편의상 붙인 이름이다. 그냥 '서울대 세포 1번'이라고 보면 맞다.

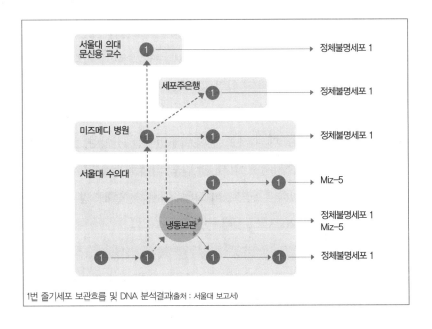

서울대 의대 문신용 교수 ─→ 정체불명세포 1

세포주은행 ─→ 정체불명세포 1

미즈메디 병원 ─→ 정체불명세포 1

서울대 수의대 ─→ Miz-5

냉동보관 ─→ 정체불명세포 1 / Miz-5

─→ 정체불명세포 1

1번 줄기세포 보관흐름 및 DNA 분석결과(출처 : 서울대 보고서)

그런데 미즈메디 병원으로 옮겨 배양되고 있다가 다시 거꾸로 서울대 수의대 연구실로 돌아와 냉동보관된 '1번 줄기세포주'를 보자. 그림에서 화살표가 위쪽 미즈메디로 갔다가 다시 아래쪽 서울대 수의대로 향하는 세포주가 있다. 찾았는가? 그 세포주의 정체가 무엇인지 화살표 실선을 따라 오른쪽으로 가보자. DNA 프로필 검사결과는 정확하게 그 세포주가 'Miz-5'라고 말해주고 있다. 서울대 1번 줄기세포주가 미즈메디 5번 줄기세포주로 뒤바뀌어 있다는 것이다. 이것도 역시 정확하게 '바꿔치기'이다. '섞어심기'가 아니다. 일단 정상적인 줄기세포주로 배양되고 있던 세포 자체를 누군가 다른 세포로 뒤바꿔 놨다는 것이다. 그 밑의 또 다른 화살표를 보자.

역시 미즈메디로 옮겨 배양되다가 서울대 수의대로 돌아와 냉동보관된 또 다른 세포가 있다. 이 세포의 DNA 프로필을 확인해보니 역시나 '정체불명세포 1(서울대 세포)'에 'Miz-5'가 섞여 있다. 누군가 미즈메디 병원에서 배양되고 있던 다 자란 서울대 세포에 미즈메디 세포를 섞어넣기도 하고, 아예 서울대 세포를 버리거나 다른 곳으로 옮긴 다음 여기에 미즈메디 세포를 채워넣었다는 것이다. 조작에 사용된 미즈메디 5번 줄기세포 역시 한 번도 외부로 분양된 적이 없는 미공개판 줄기세포였다. 그리고 미즈메디에서 서울대 1번 세포주를 보관 배양한 시점은 2003년 8월부터였다.

이상의 상황을 종합해보면 가장 유력한 용의자는 한 명으로 압축된다. 미즈메디 병원 깊숙한 곳의 세포 정황을 알고 있는 사람, 그리고 서울대에서 1번 줄기세포주를 만들고 이를 미즈메디로 분산 보관시키기 시작한 2003년 8월 이후부터 가짜 줄기세포 만들기를 시작한 사람, 바로 미즈메디 김선종 연구원이었다. 그는 전임자였던 미즈메디 박종혁 연구원의 뒤를 이어 2003년 12월부터 1번 줄기세포주의 배양 및 보관업무를 책임졌고, 이후에 만들어진 모든 줄기세포의 배양과 DNA 검사 실무를 책임져왔다.[9] 결국 DNA 프로필에 남은 범인의 흔적은 검찰 수사결과 사실로 확인되었다.

2006년 5월, 검찰은 줄기세포 가짜 만들기의 범인이 미즈메디 김선종 연구원이었다고 밝혔다. 검찰은 연구책임자 황우석 교수와의 공모관계를 집중적으로 밝히려 했지만, 거짓말탐지기 조사까지 실시한 결과 황 교수는 김선종 연구원과 공모하지 않았음이 밝혀졌다. 오히려 검찰조사에서는 황 전 교수가 실험이 진행되는 순간은 물론이고 2005년 『사이언스』 논문을 발표하고 난 뒤까지도 줄기세포가 가짜라는 사실을 모른 채 국내외 연구기관에 세포를 분양해줬음이 밝혀졌다.

황우석, 김선종을 상대로 줄기세포 섞어심기 공모 여부에 대하여 거짓말탐지기 검사를 실시한 결과, 김선종이 단독으로 섞어심기 하였고 황우석이 공모하지 아니하였다는 답변에 모두 진실 반응이 나옴.[10]

[서울중앙지검]

황우석은 배양 부분에 관한 한 김선종을 자신의 '선생님'이라고까지 진술. 서울대 연구원들은 김선종의 배양기술이 뛰어난 것으로 알고 '신의 손'이라고 평가함.[11] [서울중앙지검]

검찰은 김선종과 황우석의 공모관계만 집중 탐문했고 공모관계가 없음이 판명되자 김선종의 단독범행으로 결론지었다. 그러나 김선종 연구원이 자신의 세포조작을 은폐시키고 황우석 전 교수에게 배양결과를 믿게 하기 위해 다양한 미즈메디 관련 인물의 손을 거쳐 DNA 검증결과를 조작해왔음이 밝혀지는 등 아직도 이 놀라운 사기극을 김선종 한 사람의 단독범행으로 믿기에는 무리가 많은 게 사실이다.[12]

어쨌든 검찰은 미즈메디 김선종 연구원을 비롯해 미즈메디 관련자들이 그동안 벌여온 광범위한 '가짜 줄기세포 조작행위'의 일단을 밝혔다. 황우석 교수와 상관없이 미즈메디 윤현수, 박종혁, 김선종은 미국 국립보건원(NIH)의 지원금을 받고 있던 미즈메디 수정란 줄기세포까지도 바꿔치기해 미국의 지원을 계속 받아왔다. 심지어 김선종 연구원은 개 줄기세포를 사람 세포와 섞기도 했다.

〈검찰이 밝힌 세포조작 ❶ : 2004 『사이언스』 논문 줄기세포 조작〉
(2003년 12월경) 김선종이 NT-1번(황우석팀이 최초 수립한 인간체세포 핵이식 줄기세포)의 분화 사실을 숨기기 위해 NT-1번 배양접시에 미즈메디 수정란 줄기세포 Miz-1번을 섞어 NT-1번인 것처럼 배양하였음.[13]

〈검찰이 밝힌 세포조작 ❷ : 미즈메디 줄기세포끼리 바꿔치기〉
(2004년 4월경) 미즈메디 연구소의 윤현수, 박종혁, 김선종 등은 Miz-1번의 염색체 이상을 숨기고 계속 연구지원금을 받기 위해 당시 정상 핵형을 유지하고 있던 Miz-5번을 염색체 이상이 발견된 Miz-1번과 맞바꿈.[14]

〈검찰이 밝힌 세포조작 ❸ : 2005 『사이언스』 논문 줄기세포 조작〉
(2004년 10월 이후) 김선종이 미즈메디 연구소의 '수정란 줄기세포' 클럼프를 서울대 황우석 연구실로 몰래 가져와 서울대의 내부세포괴(ICM)와 섞는 방법으로, 수정란 줄기세포로 마치 환자맞춤형 줄기세포가 확립된 것처럼 가장함.[15]

〈검찰이 밝힌 세포조작 ❹ : 동물 임상용 개 줄기세포 조작〉
(2005년 8월 8일) 김선종은 실험 당일 개 줄기세포 2번(cES-2번)의 시

료가 부족하자 개 줄기세포 1번(cES-2번)을 섞어넣었고, 그래도 시료가 부족하자 인간줄기세포 NT-11번과 NT-4번을 함께 섞어넣어 개 테라토마 실험을 실시함.[16]

 밝혀진 진실은 황우석 박사가 연구 총책임자로서의 도의적 책무와는 별개로 미즈메디 연구원이 벌인 사기극의 피해자였음을 말해줬다. 그러나 이미 그는 '사기꾼'으로 짓밟힌 채 만신창이가 되어 있었다.

13

서울대 조사보고서의 조작

만일 여러분이 몸담고 있는 회사나 공공기관에서, 보고서 작성위원들의 도장까지 낱낱이 찍힌 '최종날인' 상태의 보고서가 표 두 개를 포함해 8쪽 분량이 삭제된 채 외부에 공개되었다면, 이는 공문서 위조로 감사대상 1호가 될 것이다.
_ 시골피디

서울대 조사발표 3일 뒤에 공개된 한 통의 전화 녹취록이 서울대 조사에 대한 신뢰를 흔들기 시작했다. 황우석 박사와 미즈메디 박종혁 박사 간의 통화 내용이었다.[1] 박종혁 박사는 통화에서 '미즈메디 정기검사에서도 1번 줄기세포의 DNA가 논문과 일치됨'을 황 박사에게 확인해주고 있었다. 이는 미즈메디가 1번 줄기세포부터 DNA 결과를 조작해왔음을 보여주는 명백한 증거였다. 다음날, 결국 서울대 조사위의 반응이 나왔다. 자신들도 미즈메디를 의심했으나 이를 발표하지 않았다는 뒤늦은 고백이었다.

조사위는 검증을 맡았던 미즈메디 병원 측에 의심이 갔지만, 조사대상이 아니라 조사할 수 없었다고 털어놨습니다.[2] [SBS 8시뉴스]

언론보도는 사실이었다. 그러나 조용히 묻혔다. 그리고 2년 뒤, 법정공방 과정에서 서울대 조사위원회가 미즈메디 관련 의혹을 은폐시킨 정황이 다시 확인되었다. DNA 프로필 분석결과에서 미즈메디와 관련된 석연치 않은 정황이 포착되었음에도 이 내용이 최종보고서에서 누군가에 의해 누락된 것이다. 표 두 개를 포함해 8쪽 분량이었다. 조사위원 최종서명까지 받아둔 상태였음에도 정작 일반인에게 공개된 최종보고서에는 이 정도의 분량이 포함되지 않았음이 법정에서 확인됐다.

2008년 1월 29일, 서초동 서울지방법원 417호. 황우석 박사 관련 21차 공판에 검찰 측 증인으로 출석한 연세대 정인권 교수는 당시 서울대 소사위원회에서 DNA 분석을 선남했던 서울대 소사위원이다. 그런 그가 법정진술을 통해 '자신이 최종서명을 할 때는 분명히 기재했던 내용이 어떤 수정요구도 없이 삭제됐음'을 증언한 것이다.[3]

변호사 : 증인이 검찰에 제출했던 서울대 보고서 34페이지가 검찰이 (법원에) 증거로 제출한 서울대 보고서에선 없어져서 찾을 수 없죠?

정 교수 : 예.

변호사 : 쪽수만 봐도 8페이지 정도 한 챕터하고 표 두 개가 사제된 걸 확인할 수 있죠?

정 교수 : 예.

(이후 검찰 질의)

검　찰 : 혹시 보고서 작성 후 다시 그 내용을 고쳤다거나 별도의 수정계획을 가졌었나요?

정 교수 : 전혀 없었습니다.

그렇다면 서울대가 공개하지 않은 내용은 어떤 내용인가? 당시 법정진술 내용과 이후 노컷뉴스 도성해 기자의 취재결과, 서울대가 공개하지 않은 DNA 프로필 분석결과는 모두 황우석팀이 최초로 수립한 1번 줄기세포(NT-1)에 대한 당시 DNA 검증결과들이었다.

첫 번째 표는 황우석 연구팀이 2003년 5월과 10월 국과수에 의뢰해 실시했던 NT-1의 DNA 지문분석, 미즈메디 측이 2004년 2월과 10월에 역시 국과수에 위탁한 NT-1의 DNA 지문분석 결과 등 총 네 가지로, 모두 논문에 기재된 난자제공자 이○○의 DNA와 동일하다는 결과를 정리한 것이다.[4] [노컷뉴스]

1번 세포는 이 사건의 거짓말탐지기 역할을 하고 있었다. 만일 당시 DNA 검증을 맡았던 미즈메디 박종혁, 김선종 연구원이 정직한 과학자들이었다면 절대로 위와 같은 결과가 나올 수 없었다. 왜냐하면 1번 줄기세포의 주인은 '이○○'가 아니라 '노○○' 씨였기 때문이다. 네 번에 걸친 DNA 검사결과 모두 '이○○'의 것으로 나왔다면 이들이 검사결과를 조작했다는 말밖에 되지 않는다.

서울대 조사결과에 따르면 1번 줄기세포는 난자를 제공한 '노○○' 씨의 체세포를 핵이식해 만들어졌지만, 당시 난자제공자에 대한 정보를 황우석 교수에게 보고하던 K연구원(〈PD수첩〉최초제보자)이

'난자제공자는 이○○' 씨라는 엉뚱한 보고를 해 결국 모두가 1번 줄기세포의 주인을 '이○○'라고 착각해왔음이 밝혀졌다.[5] 이후 황 교수는 난자제공자가 뒤바뀌었다는 사실을 모른 채 1번 줄기세포에 대한 DNA 검증을 미즈메디 연구원들을 시켜 의뢰했다. 이들이 정직한 과학자들이었다면 당시 DNA 검증결과 줄기세포는 '이○○' 씨의 것이 아닌 '노○○' 씨의 것으로 나왔어야만 한다.

하지만 위의 결과를 보자. 당시 서울대에서 의뢰한 DNA 결과뿐 아니라 미즈메디가 6개월에 한 번씩 독자적으로 실시했던 미즈메디 자체 DNA 결과마저도 '이○○' 씨의 것과 일치한다는 도저히 있을 수 없는 허위 검증결과가 일관되게 나온 것이다. 당시 미즈메디 독자적인 정기검사는 황우석 교수가 손을 댈래야 댈 수 없는 부분이나. 나시 말해 미즈메디 사정을 잘 아는 내부인물이 DNA 검증결과까지 조작했다는 것을 의미한다. 그러나 서울대 조사위원회는 이 내용을 공개하지 않은 채 최종발표를 했다.

서울대가 공개하지 않은 또 다른 DNA 프로필 결과는 무엇일까?

또 다른 하나는 '미즈메디 병원이 2004년 10월에 국과수에 분석을 의뢰했던 1번 줄기세포(NT-1)의 검증용 시료 DNA 농도가 그해 2월 김선종 연구원이 메모했던 농도나 서울대 조사위에서 자체 측정한 NT-1 시료 농도에 비해 터무니없다 낮다'는 서울대 조사위의 분석결과다.[6] [노컷뉴스]

이 데이터는 미즈메디 배양책임자 김선종 연구원이 자기 병원에서 실시하는 자체 DNA 검증을 맡길 때에도 줄기세포의 시료농도를 달리해 보내는 등 '시료 조작'을 했다는 사실을 말해준다. 유독 1번 줄기세포의 시료 농도만 굉장히 많이 차이가 나더라는 것이다. 당시 서울대 조사위원회에서 DNA 검증결과를 분석하던 정인권 교수는 아무튼 의심쩍은 정황을 분명히 최종보고서에 담아 자신의 최종날인까지 해서 제출한 바 있다고 법정에서 진술했다. 그러나 정작 이 내용은 누군가에 의해 삭제된 채 공개된 것이다.

한편 2006년 서울대 최종발표 직후, 이름을 밝히지 않은 서울대 조사위원은 언론과의 인터뷰를 통해 "자신들도 미즈메디를 의심했으나 조사권한 밖이고 증거인멸이 우려되는 상황이어서 발표에는 담지 않고 대신 검찰수사를 의뢰해 진실규명을 도왔다"고 해명한 바 있다.[7] 미즈메디가 증거인멸을 할까봐 최종발표에서 언급조차 하지 않고 검찰수사를 도왔다?

그러나 이런 해명도 결국 2년 뒤 법정에서 공개된 미즈메디 구성원들간의 전화통화 녹취파일 앞에 힘을 잃고 말았다. 서울대 조사가 한창 이뤄지고 있을 당시 미즈메디 구성원들간에는 '서울대 조사위원회가 자신들보다는 황 박사를 지목했음'을 감지하며 격려의 메시지를 전하고 있었던 것이다.

서울대 조사에서 한 방에 끝내자. 시간 끌 필요 없어. 힘내라. 숫자가 적어도 우린 이길 수 있어. [노성일 이사장]

어차피 서울대 조사위는 황(우석)을 죽이려고 하더라. 서울대 조사위는 (선종이 너를 찍은 게) 아니야. 논문에 대해서는 안 물어. 조사위원들 분위기는 확고하다.[8] [윤현수 교수]

만일 서울대 조사위원회가 좀 더 솔직하게 미즈메디에 대한 의혹을 털어냈다면, 아마도 줄기세포 논란은 보다 신중하고 이성적인 분위기에서 진실규명을 해나갔을 것이다. 국가적 차원의 원천기술과 특허권 보호도 이렇게 힘이 들지는 않았을 것이다. 그러나 진실규명의 목소리는 마녀사냥의 북소리에 묻혀버렸다. 원천기술은 사장되고 특허까지 흔들렸다.

희대의 사기극의 원인도 과정도 밝혀내지 않은 재 의혹마저 은폐시킨, 서울대의 부실 편향조사가 자초한 참극이었다.

14

'바꿔치기' 인가 '섞어심기' 인가

자넨 지금 껍데기만 보고 있어. BIS 비율을 조작하면서까지 멀쩡한 은행을 누가, 왜 팔아넘기려고 했는지 그 배경을 조사해봐. 환부 깊숙이 도려내자고 했잖아![1]
_ 드라마 〈신의 저울〉 중 김혁재 검사

황우석 박사는 '바꿔치기' 당했다고 했고, 검찰은 '섞어심기'였다고 했다. 언론은 일방적으로 검찰의 말만 옮겼다.

황 박사의 '바꿔치기' 주장과는 달리 김 전 연구원은 단순히 '섞어심기'만 한 것으로 밝혀져 환자맞춤형 줄기세포는 애초부터 없었음이 확인됐다.[2] [국민일보]

검찰 수사결과 바꿔치기 의혹은 사실이 아니며 단순히 섞어심기만 있었던 것으로 확인됐다. (중략) 김선종 연구원은 '서울대 배반포가 생명력이 약해 잘 자라지 못하지만, 혹시 미즈메디 병원 수정란 줄기세포와 섞이면 자랄 수도 있지 않을까'라는 기대감을 버리지 못해 섞어심

기를 했다는 것이다.[3] [연합뉴스]

바꿔치기가 아닌 섞어심기였을 뿐이라는 발표는 검찰의 어이없는 말장난이었다. 언론은 검찰의 용어선택이 무엇을 의미하는지 포착하지 못한 채 그 장단에 춤을 추고 말았다. 왜냐하면 애당초 황우석팀이 검찰수사를 요청하며 기술했던 내용과, 검찰이 수사해 밝혀져 나온 내용이 마치 판박이로 복사한 듯 똑같았기 때문이다. 직접 확인해 보자.

2005년 12월 22일, 황우석 박사 측이 검찰에 수사를 요청한 '수사요청서'를 보면 황우석 측은 이미 미즈메디 김선종 연구원이 미즈메디 세포가 담겨진 배양접시를 가져와 그 위에 서울대 배반포를 심는 방법으로 가짜 세포를 배양한, '초기 배양단계' 세포조작을 의심했다는 것을 알 수 있다.

〈황우석 박사 수사요청서〉
바. 위와 같은 사실은 위 김선종 연구원이
1) 미즈메디 연구실에서 줄기세포용 배지를 넣어 가지고 온 배양용기에 사전에 미즈메디 연구소의 이미 형성된 체외수정 배아줄기세포를 넣어가지고 와서 체외수정 배아줄기세포가 담겨 있는 배양용기에 서울대 연구실의 복제 배반포 내부 세포 덩어리를 추가로 넣었고, 2) 그런 다음 미즈메디 연구소의 이미 형성된 체외수정 배아줄기세포로 이를 환자 맞춤형 체세포 줄기세포가 형성된 것처럼 위장한 것을 의미합니다.[4]

공교롭게도 위 의혹은 검찰이 밝혀낸 내용 그대로였다.

김선종이 미즈메디 연구소의 '수정란 줄기세포' 클럼프(수정란 줄기세포 여러 개가 뭉쳐져 있는 가운데 떼어낸 일부 세포 덩어리)를 서울대 황우석 연구실로 몰래 가져와 서울대의 내부세포괴(배반포 내부에 있는 세포 덩어리로서 이를 꺼내어 실험실에서 배양한 것이 배아줄기세포임)와 섞는 방법으로, 수정란 줄기세포로 마치 환자맞춤형 줄기세포가 확립된 것처럼 가장함.[5] [서울중앙지검]

결국 본질은 '바꿔치기냐 섞어심기냐'가 아니라 황우석 측의 수사요청이 검찰 수사결과 사실로 밝혀진 것에 있었다. 만일 검찰이 진실규명의 의지가 있었다면 우선 황우석팀이 검찰에 고발한 내용이 수사결과 사실로 밝혀졌음을 언급했어야 했다. 그리고 정확한 범행 행각은 '줄기세포 초기 배양단계 섞어심기'였다고 밝혔어야 했다.

그러나 검찰은 앞말 중간말 다 생략한 채 '바꿔치기가 아니라 섞어심기였을 뿐'이라는 발표를 했다. 이 발표로 인해 결국 황 박사 측의 '바꿔치기' 의혹제기는 공허한 변명처럼 비춰졌다. 반면 '섞어심기'라는 용어를 통해 '검찰까지 조사했지만 결국 진짜 줄기세포는 하나도 없었네'라는 '황우석=가짜' 관념을 더욱 확실하게 심어줄 뿐이었다.

더구나 김선종 연구원이 '혹시 서울대 세포가 살아나지 않을까'라는 일말의 기대감을 갖고 '바꿔치기'가 아닌 '섞어심기'를 했다는 검찰의 설명은, 검찰이 김선종 연구원의 뒤를 봐주고 있는건 아닌가 하는 의심까지 하게 한다.

속칭 '바꿔치기'를 하지 않고 서울대 배반포 내부세포괴를 함께 '섞어심기'한 이유는, 비록 그 가능성은 희박하다 할지라도 혹시 서울대 배반포 내부세포괴가 콜로니로 형성되지 않을까 하는 일말의 기대감이 있었기 때문. 따라서 서울대 배반포 내부세포괴를 버리지 않고 미즈메디 연구소에서 가져간 영양세포 배양접시에 계대배양함.[6]

[서울중앙지검]

줄기세포 연구자에게 자신이 키우는 세포는 자식보다 더 귀한 존재이다. 만일 여러분이 부모의 입장이라면, 난산을 통해 세상의 빛을 본 아기가 허약하지만 어떻게든 살기 위해 몸부림칠 때 부모 입장에서 아기를 인큐베이터로 옮겨 특별관리를 시킬 것인가, 아니면 이미 정상분만한 다른 건강한 아기들 틈바구니에 섞어놓고 그들과 똑같은 관리를 받도록 할 것인가?

답은 자명하다. 특별히 관리해 최선의 노력을 다할 것이다. 그러나 세상에 하나밖에 없는 체세포 핵이식 줄기세포를 배양하던 김선종 연구원은 그렇지 않았다.

그는 이제 막 세상의 빛을 본 2번 줄기세포, 8살짜리 난치병 어린이의 꿈과 희망이 담긴 그 2번 줄기세포가 배반포 단계를 넘어 줄기세포로 배양되기 시작할 때, 그 세포를 특별관리하는 대신 건강한 미즈메디 수정란 줄기세포와 섞어넣었다. 그렇게 섞어넣어 2번 줄기세포가 죽어나가는 것을 보며 3번 줄기세포도 또 다시 그렇게 섞어넣었다. 그런 행동을 하고도 김선종 연구원은 '혹시 서울대 세포가 살아날까 하는 일말의 기대감을 가졌다'라고 말을 한 것이다. 변명치고는 너무도 궁색한 변명 아닌가?

배아줄기세포 전문가인 차병원 정형민 교수는 언론 인터뷰를 통해 체세포 핵이식에 의해 태어난 줄기세포는 초기 1계대 배양단계에서는 잘 자라지 않는 경향이 있다고 말했다.

이미 수립된 수정란 줄기세포의 경우 증식 속도가 눈에 띌 정도로 빨라 5~6일 사이에 엄청나게 불어나지만, 배반포 복제배아 세포 덩어리는 1계대 배양에서는 잘 자라지 않는다.[7] [연합뉴스]

이러한 서울대 줄기세포(환자맞춤형 줄기세포)를 미즈메디 수정란 줄기세포가 담겨 있는 배양접시에 함께 심었다는 것은 고의로 서울대 세포를 죽인 뒤 이를 진짜인 것처럼 위장하는 중대한 범죄행위였다. 실제로 김선종 연구원은 불을 환하게 켜면 세포에 좋지 않다며 주변 불을 모두 끄게 하는 등 주변 사람들 모두를 완벽히 속인 채 가짜세포 만들기를 해왔던 것으로 밝혀졌다.[8]

만일 김선종 연구원의 가짜 만들기가 없었다면 황우석팀은 정상적인 줄기세포를 만들 수 있었을까?

관련 전문가들은 대체로 긍정하는 분위기이다. 2005년 『사이언스』 논문처럼 11개를 만들지는 못했을지라도 분명히 몇 개는 수립해낼 수 있을 정도로 우수한 배반포를 다수 만들어냈다는 것이다.

(이 정도면 줄기세포는) 100% 만들죠. 냉동배아나 신선배아나 체세포 핵이식 배아나 줄기세포를 만드는 단계는 사람에 있어 수정 후 4~5일, 체세포 핵이식 후 4~5일이 지난 배반포 단계까지 가면 어떤 난자를 썼느냐 소스가 문제이지 줄기세포 만드는 발달단계는 똑같습니다. 물론 체세포 핵이식 배아인 경우에는 난자의 핵을 제거하는 단계에서 일부의 세포질이 딸려나옵니다. 세포분열을 함에 있어 중요한 것은 핵뿐 아니라 세포질도 중요합니다. 딸려나오는 숫자만큼 세포질은 줄어들겠죠. 그래서 세포수는 줄어들겠지만 내부 세포 덩어리도 일반 수정란에 비해 약간 부족할 것이라고 저희들은 알고 있습니다. 그렇지만 다 그런 것은 아니거든요. 건강도만 확실히 입증된다면 능히 줄기세포는 만들어낼 수 있습니다.[9] [박세필 교수]

배반포 상태만을 봤을 때 줄기세포를 수립할 수 있는 수준입니다. '자신들이 배양업무를 맡았더라면 최소 (줄기세포) 2~3개는 수립했을 것'이라는 다른 전문가의 의견에 동의합니다.[10] [이동률 교수]

그러나 황우석팀의 배반포 형성 기술은 미즈메디 배양책임자의 가짜 만들기로 인해 모두 공염불이 되고 말았다. 사건의 실체를 들여다보면, 가짜 만들기를 했기에 환자맞춤형 줄기세포가 하나도 없는 것이지, 환자맞춤형 줄기세포가 하나도 없기에 가짜 만들기를 한 것이 아니었다.

만일 갓 태어난 아기가 몹시 허약한데 이 아기의 건강을 위해 최선을 다해보지도 않은 상태에서 아기를 건강한 다른 아기들 틈바구니에

방치해 죽게 만들었다면, 그 뒤 다른 아기를 데려와 마치 자기 아기처럼 온 세상을 속여온 사람이 있다면, 그런 그에게 '최선을 다했으나 충동적으로 그랬을 뿐'이라며 면죄부를 줄 수 있을까?

15

마녀사냥의 메커니즘

세실이 랍비에게 가서 물었다. "선생님, 기도 중에 담배를 피워도 되나요?", "(정색을 하며 대답하기를) 형제여, 그건 절대 안 되네. 기도는 신과 나누는 엄숙한 대화인데 그럴 순 없지." 이번에는 모리스가 랍비에게 물었다. "선생님, 담배를 피우는 중에는 기도를 하면 안 되나요?", "(얼굴에 온화한 미소를 지으며) 형제여, 기도는 때와 장소가 필요없다네. 담배를 피우는 중에도 기도는 얼마든지 할 수 있는 것이지."
동일한 행동도 어떻게 프레임하느냐—담배를 피우면서 기도하는 행동으로 프레임하느냐, 기도하면서 담배 피우는 행동으로 프레임하느냐—에 따라 우리가 삶에서 얻어내는 결과물이 결정적으로 달라진다.[1]
_ 서울대 심리학과 최인철 교수

아직도 황우석 박사를 비판하는 이들의 논리는 단호하다. 어쨌든 논문을 조작하지 않았냐는 것이다. 사기와 횡령 등의 의혹이 종합선물세트 수준으로 많지 않냐는 것이다. 아래는 『잊지말자 황우석』이라는 책의 서문이다.

호칭을 놓고 고민했지만, 특별히 남의 발언이나 글을 인용한 경우가 아니면 이 책에서는 모두 '황우석'으로 통일했다. 서울대에서 파면된 상황이므로 '교수'는 아니고, '전(前) 교수'라 하기에는 번거로웠다. '박사'라는 호칭도 있지만, 전 세계를 상대로 논문사기극을 벌인 장본인에게 학문의 최고학위를 붙여주는 것은 옳지 않다고 판단했다.[2]

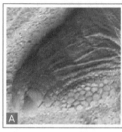

사물을 바라보는 '창'의 크기나 각도에 따라 사물에 대한 인식과 감정은 달라진다. A는 갈라파고스 거북의 발을 찍은 것이고, B는 전체를 찍은 것이다.

황우석 박사가 논문조작의 일부를 지시한 것은 사실이다. 그러나 이에 대해 '잊지 말자 황우석'을 외치며 돌팔매질을 하는 것은 과연 이성적이고 정의로운 행동일까? 여기에는 보다 신중한 판단이 필요하다.

누군가 우리에게 위 사진(A)을 보여주며 소감을 묻는다면 당연히 우리는 "흉칙해"라고 답할 것이다. 그런데 이 사물을 보다 큰 프레임으로 찍은 사진(B)을 본다면? 갈라파고스 거북의 '발'이었음을 알고 '신기해'할 것이다. 이처럼 사물을 바라보는 '창'의 크기나 각도, 렌즈의 색깔에 따라 사람들이 사물에 대해 인식하는 정도나 느끼는 감정이 달라진다.

세상을 바라보는 창을 흔히 '프레임'이라고 한다.[3] 첨예한 논란이 벌어질수록 그에 걸맞는 '프레임 전쟁'이 벌어진다. 특히 언론과 권력에 가까운 사람들일수록 사람들이 자신에게 유리한 프레임을 통해 사건을 보도록 유도해 여론을 자기 쪽으로 기울게 하고자 애를 쓴다. 따라서 성숙한 시민사회라면 반드시 이쪽저쪽의 주장을 고루 보며 특정 프레임의 노예로 사로잡히지 않도록 하는 '신중한 판단'이 필요하다.

줄기세포 논란도 마찬가지였다. 주류언론과 검찰은 "줄기세포 하나도 없다"라는 '결과 중심' 프레임을 마법의 칼처럼 휘두르며, 유독 황 박사의 논문조작 지시에만 큼지막한 확대경을 들이댔다.

환자맞춤형 줄기세포는 처음부터 없었던 것으로 확인됐다. (중략) 황(우석) 박사는 2005년 논문에서도 줄기세포 개수와 DNA 지문분석 결과, 테라토마(기형종) 형성, 배아체 형성, 면역적합성 결과 등 각종 데이터를 조작하도록 연구팀에 직접 지시한 혐의도 있다.[4] [연합뉴스]

위 결과만 보면 마치 모든 조작이 황우석 박사를 통해 이뤄진 것처럼 보인다. 한두 가지 소삭지시가 아니니까 늘다보면 어느새 '세상에 저렇게 많은 조작을……' 이라는 생각이 절로 든다. 그런데 여기에는 함정이 숨어 있다. 결과가 있으면 반드시 원인이 있다. 인과관계(因果關係)라고 한다. 뒷말이 있으면 반드시 앞말이 있고 중간말이 있다. 위의 경우는 '앞말', '중간말' 다 떼어낸 채 '끝말'만 보여준 경우이다.

왜 줄기세포가 하나도 없을까? 미즈메디 김선종 연구원이 가짜 세포를 만들었기 때문이다. 왜 몰랐을까? 그가 DNA 프로필 검사결과까지 은폐, 조작했기 때문이다. 따라서 이렇게 놓고봐야 마땅하다.

(김선종의 섞어심기와 **DNA** 검사결과 조작을 통해 마치 환자맞춤형 줄기세포가 수립된 것처럼 보였으나 실은) 환자맞춤형 줄기세포는 처음부터 없었던 것으로 확인됐다.

황우석 박사의 논문조작 지시 역시 앞말과 중간말이 생략된 채 끝말만 보여진 경우이다. 검찰 수사결과 황 박사는 2005년 10월까지 줄기세포가 가짜라는 사실을 몰랐다고 한다. 김선종의 섞어심기 행각도 몰랐다고 한다.[5] 그는 당시 김선종 연구원의 성실함을 신뢰하며 추호도 의심하지 않았던 것 같다.

왜 김선종 연구원에 대해 무비판적으로 받아들였느냐는 의문이 갈 것입니다. 이것은 제 평생의 멍에입니다. 김선종 연구원은 굉장히 성실한 사람이었습니다. 매 일요일 오전 6시에 저는 이 세포를 (김 연구원과) 함께 봤습니다. 그는 항상 오전 5시 50분 전에 도착하는 성실하고 말수 없는 사람이었습니다. 나는 그 성실한 김 연구원이……[6]

[황우석 박사]

이런 상태에서 2005년 1월 실험실 오염사고가 일어나 세포들이 죽었다. 2005년 2월, 섀튼 박사를 만나 이 사실을 보고했더니 섀튼은 어차피 만든 것 아니냐며 논문투고를 강행했고, 2개월밖에 남지 않은 논문투고 기한을 맞추기 위해 오염사고로 죽은 세포에 대한 각종 검사를 생략한 채 논문을 냈다.[7] 이 시점에 황우석 박사의 논문조작 지시가 집중적으로 이뤄졌던 것이다. 따라서 이렇게 놓고 봐야 마땅했다.

(줄기세포에 대한 확고한 믿음 → 실험실 오염사고로 8~9개 세포 죽음 → 섀튼 논문강행 → 논문일정 맞추려 →) 황우석 교수는 줄기세포 개수와

DNA 지문분석 결과, 테라토마(기형종) 형성, 배아체 형성, 면역적합성 결과 등 각종 데이터를 조작하도록 연구팀에 직접 지시.

물론 각종 검사를 생략하고 논문조작을 지시한 것 자체도 잘못된 행동이다. 비난받아 마땅하다. 그러나 그는 분명 줄기세포의 존재를 확신한 상태였고, 그런 확신을 하기까지는 여러 가지 근거와 정황들이 그가 아닌 다른 사람들에 의해 조성되어 있었다. 황우석 전 교수가 예수님이 아닌 이상 다른 사람들의 잘못까지 혼자 뒤집어쓰고 십자가에 못 박혀야 할 이유는 없는 것 아닌가? 그는 이미 학자로서 논문조작 지시에 대한 책임을 지고 서울대 교수직을 스스로 내놓았다.

당시 보직을 맡고 있었던 서울대 교수의 증언에 따르면 황우석 박사는 2005년 12월 15일 수의대 학장실에 사표를 제출했다. 이날은 미즈메디 노성일 이사장의 '줄기세포 없다' 라는 발언에 이어 MBC 〈PD수첩〉이 특집방송을 내보낸 날이기도 했다. 사표를 받아든 수의대 학장은 대학본부 측에 이 사실을 전화로 알렸으나, 약 세 시간 후 대학본부 측에서는 조사위원회가 구성되었으므로 사표를 반려하라는 지시를 했다. 그 뒤 12월 23일 서울대 조사위원회의 중간발표가 나오자 황 박사는 다시 한 번 언론을 통해 사의를 밝혔다. 그러나 서울대는 2006년 3월 20일 징계위원회를 통해 파면을 결정했다. 이 같은 정황을 살펴볼 때 황 박사가 '잘못에 대해 오리발로 일관했다' 는 비난은 설득력이 없어 보인다.

한국에서 서울대 교수직은 아직도 '하늘이 내린 자리'라는 평가를 받는다. 그는 그런 자리를 일찌감치 내놓고 몇 차례에 걸쳐 도의적 책임에 대해 사과했다. 이런 만큼 나는 더 이상 그가 사과를 해야 할 이유도, 책임져야 할 이유도 없다고 본다. 나머지는 법정에서의 유·무죄 여부인데, 아직 1심 판결도 내려지지 않았다. 대한민국 헌법은 아직 유죄가 확정되지 않은 사람은 무죄로 추정한다는 '무죄추정의 원칙'을 분명히 명시하고 있다. 그러나 언론과 일부 지식인들은 재판 중인 사안에 대해 마치 '확정된 사기꾼'인 양 단정지었다. 이런 행태를 '여론재판'이라고 부른다.

언론과 검찰이 사용한 또 다른 장치는 '28억 사기·횡령'이라는 '범죄 프레임'이었다. 사기와 횡령, 그것도 28억 원 정도의 크기라면 일반인에게는 아주 쉽게 먹혀드는 죄목이다.

논문조작으로 국민적 신망을 얻자 황 박사는 줄기세포 수립의 효율성과 실용화 가능성을 과장한 뒤 2005년 9월 SK와 농협에서 각각 10억 원씩 20억 원을 타냈다고 검찰이 전했다. (중략) 2005년 9월에는 국내에서 재미교포 강 모 씨에게 2억 원을 지급하고 미국에서 2억 원 상당의 달러를 되돌려받는 방법으로 환치기한 사실도 이번에 적발됐다.[8)]

[연합뉴스]

20억 원을 타내고 달러 환치기까지. 이 정도면 "과학자 맞아?"라는 말이 절로 나온다. 그런데 위의 예시는 '뒷말'이 생략된 '과학자 횡령범 만들기' 사례이다. 그렇게 많은 돈을 타내고 달러까지 환치기했다면 도대체 그 돈을 어디에 썼다는 말인가? 일반적인 사기·횡령의 사례라면 분명 그 돈을 만들어 가족의 땅을 사거나 주식을 사거나 혹은

침대 밑이나 금고 속에 쌓아뒀을 것이다. 그런데 웬걸, 연구원들 생활
보조금이나 등록금 대주기에 썼다. 부족한 다른 분야 연구비로 썼다.
소복제가 궤도에 올랐을 때 소복제 연구비의 일부로 돼지를 복제하고
그렇게 탄 돼지복제 연구비 일부로 개를 복제하는 식이었다.

용도가 자유로운 돈으로 국회의원들에게 정치자금을 줬다. 국내 생
명윤리학계와 종교계의 복제연구 반대로 한때 줄기세포 연구가 중단
되기도 했던 사정을 감안한다면 '과학자가 왜 국회의원들에게 정치
자금을 주느냐'며 비난할 수만은 없는 일이다. 요즘에는 유명 개그맨
이 광고까지 하며 독려하는 것이 정치자금이다.

황 박사가 부인에게 SM5 승용차를 사준 것이 언론에는 '고급 승용
차를 사줬다'며 보도되있는네, 법정에서 황우석 변호인난은 당시 황
박사를 경호하던 국정원 직원의 차량이 낡아 그에게 부인의 체어맨
승용차를 주고, 대신 부인에게는 SM5 승용차를 사준 것이라 반박한
다. 누구 말이 옳은지는 앞으로 나올 재판결과를 지켜보고 판단해도
늦지 않다.

황 박사가 기업체로부터 20억 원을 타냈다고도 한다. 이때가 언제
이던가? 2005년 9월이었다. 그 당시에는 '삼성'을 비롯해 굴지의 대
기업이 일제히 황 박사 연구실을 찾아가던 시절이었다. 황우석이란
이름 석 자를 이용해 사업하려는 사람들이 많아 오죽하면 특허청에서
황우석 박사 허락 없이는 '황우석'이라는 상표를 쓸 수 없다는 방침
까지 밝혔던 시절이었다.[9] 황우석 박사 본인도 미즈메디 가짜세포를
환자맞춤형 세포로 믿고 있었다고 검찰이 밝힌 시기이기도 했다. 사
기는 고의적으로 남을 속이는 행동이다. 당시 고의적으로 남을 속인

사람은 황우석 박사가 아니라 미즈메디 배양책임자였다. 그런데 어떻게 사기 피해자인 황 박사가 '기업체를 속인 사기꾼'으로 낙인 찍혀야 하는 걸까?

실제로 2008년, 제 25차 공판에서는 증인으로 출석한 SK 그룹 후원금 관계자들이, 자신들은 피해자 자격으로 황우석 박사를 사기죄로 고소한 사실이 없음을 밝히기도 했다. 회장의 지시로 자신들이 황 박사에게 연락했다고 밝혀 '황우석이 먼저 연락하고 접근해왔다'는 검찰기소를 무색케 한 것이다.[10]

이공계 연구실에 연구장비를 판매하는 A씨는 황우석 박사 기소 내용에 황당하다는 표정으로 의미심장한 말을 남겼다.

만일 검찰이 황 박사 기소한 것처럼 엮어버리면 아마 전국 대학교수님의 90% 이상이 사기 · 횡령이 되지 않을까 싶네요. 어차피 빠듯한 연구비 한도에서 좋은 실험하려면 횡령범이 되어야 할 테고, 연구성과 안 나오면 사기꾼이 될 테니까요.[11] [연구장비 판매사원 A씨]

아직도 힘 있는 언론사들은 특정인사들이 재판도 받기도 전에 그들을 '사기꾼, 횡령범, 알선수뢰범' 등으로 몰아가버린다. 우리나라는 규정된 형벌 외에 다른 형벌을 금지하는 '죄형법정주의'를 원칙으로 하며, 헌법 제27조 제4항 '무죄추정의 원칙'을 명시하고 있는 법치국가이다. 다시 말해 유죄가 확정되기 전에는 그 누구도 함부로 돌팔매질을 해서는 안 된다는 것이다. 성숙한 시민사회를 위해서는 언론의 선동에 휘둘리지 않는 '과묵함'이 필요하다는 것을 느끼게 하는 대목이다.

16

원천기술과 〈추적60분〉

저는 자극적인 프로파겐다(선전선동)가 아닌 저널리즘의 시각으로 이 논란을 바라보고 싶었어요.
_ KBS 문형열 PD

서울대 교수와 KBS PD가 맞붙었다. 누구의 말이 진실일까?

문형열 : 최근 『뉴스위크』에 따르면 황 교수팀 핵치환기술을 독보적
인 기술이라 이야기하는데, 조사위원회에서 평가해놓으신
걸 보면 이 기술은 이미 보유하고 있는 연구실이 있다고……
세계 줄기세포 학계와는 다른 견해 같은데…….

정명희 : 핵치환기술 자체는 많은 실험실에서 할 수 있어요.

문형열 : 어느 연구실이 그 기술을 갖고 있죠?

정명희 : 뉴캐슬 대학입니다. 예, 논문도 갖고 있습니다.[1]

2006년 1월 10일, 최종결과를 발표하던 정명희 서울대 조사위원장

은 수천 명의 내외신 기자들 앞에서 황우석팀의 원천기술인 '배반포' 형성기술마저 "독보적인 기술이 아니다"라고 발표했다. 그런데 이는 사실이 아니었다. 서울대 보고서조차 그들의 기술을 '독창적이고 관련 지적재산권 확보 가능'이라고 평가했으나 정작 발표자 정명희 교수는 보고서 내용과는 반대로 부정적인 견해를 발표했던 것이다.[2]

그러나 대다수 언론은 정 교수의 말만 믿고 일제히 '원천기술도 없다'라는 기사를 내보냈다.[3] 설마 서울대 조사위원장이 사실과 다른 발표를 했으랴, 의심조차 하지 않는 분위기였다. 단 한 곳 언론사의 PD만 빼고는 말이다. 그가 바로 KBS 〈추적60분〉 문형열 PD였다.

발표 당일 강한 자신감으로 여유롭던 서울대 정명희 위원장의 미소는 바로 이 언론인의 질문을 받으며 사라졌다. 문형열 PD는 "황우석팀 배반포 기술은 독보적이지 않다"는 서울대 정명희 위원장에 대해 '이해할 수 없다'는 표정으로 질문을 던졌다.

문형열 : 제 말은…… 어느 연구실이 인간체세포 핵치환기술을 갖고 있느냐는 것입니다. 어느 연구실이죠?

정명희 : 뉴캐슬 대학입니다. 예, 저희가 그 논문도 다 갖고 있습니다.

문형열 : 그러면 어느 정도 배반포 형성을 확인했습니까?

정명희 : 저희 기록에 의하면 10% 정도인데, 그 10%라고 하는 것은, 외부사람이 볼 때와 (황우석팀) 본인들이 볼 때의 10%는 좀 다를 수도 있지만…… 저희 위원회에서 확인한 바에 의하면 (그들이) 배반포를 형성한 것만은 사실입니다.

문형열 : (배반포의) 개수는 몇 개나 됩니까?

정명희: 다음 질문 받도록 하겠습니다.[4]

'어느 연구실이냐'에서 시작해 '다음 질문 받겠다'로 끝난 짧은 순간. 그러나 이 짧은 질의응답이 생중계된 뒤 인터넷에서는 이런 농담이 떠돌기 시작했다. '서울대는 뉴캐슬 대학 한국 분교?'

왜냐하면 정명희 위원장이 언급한 영국 뉴캐슬 대학의 논문을 찾아봤더니 '황우석 교수 연구가 독창성에서 우선권을 가진다'라는 편집자 메모가 붙어 있었기 때문이다. 뉴캐슬 대학은 한국의 황우석팀에게 기술자문을 받은 뒤 황 교수팀보다는 좀더 낮은 단계로, 훨씬 낮은 성공효율(황우석팀 12.9% vs 뉴캐슬팀 2.8%)로 배반포 수립에 성공했던 것이다.[5]

정명희 위원장이 자신의 말처럼 뉴캐슬 논문까지 뒤져봤다면 오히려 황우석팀 기술의 독보성을 더욱 확신해야 할 상황이었다.

정 위원장이 배반포 기술을 보유한 기관으로 예를 들었던 뉴캐슬 대학 연구팀의 논문입니다. 지난해 6월, 사람의 난자를 이용해 배반포 단계까지 성공했다고 발표했습니다. 이 논문을 실은 학술지는 편집자 메모를 통해 이 연구의 독창성은 황우석 교수에게 있다고 명시했습니다.[6] [KBS]

뿐만 아니라 정명희 위원장이 발표했던 내용(독보적이지 않다)은 정작 서울대가 발표한 최종보고서 안에 수록된 내용(독창적이고 관련 지적재산권 확보 가능)과 맞지 않는 정반대의 발표였음이 확인됐다.

그러나 정작 (서울대) 조사위 보고서는 배반포 단계까지 간 것은 (황우석팀 기술의) 독창성이 인정된다고 밝혀 이 같은 정반대의 언급이 단순한 실수인지 아니면 정 위원장의 소신인지 논란이 빚어지고 있습니다.[7] [KBS]

결국 며칠 뒤 오우택 서울대 조사위원은 YTN과의 인터뷰를 통해 황우석팀 배반포 기술의 독보성을 확인하는 한편 당시 발표의 오류를 간접적으로 시인했다.[8]

그러나 이러한 조각팩트로는 '원천기술이란 게 있긴 있는 거야?'라는 국민의 알 권리를 충족시키기에는 태부족이었다. 상대적으로 황우석팀의 모든 것을 부정하는 식의 언론보도가 서울대 권위를 타고 여론을 압도했던 것이다. 그 당시 언론보도의 쏠림이 어느 정도였는지 줄기세포 전문가인 제주대 박세필 교수는 이렇게 술회한다.

두 달간 약 천여 통의 기자분들 전화를 받았던 것 같아요. 저한테 막 들고 오는거예요. 논문 들고오셔서 이것도 조작된 거냐, 사진 갖고와서 이건 진짜 같으냐…… 저로서는 어느 쪽에 유불리를 떠나 과학자로서 있는 그대로만 말씀드렸는데요. 제일 기억나는 게 스너피 논란입니다. MBC 기자 한 분이 찾아오셨더라고요. "지금 미국의 로버트 란자라는 학자가 스너피도 가짜라고 하는데 어떻게 생각하느냐"고. 그래서 제가 그랬어요. 란자라는 분이 어느 정도 이 분야(동물복제)에 정통한지 모르겠지만 그 분이 주장한 조작방식(냉동할구분할)이 사실은 더 어려운 기술이라고. 다시 말해 스너피는 진짜라는 거죠. MBC

도 란자 말을 믿고 밀어붙이다간 지금까지 쌓은 것도 한 방에 날아갈 수 있으니 있는 그대로 보도해달라고 이야기했어요. 그 분은 그대로 쓰셨더라고요.[9] [박세필 교수]

그러나 유독 황 교수팀의 인간줄기세포 기술력에 대해서는 분명히 취재까지 해갔는데 보도되지 않았다고 한다.

어떤 유력 매체의 기자 분이 찾아와서는 "이건 굉장히 중요한 아이템 이니 있는 그대로 말씀하셔야 합니다. 저는 말씀하시는 대로 냅니다" 라고 심각하게 이야기를 해요. 들여다봤더니 당시 황 교수팀 배반포 수준에 관한 세포사진이었어요. 있는 그대로 과학적 소견을 말했죠. 하지만 결국엔 (보도가) 안 나오더라고요. 그런 게 몇 건 있었어요.

[박세필 교수]

황우석팀의 모든 것을 의심하는 정황증거는 대서특필된 반면, 다른 시각으로 해석될 만한 사실관계는 감춰지고 기피되는 분위기였음을 알 수 있다. 이런 분위기 속에서 조용히 논란의 감춰진 이면을 추적하던 피디저널리즘이 바로 섀튼 교수의 특허도용 의혹을 추적하던 〈추적60분〉이었다.

문형열 PD의 〈추적60분〉 '섀튼은 특허를 노렸나' 편은 '논문조작- 난자윤리'를 파헤쳤던 MBC 〈PD수첩〉과는 별개로 '원천기술-특허 도용 논란'을 다뤘다. 전혀 다른 의제 설정, 도대체 담당PD의 문제의 식은 무엇이었을까?

저는 자극적인 프로파겐다(propagenda, 선전선동)가 아닌 저널리즘의 시각으로 이 논란을 바라보고 싶었어요. 단순히 '그가 이랬으니까 그는 이런 사람일 것이다'로 몰아가는게 아니라 실제로 확인된 사실, 전체적인 맥락 이면의 것을 짚고 싶었죠. 그러다 보니 두 가지, 즉 바꿔치기 논란과 원천기술·특허도용 논란이 보였는데, 바꿔치기는 수사기관의 몫으로 취재팀이 할 수 없다는 판단이 들었어요. 그래서 데스크와 협의를 거쳐 특허 쪽으로 집중해 파고들었던 거죠.[10)]

[문형열 PD]

인터넷을 떠도는 음모론을 끌어모은 것 아니냐는 비판에 대한 그의 대답은 차분하고 조용한 가운데 힘이 느껴졌다.

나중에 이 논란이 완전히 정리되면 신문방송학 쪽에서 관련논문이 엄청나게 쏟아질 거라고 생각해요. 그 정도로 세계적인 핫이슈였다고 보고요. 그러면서도 어느 한쪽 시각으로만 봐서는 안 될 조심스러운 사안이에요. 과학이슈이면서도 얽히고설킨 범죄사건이기도 하고, 한편으로는 윤리문제에 특허 등 산업논리까지 개입되어 있고……. 그래서 인문사회학적 지식만으로 되는 게 아니라 사건기자와 과학전문기자, 사회학자, 변리사가 함께 네트웍을 이뤄 확인해나가야 하는 사안이에요. 법률적 검토도 물론이고……. 저희는 그 원칙대로 만들었다고 생각합니다. [문형열 PD]

그러나 우리는 아직도 그가 만든 프로그램을 볼 수 없다. 확인할 길도 없다. 〈추적60분〉 '새튼' 편은 끝내 KBS 자체적으로 방송불가 판정이 내려졌고, 이에 거세게 항의해 방송테이프를 갖고 잠적했던 문형열 PD는 중징계를 받고 제작 일선에서 물러났다. KBS의 조치로 인해 인터넷 상에서도 관련 동영상을 봐도 안 되고 올려도 안 되고 옮겨도 안 되고……. 따라서 거기에 뭐가 담겨 있었다고 말할 수도 없는 기막힌 현실이 전개되고 있는 것이다. 도대체 〈추적60분〉에 어떤 내용이 담겨 있었던 것일까?

2007년 9월 28일, 우리는 한 통의 법원판결문을 통해 그 속내용을 가늠할 수 있게 되었다. 서울행정법원 11부는 황 박사 지지자 김 모 씨 등 1,066명이 〈추적60분〉 방송용 테이프 원본을 공개하라며 제기한 정보공개거부처분 취소소송에서 원고 승소를 결정했다. 다시 말해 KBS는 방송용 테이프를 공개해야 할 의무가 있다는 판단을 내린 것이다. 법원이 제시한 근거[11] 는 다음과 같다.

- 황 교수팀이 보유한 인간체세포 핵치환기술의 특허권적 시각의 중요성
- 특허등록에 있어 NT-1(줄기세포 1번)의 처녀생식 여부가 중대한 영향을 미치는 사실
- 새튼 교수가 황우석 교수팀의 인간체세포 핵치환기술을 도용한 것인지 여부
- 이를 둘러싸고 앞으로 예상되는 특허분쟁, 줄기세포 원천기술의 향후가치 등을 다루는 사실이 인정됨

〈추적60분〉'섀튼' 편의 방영논란이 한창일 때, 시사평론가 진중권 씨는 "길바닥 음모론을 재탕한 것이며 동네방송에 딱 어울린다"며 방송을 통해 강하게 비판한 바 있다.[12] 그는 방송 테이프를 미리 봤던 것일까? 그리고 그의 말대로라면 그런 동네방송의 공익적 중요성을 인정해 공개판정을 내린 법원은, 그러면 음모론을 인정한 '동네법원'이 되는 것일까?

〈추적60분〉의 방영을 촉구하던 촛불행렬은 2006년 4월 KBS 앞에서 20여 일간 철야로 계속되었다. 필자는 밤 12시 30분에 현장에 도착해 새벽 2시까지 촛불시위 시민들을 취재했는데, 그중 한 30대 여성은 늦은 밤까지 촛불을 드는 이유에 대해 쓴웃음을 지으며 이렇게 답했다.

저희도 모르겠습니다. 우리가 왜 이러고 있어야 하는지 정말 속이 터집니다. 저희가 지금 이러고 있는 건……, KBS에서 〈추적60분〉을 만들어냈다는 것도 알고 있고요, 이미 각계각층의 주요한 사람들이 시사회를 마쳤다는 것도 알고 있습니다. 그런데 그런 것을 방송을 안 해주니까 이러고 있는 것이고요. 더 화가 나는 것은……, MBC 같은 경우에는 거짓말도 만들어서 몇 탄씩이나 방송을 하는데 왜 KBS는 국민의 세금으로 만들어진 방송국에서 국민의 세금으로 월급을 받아먹으면서 뭐가 무서워서 방송을 못하냐는 거죠. 우리는 우리의 정당한 권리를 주장하기 위해서 여기 나와 있습니다.[13] [촛불시위 시민]

공영방송의 중요성은 아무리 강조해도 지나침이 없다. 흔히 '침묵은 금'이라고 하지만 공영방송이 침묵만 지킨다면 사람들은 전체 언론을 불신하게 된다.

국민의 방송 KBS는 〈추적60분〉을 보고 싶다는 국민들의 촛불 앞에 침묵만 지켰다.

17

'세계 최초 배반포 수립 성공'의 진실

황우석팀 배반포 기술에 대해 '무의미한 핵이식 기술과 상태가 불량한 배반포'라 혹평했던 MBC 〈뉴스데스크〉는, 그러나 2년 뒤 미국의 한 연구팀이 똑같은 방식으로 배반포를 만들어냈을 때 '세계 최초의 성과'라고 보도했다.
_ 시골피디

서울대와 검찰 수사결과만 보더라도 황우석팀은 2005년까지 최소 80개 이상의 체세포 핵이식 배반포를 수립한 것으로 확인된다. 그런데 3년 뒤인 2008년 1월 초순, 미국 연구팀이 다섯 개의 배반포 수립을 발표했을 때, 한국 언론은 이를 '세계 최초의 성과'라고 보도했다.

미국의 한 생명공학 연구소가 이 같은 방법(체세포 핵이식)으로 세계에서 처음으로 배아복제에 성공했습니다. 이번 연구결과는 난치병 치료에 중대한 진전을 이룬 것으로 평가됩니다.[1] [MBC 뉴스데스크]
황우석 시도 배아복제, 美서 세계 최초로 성공[2] [동아일보]
미 연구팀 '황우석 실패' 배아복제 세계 최초로 성공[3] [한국일보]

STEM CELLS®

TECHNOLOGY DEVELOPMENT

Development of Human cloned Blastocysts Following Somatic Cell
Nuclear Transfer (SCNT) with Adult Fibroblasts

Andrew J French^a, Catharine A Adams^b, Linda S Anderson^b, John R Kitchen^c, Marcus R Hughes^c,
Samuel H Wood^{a,b}

^aStemagen Corporation, La Jolla, California, USA; ^bThe Reproductive Sciences Center, La Jolla, California, USA; ^cGenesis
Genetics Institute, LLC, Detroit, Michigan, USA.

Key Words: egg donation • therapeutic cloning • human • embryo • somatic cell nuclear transfer • oocytes • blastocyst

ABSTRACT
Nuclear transfer stem cells (NTSC) holds considerable
promise in the field of regenerative medicine and cell-
based drug discovery. In this study, a total of 29
oocytes were obtained from three young (20-24 y)
reproductive egg donors who had been successful in
previous cycles. These oocytes, deemed by intended
parents to be in excess of their reproductive needs,
were donated for research without financial
compensation by both the egg donor and intended
parents after receiving informed consent. All intended
parents successfully achieved ongoing pregnancies with
the oocytes retained for reproductive purposes. Mature
oocyte, obtained within 2 h following transvaginal
aspiration, were vitrified within 2 h following transvaginal
aspiration, were vitrified using one of two methods,
extrusion or aspiration, after 48 min incubation in
Cytochalasin B. Rates of oocyte lysis or degeneration
did not differ between the two methods. Somatic cell
nuclear transfer (SCNT) embryos were constructed
using two established adult male fibroblast lines of
normal karyotype. High rates of pronuclear formation
(86%), early cleavage (47%) and blastocyst (23%)
development were observed following incubation in
standard IVF culture media. One cloned blastocyst was
confirmed by DNA and mtDNA fingerprinting analyses
and DNA fingerprinting of two other cloned blastocysts
indicated they were also generated by SCNT.
Blastocysts were also obtained from a limited number
of parthenogenetically activated oocytes. This study
demonstrates, for the first time, that SCNT can
produce human blastocyst stage embryos using nuclei
from a differentiated adult somatic cell, and provides
new information on methods that may be needed for a
higher level of efficiency for human therapeutic
cloning.

Downloaded from www.StemCells.com by on February 22, 2008

미국 연구팀의 논문(출처 : 『스템셀』)

만일 여러분이 과학자라면 실은 3년 전 다른 나라 과학자들이 이뤄 놓은 것와 똑같은 성과를 내면서, 그들과 같은 방식 같은 이론적 배경 아래 쓰여진 논문을 제출하면서, 이를 '세계 최초의 성과'라 쓰겠는 가? 아니면 '과학적 재검증의 결과'라 쓰겠는가?

2008년 1월, 미국 캘리포니아 '스티마젠'이라는 바이오 기업 앤드 루 프렌치 박사팀은 자신들이 '세계 최초로 인간 난자를 이용해 체세 포 핵이식 기술에 의한 배반포 수립에 성공했다'고 발표했고, 이는 『스템셀』 2월 1일자에 게재되었다.[4]

성인 남성 두 명의 체세포를 핵이식해 다섯 개의 복제 배반포를 만 들었고, 그중 세 개는 DNA 검증을 통해 확실한 복제 배반포임을 주 장한다. 사실이라면 이 정도만 해도 대단한 업적이다. 그러나 '세계 최초'라는 말은 정직하지 못한 표현이다. 이미 자신들의 논문에 표기 된 '체세포 핵이식' 방식으로, 자신들의 논문에 표기된 '성인 남자의 체세포'를 써서, 자신들의 논문에 표기된 프로토콜과 매우 흡사한 방식으로, 결국 '복제 배반포 수립'까지 처음으로 해낸 팀은 그들이 아니라 황우석팀이었기 때문이다.

황우석팀의 배반포 성과

배반포(Blastocyst)는 정자와 난자가 만나 수정된 뒤 세포분열을 거듭하며 형성된 배아세포로, 그 안에는 줄기세포를 배양할 수 있는 내부 세포괴(ICM, Inner Cell Mass)라는 세포 덩어리를 갖고 있다. 복제 배반포는 정자 대신 환자의 체세포를 탈핵된 난자의 세포질에 핵이식해 수립한 것으로 결국은 환자 맞춤형 줄기세포를 배양하기 직전에 반드시 넘어야 하는 주요 관문인 것이다. 그러나 거의 모든 나라의 과학자들은 8세포 분열기를 넘지 못한 채 배반포 수립에 실패했다. 2003년 4월에는 미국의 섀튼 교수가 '영장류 체세포 핵이식은 불가능'함을 밝힌 논문이 『사이언스』에 실리기도 했다.[5]

그런데 이를 깨뜨리고 배반포 수립에 성공한 연구팀이 곧 등장했다. 황우석팀이다. 2004년 2월에 접수된 황우석팀 연구원의 석사논문을 보면 아무도 성공하지 못했던 배반포 수립의 성과가 수록되어 있다.[6] 그 뒤 황우석팀은 80~100여 개의 체세포 핵이식 배반포를 수립해왔다.

황우석팀의 김 수 박사는 2007년 국회세미나에서 자신들이 2004년 논문실험을 제외하고도 1년 3개월간 체세포 핵이식 배반포 81개를 수립했고, 성공효율은 12.9~13.9%로 보고했다.[7] 이러한 성과는 서울

난자수와 확립된 배반포 수율 등을 담은 '난자수율분석표'(출처 : 검찰수사 결과)

순번	구분	제공 난자수	핵이식 난자수	배반포수	배반포수/ 핵이식난자	줄기세포수	줄기세포/ 핵이식난자수
1	2004년 논문	242	242	30	12.39% (30/242)	1	0.41% (1/242)
	검찰	361	256	27	10.54% (27/256)	1	0.39% (1/256)
2	2005년 논문	미기재	185	31	16.75% (31/185)	11	5.94% (11/185)
	검찰	408	277	42	15.16% (42/277)	0 2개 확립 가정시	0% 0.72% (황 교수 인식)

내 조사와 검찰 수사를 통해서도 확인된 사실이다. 서울대 조사위는 자신들의 보고서에서 황우석팀 배반포 기술의 독창성을 인정했다.

사람 난자에서 핵이식을 통한 배반포 형성 연구 업적과 독창성은 인 정되며 관련 지적재산권의 확보가 가능할 것으로 판단된다.[8]

[서울대 조사위원회]

검찰 또한 10% 이상 효율로 배반포가 수립된 사실을 확인했다.[9] 10% 이상의 성공률. 이를 두고 영국 뉴캐슬 대학의 스토이코비치 박 사는 "이것만으로도 대단한 업적"이라고 평한 바 있다. 그럼에도 불 구하고 미국 과학자들은 자신들이 '세계 최초'라는 표현을 보도자료 뿐 아니라 학술논문에까지 싣고 있다. 상식적으로 생각한다면, 이런 문제는 필자가 따지기 전에 황우석 박사의 연구를 공식검증한 '서울대 조사위원회'가 따질 문제이다. 미국 과학자들 그리고 『스템 셀』의 편집장에게 공식서한을 보내야 할 문제이다. 만일 미국인의 성과가 세계 최초임을 인정한다면, 이미 황우석팀 배반포 성과의 독보성을 인정한 서울대 조사위의 발표는 잘못된 발표가 되는 것 아닌가?

뉴스는 국경이 없지만 언론인에게는 조국이 있다

MBC가 한국의 방송이니까 한국 과학자에게 무조건 우호적이어야 한다는 주문이 아니다. 미국의 성과를 무시하라는 것도 아니다. 최소한 공정해야 하지 않을까? 미국 과학자가 무슨 성과를 냈고 한국 과학자가 무엇을 했는지 그 사실만이라도 정확히 보도해야 하지 않을까?

필자는 아직도 기억한다. 지난 2006년, MBC가 황 박사팀 연구업적에 대한 평가 중 일부분만 짜집기해 보여주던 그 무시무시한 보도. 아직도 눈에 선하다.

무의미한 핵이식 기술과 상태가 불량한 배반포. 어디에서도 증거를 찾을 수 없는 황 교수팀의 줄기세포. 조사위는 결국 원천기술이란 존재하지 않는 것으로 결론지었습니다.[10] [MBC]

많은 사람들이 그때는 '그런가 보다' 했을 것이다. 서울대가, MBC가 그렇다고 하니까. 100여 개의 배반포와 10%에 이르는 배반포 효율도 별것 아닌 것처럼 느꼈을 것이다. 그런데 진실은 그게 아니었다.

2008년, 미국에서 똑같은 방식의 배반포를 만들었을 때 MBC는 이를 '세계 최초의 성공', '난치병 치유를 위한 진전'이라고 보도했다. 앵커 뒤로는 성조기가 펄럭이고 있었다.

미국의 한 생명공학 연구소가 세계에서 처음으로 배아복제에 성공했습니다. (중략) 복제배아는 배반포 단계를 거쳐 줄기세포로 만들어지는데 이번 연구결과는 난치병 치료에 중대한 진전을 이룬 것으로 평가됩니다.[11] [MBC]

프랑스의 과학자 루이 파스퇴르는 '과학에는 국경이 없지만, 과학자에게는 조국이 있다'는 말을 남기며 실제로 프랑스를 침공한 독일의 비스마르크 군대 앞에 독일에서 받은 의학박사학위를 반납했다. 필자는 그 말에 동감한다. 아무리 세계화 시대라고 하지만 지구에서 유일한 분단국가인 우리나라에서는, 조국과 민족의 가치를 아무리 강조한다고 해도 이는 파시즘이나 애국주의와는 궤를 달리한다. 필자는 조국의 원천기술이 폄하되고 경쟁국의 원천기술을 칭송하는 이 땅의 뉴스를 보며 '뉴스에는 국경이 없지만 언론인에게는 조국이 있어야 한다'라는 말을 되뇌고 또 되뇌었다.

18

"줄기세포 1개면 어떻고 3개면 어떻겠냐"

『뉴욕타임즈』의 기자와 데스크는 (사람의 말을 인용하는) 겹따옴표를 사용할 때 말한 사람의 의도를 그대로 보존해야 한다고 규정한다.
_ 한국언론재단 '한국 언론윤리 현황과 과제' 중에서

황우석 전 교수를 비난하는 사람들은 아직도 그의 기자회견 중 일부 대목을 거론하며 이를 몰염치의 표상으로 묘사한다.

줄기세포가 11개면 어떻고 1개면 어떠냐는 말은 이미 과학자이기를 포기한 헐벗은 자기 고백의 클라이맥스였다.[1] [프레시안]

"1개면 어떻고 3개면 어떻겠냐. 1년 뒤에 논문이 나오면 또 어떻겠냐"라는 말은 황 교수가 정말 과학자인지 의심하게 만들 정도로 과학자들에게 충격을 주었다.[2] [연합뉴스]

그런데 당시 황 전 교수의 회견내용 전문을 읽어보면 이렇게 비난하는 사람들의 '듣기 능력'을 의심하게 된다. 2005년 12월 16일, 서울대 수의대 3층 스코필드 홀에서 기자가 황우석 교수에게 물었다. 누군가 줄기세포를 바꿔쳤다면 그게 누구라고 생각하냐고.

YTN의 김수진(기자)입니다. 미즈메디와 (줄기세포가) 바뀐 것은 누가 일부러 개입했다고 보십니까?[3]

그러자 황 교수는 격앙된 목소리로 이렇게 답변했다.

이것은, 여러분들께서 추정 또는 확인해줄 수 있다면, 제발 부탁드립니다. 저희노 노대제 어떻게 해서, 노대제 누가 부슨 의노로 이런 일을 했는지 정말로 답답하고 한스럽습니다. 저희가 이미 2004년 논문이 있기에 2005년 논문이 11개가 아니고 1개면 어떻습니까? 3개면 어떻겠습니까? 그리고 1년 뒤에 논문이 나오면 또 어떻겠습니까? 누가 어떤 의도로 이런 일을, 어떤 방법으로 했는지 저는 반드시 규명돼야 한다고 봅니다..

줄기세포 1개나 3개를 갖고 11개처럼 꾸민 게 뭐 어떠냐는 식의 오리발 답변이 아니었다. 이미 2004년 논문으로 궤도에 오른 마당에 1개를 만들면 1개로 논문이 되고 3개면 3개로 논문이 되고 아닌 것 같으면 그 다음해에 내도 논문이 되는 그 마당에, 자신이 뭐가 부족해서 2005년 논문을 그것도 11개씩이나 날조했겠느냐는 항변이었던 것이다.

사실 2005년 『사이언스』 논문에 보고된 줄기세포는, 만들기만 했다면 2004년 것과는 질적으로 다른 것이었다. 2004년 『사이언스』 논문에 보고된 줄기세포가 여성에게만 적용할 수 있었다면, 2005년 것은 여덟 살 어린 사내아이부터 남녀노소의 여러 난치병 환자에게 적용시킬 수 있는 '환자맞춤형'이었다. 따라서 만들기만 하면 몇 개냐에 상관없이 획기적인 진보였던 것이다. 『사이언스』 논문발표 직후 〈손석희의 시선집중〉과의 인터뷰 내용을 보면 이 부분을 뚜렷하게 알 수 있다.

손석희 : 바로 그 환자에게 적용할 수 있는, 부작용이 없는 맞춤형이라는 것입니다. 작년(2004)에는 건강한 여성의 난자와 체세포를 이용해서 배아줄기세포를 만들었기 때문에 실제로 난치병을 치료하는 것과는 거리가 좀 있었다는 얘기인데, 이번에는 직접 환자의 체세포를 이용함으로써 실제로 부작용이 없이 환자 자신에게 적용한다는 것이죠. (중략) 작년에 발표하신 연구성과, 그때도 굉장한 그런 평가를 받으셨습니다만 그때 연구성과하고 비교하면 어떻게 봐야 될까요?

황우석 : 전혀 비교의 대상이 될 수 없을 겁니다. 그 당시에는 하나의 이론적 가능성만 확인했는데 가장 어려운 몇 가지 숙제, '이것이 해결되면 쓰나미 현상이 올 것이다'라고 외국 학자들이 예견했던 바로 그 몇 단계의 숙제가 저희 한국 연구진들에 의해서 말끔히 걷혔다고…….[4]

이처럼 단순히 수적 효율을 앞세운 연구가 아니었다. 물론 미국의 다국적 제약회사나 거대 병원의 입장에서는 줄기세포 11개를 만든 고효율에 구미가 당길 일이겠지만, 적어도 논문 게재를 위해서는 줄기세포의 개수 자체가 문제되는 상황은 아니었다는 것이다.

그럼에도 불구하고 언론은 황우석 박사의 앞·뒷말 다 빼버린 채 오해의 소지가 있는 말만 골라내 집중적으로 강조해왔다. 손가락이 가리키는 곳을 보지 않고 손가락만 조명한 꼴이다. 같은 서울대 교수마저 '1개면 어떻고……' 발언 자체를 문제 삼았는가 하면[5], 시간이 흘러 신정아 씨 학위위조 사건이 터져나오자 주요 경제지에서 칼럼을 쓰고 있는 한 논설위원은 '거짓말쟁이가 당당한 사회'라는 칼럼을 통해 나시금 '1개면 어떻고……' 카드를 꺼내들었다.

황 전 교수는 당시 "(줄기세포가) 1개면 어떻고, 3개면 어떠냐"며 논문 조작과 거짓말이 대수냐는 반응을 보이기도 했다.[6] [매일경제칼럼]

고질화된 따옴표 언론의 병폐

사람의 말이라는 게 원래 아 다르고 어 다르기 때문에 옮겨 담는 과정에서 얼마든지 의미가 변할 수도 있고 고의로 왜곡시킬 수도 있다. 그래서 특히 언론에게는 사람의 말을 기사로 옮겨담는 데 있어 각별한 인용원칙과 윤리가 필요하다. 『AP통신』과 『뉴욕타임즈』의 겹따옴표 인용기준을 보면, 사람의 말을 기사로 옮겨 담기까지 얼마나 조심스럽고 까다로운 원칙이 필요한지 알게 된다.

먼저 『뉴욕타임즈』는 가이드라인 가장 첫 머리에 겹따옴표를 사용한 인용원칙을 제시하고 있다. 되도록이면 다른 사람 말을 옮길 때 기자의 손때를 묻히지 않게 하려는 '원판 보존의 원칙'이다.

겹따옴표를 사용할 경우 내용을 기자가 정리(clean up)하지 않는다. 기자가 상세하게 받아적거나 녹음하지 않았을 경우 긴 코멘트는 겹따옴표를 사용하지 않고 정리하는 것을 권장한다. 물론 '에~'와 같은 말은 삭제할 수 있다. 어떻든 기자와 데스크는 겹따옴표를 사용할 때 말한 사람의 의도를 그대로 보존해야 한다고 규정한다.[7]

[한국언론재단]

기자가 인터뷰 내용을 많이 손봐야 할 경우 차라리 따옴표를 떼고 기사로 정리하라는 것이다. 『AP통신』의 경우에는 이보다 더 엄격하다. 남의 말이면 문법상 오류도 손을 대지 말라는 규정이다.

인용은 정확할 뿐만 아니라 말한 맥락에서 벗어나서는 안 된다. 겹따옴표를 사용할 경우 문법상의 오류나 용어 사용상의 문제조차 고치지 않도록 규정하고 있다. 이를 고칠 경우 기자는 겹따옴표를 없애야 하며 표현을 수정하되 원래 말에 가장 가깝게 해야 한다. 뜻이 너무 모호해서 정확히 수정하기 힘들면 그 말은 사용해선 안 된다. 또한 필요할 경우 기자회견이나 전화인터뷰 등 인용이 이뤄진 상황을 알려줘야 한다. 말한 사람의 표정이나 몸짓도 마찬가지다. 특히 비디오나 오디오 편집은 말한 사람의 의도를 바꾸지 않도록 해야 한다. [한국언론재단]

앙다문 입술로 카메라를 뚫어지게 바라보면서 바꿔치기 진실규명을 호소하던 황우석 박사의 표정과 몸짓이 아직도 눈에 선하다. "1개면 어떻고 3개면 어떻겠냐" 이는 황우석에 대한 비판자료가 아니라 미디어가 얼마나 한 사람의 진심을 짓밟을 수 있는지를 말해주는, 자라나는 청소년을 위한 '미디어 교육용' 자료로서 기억됨이 합당할 것이다.

19

노성일 이사장의 게시중단 요청

네이버 운영자는 깨끗한 인터넷 문화를 바란다고 한다. 맞는 말이다. 나도 깨끗한 인터넷 문화를 위해 노성일 이사장 측의 게시중단 요청에도 불구하고 나의 그 글을 계속 올렸다.
_ 시골피디

2008년 10월의 나른한 오후, 한 통의 끔찍한 이메일이 왔다. 미즈메디 노성일 이사장 측에서 필자의 블로그 글에 대한 게시중단을 요청했다는 네이버 운영자의 글이었다.

고객님께서 작성하신 서비스의 아래 게시글에 대해 노성일 측으로부터 명예훼손을 사유로 게시중단 요청이 접수되었으며, 이로 인해 고객님의 게시글이 임시 게시중단되었음을 알려드립니다.[1] [네이버]

그러나 필자는 게시중단 요청에 응하지 않았다. 애당초 사실을 사실대로 쓴 것일 뿐 노성일 이사장의 명예를 훼손시킬 의도가 없었기 때문이다. 여러분께서 이 글을 직접 읽고 판단해주시기를 바란다.

2007년 1월, 우리나라로 치면 '관보'에 해당하는 미국 『연방회보』에 연구부정 행위로 한국인 과학자의 이름이 올랐다.[2] 그의 이름은 박종혁. 미즈메디 책임연구원 자격으로 2004년 『사이언스』 논문에서 줄기세포 배양업무를 맡은 뒤 미국의 새튼 연구실로 건너가 박사과정을 밟던 미즈메디 핵심 과학자였다.

미 『연방회보』는 그의 연구부정 행위를 크게 네 가지로 실었다.

① 『네이처』 게재 논문에 대한 '고의적인 사진조작'
② 이를 조사하던 피츠버그 대학 연구진실성위원회에 '반복적으로 허위자료 제출'
③ 실험실 동료들에게도 '허위자료 제출'
④ 자신의 조작 사실을 감추기 위해 '실험실 컴퓨터 서버에 저장된 원자료 모두 삭제'

사진조작과 거짓자료 제출, 심지어 서버 내 원자료 삭제까지……. 어디서 많이 들어본 수법 아닌가? 이를 두고 어떤 교수는 '황우석팀 논문조작에서 배운 수법 그대로 미국에서 써먹다 들통났다'며 '이게 다 황우석 탓'론을 펼치기도 했다.[3] 과연 그럴까?

한국 검찰의 줄기세포 관련 수사결과를 보면 그게 아니었다는 결론에 도달하게 된다. 비단 박종혁 연구원뿐 아니라 미즈메디 핵심인물 전체가 황우석 전 교수와는 상관없이 상습적인 논문조작과 자료 은폐, 세포 바꿔치기를 거리낌 없이 행해왔던 것이다. 김선종 연구원은 미즈메디 연구논문과 심지어 자신의 학위논문까지 조작했다.

미즈메디 연구소에서 재직하던 중 제1저자로서 2003년 11월~2005년 2월경 작성한 줄기세포 관련 미즈메디 연구논문 네 편의 실험결과와 사진을 조작하였고, 위와 같이 조작한 논문 네 편을 근거로 작성한 박사학위 논문을 한양대에 제출하여 2005년 8월경 박사학위를 부당하게 취득하였으며……. 4) [서울중앙지검]

황우석팀의 세계 최초 개 줄기세포 실험에서는 사람세포까지 섞어 넣어 실험을 무산시켰다.

개 줄기세포 시료가 부족하자 2종의 개 줄기세포와 2종의 인간줄기세포를 혼합하여 실험을 조작하였고, 면역염색검사 또한 테라토마 형성검사에 사용한 개 줄기세포와 동일한 개 줄기세포를 사용하여야 함에도 다른 개 줄기세포를 사용함으로써 실험을 무산시킴. 5)

[서울중앙지검]

윤현수, 박종혁, 김선종 등 미즈메디 다섯 명의 연구자들은 미국 국립보건원(NIH)까지 속였다. 미국 국립보건원(NIH)에 등록돼 연구비를 지급받는 수정란 줄기세포까지 바꿔치기해 왔고, 미즈메디는 미국 NIH로부터 93만 달러(약 10억원 상당)의 연구비를 지원받아왔다.

2003년 말경 Miz(미즈메디)-1번 줄기세포가 정상적으로 유지되는지 여부를 검사하는 핵형검사결과가 비정상으로 나와 수회에 걸쳐 핵형검사를 실시하였음에도 추가 검사결과 또한 비정상으로 나오자 2004

년 4월 초순경 미즈메디 측 윤현수, 박종혁, 김선종, 이정복, 이○○ 이 협의하여 NIH 모르게 Miz-1번과 Miz-5번을 서로 맞바꾸어 배양하기로 결정하였음.[6] [서울중앙지검]

더욱 놀라운 사실은 이들 미즈메디 연구원들이 서울대 조사기간 중에도 서로를 위해 손발을 맞췄다는 것이다. 박종혁은 김선종을 위해 서울대 조사위 답변서에 거짓사실을 허위기재했고[7], 김선종은 서울대 조사에 출석하는 이정복에게 허위증언을 요청했다.

황우석이 테라토마 사진조작을 지시하는 모습을 본 것처럼 증언해달라.[8] [서울중앙지검]

자신의 줄기세포 섞어심기 사실이 발각될 것을 염려한 김선종은 미즈메디 후배 연구원들에게 미즈메디 줄기세포의 반출기록을 없애라고 요청했고, 후배들은 엑셀파일을 조작하고 저장된 컴퓨터를 포맷시켰다.[9] 수정이 어려웠던 수기장부(손으로 쓴 장부)는 해당 면을 찢어낸 후 다시 작성하는 방법으로 증거를 조작했다.[10]

심지어 〈PD수첩〉의 검증 요청에 응한 황우석팀이 미즈메디에 보관된 2, 3번 줄기세포의 테라토마 슬라이드를 돌려달라고 하자, 김선종은 섞어심기가 발각될까 두려워 미즈메디에 있던 후배에게 국제전화를 해서 DNA가 검출되지 않도록 테라토마 슬라이드를 파라포름알데하이드에 담갔다가 황우석팀에게 건네주도록 지시했다.[11]

그리고 서울대 조사가 진행되는 와중에서 노성일 이사장과 맏형 격인 윤현수 교수는 미국에 있던 김선종 연구원과의 국제전화를 통해 '서울대 조사에서 한 방에 끝내자'며 황우석과의 확실한 갈라서기를 주문했다. 지난 15차 공판에서 확인된 김선종 연구원 보관 '전화녹취 파일' 내용이다.[12]

서울대 조사에서 한 방에 끝내자. 시간 끌 필요없어. 힘내라. 숫자가 적어도 우린 이길 수 있어. 오늘 문(신용) 선생께도 다 보고했다. 그랬더니 문 선생도 다리 죽 펴고 자겠다고 하더라.

[노성일 이사장/2005년 12월 18일]

지금 황 시나리오는 당신(김선종)을 희생양 삼아 나를 죽이려 한다. 황우석과 일체 접촉하지 않는 게 좋겠다. [노성일 이사장/2005년 12월 20일]

어차피 서울대 조사위는 황을 죽이려고 하더라. 서울대 조사위는 (너를 찍은 게) 아니야. 논문에 대해서는 안 물어. 조사위원들 분위기는 확고하다. [윤현수 교수/2005년 12월 22일]

만일 그때 그 연구가 황우석 교수의 일인 단독 연구였다고 굳게 믿는다면 위 사실들은 결코 보이지 않은 채 모두 '황우석팀의 조작, 황우석팀의 말 맞추기'로만 보일 것이다.

그러나 그때 그 연구가 서로 다른 분야 간의 '학제간 공동연구'였음을 알게 된다면 언론이 말하는 '황우석팀의 조작', 그 뒤에 감춰져 있던 '미즈메디의 진실'이 보이게 될 것이다.

20

황우석팀 연구승인이 '나라망신' 인가

"정부가 황 교수 연구 건을 불허하고는 관련 연구를 계속 지원하겠다는 말은 결국 황우석이란 인간에 대한 윤리적 굴레 '주홍글씨'를 계속 적용하겠다는 시각을 드러낸 것이다." 바이오벤처 업계 관계자가 헤어지면서 밝힌 이 말은 황 박사를 바라보는 우리 사회의 아쉬움이 여전히 존재함을 보여준다.[1]
_ 「아시아경제」 이진우 기자

2008년의 여름은 뜨거웠다. 7월 말이 정부가 황우석팀 줄기세포 연구의 승인 여부를 결정, 최종 발표하는 날이었기 때문이다. D-데이 10여 일 전부터 관련기사가 쏟아졌다. 국민들의 88.4%가 황우석팀 연구재개를 찬성한다는 조사도 나왔다.[2] 하지만 이름을 밝히지 않는 전문가들은 언론을 통해 연구재개를 강경하게 반대했다.

제도권 학자들 쪽에선 비토(veto; 거부) 분위기가 매우 강하다. 한 줄기세포 연구자는 "황 박사 논문조작 사건으로 우리 학계가 입은 신뢰도 타격은 엄청났다"며 "이제 와서 다시 황 박사 연구를 승인한다면 국가신인도 저하로 이어질 것"이라고 염려했다.[3] [매일경제]

과연 황우석팀에게 기회를 주면 국가신인도가 흔들릴까? 그런 논리라면 미국이라는 나라는 벌써 국가신인도가 최하로 떨어져 망했어야 마땅할 것이다. 왜냐하면 데이터 날조, 조작, 표절 등 최근 10년간 미국 연방정부에 적발된 과학분야 조작 건수만 해도 130건이 넘기 때문이다.[4] 한 해 평균 13건씩 터진 꼴이다. 그러면 조작이 적발된 미국 과학자들은 모두 옷을 벗었을까? 그렇지 않다.

고의성 여부에 따라 다양한 사례가 있지만, 어떠한 경우라 해도 연구하고 말고는 개인이 결정할 문제이다. 물론 해당 대학과 기관별로 페널티가 따른다. 학자로서의 평판도 개인이 짊어질 몫이다. 나라에서 과학자를 제재하는 방법은 국민의 세금이 들어가는 연방정부 연구지원금을 일정기간 받을 수 없도록 하는 제재기간을 구체적으로 명시하는 것뿐이다. 그것도 과학자 스스로 자신의 잘못을 시인하면 기간을 감면하고, 끝까지 부인하면 제재기간이 늘어나는 식이다.

실제로 인터넷 검색을 통해 미국 연방정부의 보건분야 연구진실성위원회의 홈페이지를 방문했다.[5] 최근 3년간 연구조작하다 적발돼 행정처분을 받은 사례들이 주루룩 나온다. 2006년에 14건, 2007년에 10건, 2008년 현재 2건. 조사가 완료돼 징계가 통보된 사안이 이 정도이고, 여기에는 아직 조사가 진행되고 있는 사안과 연방정부가 아닌 지방정부나 대학 자체적으로 조사 중인 사안은 포함되지 않았다. 보건분야 사례만 이 정도다.

우리 지식인들 기준으로 볼 때 '사기꾼'은 미국에 정말 많다. 그럼에도 불구하고 왜 미국의 과학기술력은 넘볼 수 없는 세계 최고 수준일까? 그것은 논문조작 건수의 많고 적음과는 상관없이 논문조작 여부를 스스로 밝혀낼 의지와 '자정능력'을 갖고 있다는 데에 있다. 이들이 논문조작을 조사하고 처벌하는 대략의 과정을 살펴보자. 아마도 황우석 박사를 조사했던 서울대 조사위원회 활동과는 여러모로 비교가 될 것이다.

대학기관의 1차 조사는 충분한 기간 두고 세밀한 조사

진상조사에 들어간 대학이나 연구소의 조사기관은 최소 6개월에서 1년 정도 넉넉히 시간을 두고 관련자들에 대한 세밀한 인터뷰와 자료 검토를 한다. 세보사는 물론 피의자에게도 불필요한 피해나 명예훼손이 없도록 경계한다.[6] 피의자가 조작사실을 시인하지 않은 경우 '재현실험' 기회도 부여한다. 피의자도 조사결과에 동의하지 않을 수 없게 만드는 것이다. 여기에는 이유가 있다. 그렇게 하지 않으면 조사가 끝난 뒤 송사에 휘말려 거액의 사회적 비용이 발생하기 때문이다.

서울대 조사의 경우는 어떠했는가? 며칠 조사하고 1차 발표, 며칠 조사하고 2차 발표, 며칠 있다가 최종 발표, 그리고 끝이다. 통틀어 한 달 못 걸려 조사가 종결되었다. 피의자 황우석 교수에 대한 조사는 1시간 30분에 그쳤고, 재현기회도 부여되지 않았다. 더구나 조사에 있어 가장 중요한 '누가 어떻게 조작했는지'에 대한 구체적인 조작행위 적시가 이뤄지지 않았다. 서울대는 배양조작의 주범인 미즈메디에 대한 조사는 제대로 하지도 않은 채 연구책임자 황우석 박사에게 '포괄적 책임'만 물었을 뿐이다. 미국 ORI(연구진실성위원회)의 조사원칙과 비교하면 조사의 목적을 충족시키지 못한 '대충조사'였음을 알 수 있다.

조사의 목적은 의혹을 자세히 검증하고 심층적인 증거를 수집하며, 특히 조작이 어느 지점에서 누구에 의해 어느 정도까지 이뤄졌는지를 판단하는 것에 있다.[7] [미국 연구진실성위원회]

이렇게 초동수사를 맡는 조사기관에서 분명히 밝혀야 할 부분을 밝히지 못한 채 대충 덮고 가는데 어떤 피의자가 납득하고 수긍할 수 있겠는가? 장기간의 검찰조사에 그보다 몇 배는 더 긴 장기공판에……. 30차 공판이 넘도록 1심 판결도 나지 않았다.[8] 어처구니없는 혈세 소송이 계속되고 있는 것이다.

정부 돈이 들어간 연구에는 정부 조사기관이 2차 검증

미국에서는 대학에서 조사결과가 나오면 연방정부 산하 연구진실성위원회(ORI) 조사관들이 해당 연구팀에 연구비를 지원해준 유관기관과 함께 2차로 전반적인 검토를 벌인다.

만일 조사기관이 그들이 내린 결론에 대한 적절한 소명자료를 내놓지 못할 경우 ORI는 관련 데이터나 저작물, 문서에 대해 재분석 혹은 새로운 분석을 실시할 수 있다.[9] [미국 연구진실성위원회]

그렇게 조사해야 행정처분의 근거가 마련되기 때문이다. 한편으로는 국가기관이 전체 맥락을 다시 훑어야 혈세가 들어간 국가 기술과 특허가치를 보호할 수 있다는 점도 작용된 것으로 보인다.

반면 우리의 경우는 엄청난 혈세가 들어간 연구였다고 비난만 할 뿐이었다. 몇 개의 연구기관이 공동으로 개입된 '학제간 공동연구'의 조작 실체를 큰 틀에서 보지 못했고, 국민의 혈세로 이뤄진 원천기술과 특허의 가치도 보호하지 못했다. 황우석 기술을 도용한 새튼 특허가 전 세계로 진입하는 걸 멀뚱멀뚱 지켜보기만 할 뿐이었다.

조사내용 발표에는 '누가 뭘 잘못했는지' 구체적으로 명시

2008년 5월 게시된 네브라스카 대학 루이스 바치 박사의 의도적 조작행위의 경우 DNA 시퀀스 파일 날조, 몇 가지 데이터 조작 등 구체적인 조작내용의 적발이 명시되어 있다. 그는 총 책임자가 아니라 '박사 후 연구원 수습'이었다.

2008년 1월에 적발된 헌팅턴 메모리얼 병원의 스콧 몬테는 환자 임상시험결과 날조 및 조작에 대한 세 가지 혐의가 명시되어 있다. 그 역시 총 책임자가 아니라 '임상시험 연구원'이었다.[10] 이처럼 누가 뭘 잘못했는지 구체적으로 적시해야 당사자가 처분에 순응하고 논란이 잦아든다.

그러나 우리의 경우는 그렇지 않았다. 김선종 연구원이 바꿔치기해도 연구책임자 황우석 탓, 미즈메디에서 난자수술 뒤 과배란 부작용이 난 것도 연구책임자 황우석 탓이었다. 그것이 아니라며 합리적이고 이성적인 대처를 주문하는 국민들에게는 '황빠'에 '광신도'라는 극단적인 표현이 돌아갔다.

과학자의 연구기회 자체는 인정

미국의 경우 크게 두 가지 행정처분이 내려짐을 알 수 있다. 하나는 연구비 규제로 일정기간 동안 연방정부가 지원하는 연구비 프로젝트에 참여하는 것을 금지하는 것이고, 또 하나는 역할 규제로 정부 관련 자문위원회나 자문역할 참여를 금지하는 것이다.[11]

규제기간이 2년인지 3년인지 아니면 평생인지는 자신의 잘못을 '자발적으로 시인하는가 아니면 은폐하고 부인하는가'에 따라 달라진다. 이런 규제에 발목잡히는 것조차 두려워 미국의 조작 과학자들은 조사가 시작된 직후 다른 나라로 도망가는 사례가 비일비재하다.

일본 동경대의 경우 조작 의혹에 휩싸인 교수에게 재현실험 기회를 준 뒤 이를 토대로 조작 여부를 판단했다.

다이라 교수가 소속된 (동경대) 공학계 연구과는 이 요청에 따라 조사위원회를 설치, 다이라 교수 등에게 논문 4건에 대해 재실험을 실시, 데이터를 보고할 것을 요구했다. 그러나 현재까지 다이라 교수는 조사위에 논문 1건에 대한 실험 중간 결과를 보여주는 메모만 제출했을 뿐 논문 4건에 대한 구체적인 입증 데이터는 내놓지 못하고 있다. 도쿄대는 일단 내년 1월 10일까지 자료제출을 요구한 상태다. (중략) 조사위는 다이라 교수가 기한 내 논문의 재현성을 입증하지 못할 경우

대학 측에 관련 사실을 보고한 뒤 징계위원회를 열어 처분 내용을 결정하겠다는 방침이다.[12] [경향신문/도쿄]

반면 우리는 재현실험 기회도 부여하지 않은 채 속전속결로 모든 조사를 종결시켰다. 그리고 그렇게 내려진 조사결과를 근거로, '내 돈으로, 내 시설과 인력으로 연구할 테니 정부승인만 내달라'는 과학자에게 "연구시키면 나라망신시킨다"라며 반대하고 있다. 과연 누가 나라망신시키는 사람들인가?

21

세계 줄기세포 연구의 흐름

체세포 핵이식 배아줄기세포 모델이야말로 우리의 진정한 '황금표준(Gold Standard)'이다.
_ 미국 콜롬비아 대학 크리스 헨더슨 교수

 2008년 7월, 황우석 박사의 재기논란을 집중 조명하던 한 방송사 시사프로그램은 몇몇 전문가의 말을 인용하여 '세계는 이미 황우석 방식 연구에서 등을 돌리고 있다'고 주장했다.

줄기세포 연구의 흐름은 어떨까? 작년 일본에서 발표된 '역분화 방식'에 의한 줄기세포(iPS) 연구는 세계적인 추세이며, 최초로 포유동물복제양 '돌리'를 복제한 이언 윌머트 박사조차도 '체세포복제 방식으로 배아줄기세포를 만드는 연구를 포기하겠다'고 밝혔다. 세계는 지금, 사람의 난자를 이용하여 윤리적 문제를 야기하며, 효율이 떨어지는 체세포복제배아줄기세포 연구에서 등을 돌리고 있다.[1]

[SBS 그것이 알고싶다]

그런데 정작 방송에서 언급된 '역분화 방식 줄기세포(iPS)'[2] 를 선도하는 해외 과학자들은 황우석 방식 연구에서 등을 돌리기는커녕 오히려 황우석 방식 줄기세포의 중요성을 인정하고 있음이 확인됐다.

2008년 8월, 세계적인 과학전문지 『사이언스』에는 미국 연구팀의 쾌거가 실렸다.[3] 앞에서 언급된 역분화 방식 줄기세포(iPS), 즉 사람의 체세포를 난자 없이도 배아줄기세포 단계까지 되돌리는 기법을 이용, 난치병인 루게릭병 환자의 피부세포를 떼어내 배아줄기세포 단계로 되돌린 뒤 이를 다시 운동신경세포로 분화시켰다는 것이다.

그런데 하버드 의대와 함께 이 연구성과를 발표한 콜롬비아 대학 크리스 헨더슨 교수는 언론과의 인터뷰를 통해 의미심장한 한 마디를 남겼다. '이제 iPS가 대안'이라는 말 대신 "체세포 핵이식 줄기세포 모델이야말로 우리의 진정한 황금표준(Gold Standard)"이라는 말을 한 것이다. '체세포 핵이식' 기술은 황우석 박사팀의 핵심기술이다.

과연 (우리가 iPS 방식으로 만든) 이 운동신경세포들이 실험실 안의 배양접시 안에서 행동하던 것과 같은 방식으로 (인간의 몸속에서) 활동할 것인지…… 전혀 다른 형태로 발전해나갈 잠재가능성도 있다는 측면에서 많은 검증이 필요하다. 체세포 핵이식 배아줄기세포 모델은 진정한 우리의 '황금표준'이다.[4] [ABC뉴스/크리스헨더슨 교수]

역분화 방식 줄기세포(iPS)는 생체시계를 거꾸로 돌려 이미 다 자란 인간 체세포를 배아줄기세포 단계로 되돌리는데, 이 과정에서 불가피하게 바이러스나 단백질 등의 힘을 빌린다. 그런 만큼 바이러스 혹은

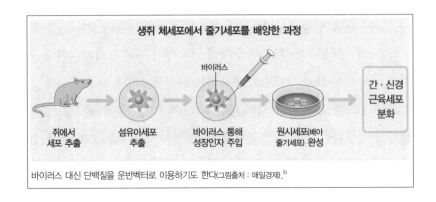

생쥐 체세포에서 줄기세포를 배양한 과정

바이러스

쥐에서
세포 추출 → 섬유아세포
추출 → 바이러스 통해
성장인자 주입 → 원시세포(배아
줄기세포) 완성 → 간·신경
근육세포
분화

바이러스 대신 단백질을 운반벡터로 이용하기도 한다(그림출처 : 매일경제).[5]

단백질 등을 통해 어떠한 변형이나 위험요소가 첨가되는지 신중하게 살펴야만 이 세포를 난치병 환자의 몸속에 넣을 수 있다. 그런데 안전성 평가를 위해서는 제대로 만든 '기준점'이 될 만능세포가 필요한데, 그게 바로 황우석팀이 연구하던 '체세포 핵이식 배아줄기세포'라는 것이다. 누군가 이 세포를 만들어줘야만 요즘 한창 떠오르고 있는 역분화 방식 만능세포도 비로소 난치병 치유를 향해 나아갈 수 있다.

생쥐의 체세포를 이용해 일본, 미국에 이어 세계 세 번째로 역분화 만능세포를 분화시켰다고 보고한 제주대 박세필 교수도 마찬가지 입장이다. '역분화 세포가 떠오르면서 황우석팀 연구의 중요성이 감소하느냐'는 질문에 대해 그는 분명히 '아니오'라고 말했다. 오히려 황우석식 연구의 중요성이 함께 부각된다는 것이다.

아니죠. 그렇지 않습니다. 원시세포, 그러니까 초기 배아로부터 발생과정을 탐색하는 연구에서 체세포 핵이식이나 배아줄기세포는 기본입니다. 역분화에 과연 어떤 영향을 미칠 것인가? 역분화 메커니즘을

규명함에 있어 기본이 되는 게 바로 배아줄기세포라는 것이죠.[6)]

[제주대 박세필 교수]

미국 대통령 선거가 한창이던 2008년 9월 16일, 배아줄기세포 연구를 규제해오던 부시 행정부의 정책을 비판하며 대국민 서한을 보낸 1975년 노벨상 수상자 데이비드 볼티모어 등 7명의 미국 줄기세포 리더급 과학자들은, 역분화 줄기세포(iPS)와 배아줄기세포와의 관계를 보다 명확히 정리했다.

인간배아줄기세포 연구와 유도만능세포(iPS) 연구는 상호 배타적인 관계가 아니라 상호 보충적이며 서로가 시너지 효과를 낼 수 있는 관계이다. 가장 중요한 것은 과거 인간배아줄기세포 연구성과가 없었다면, 지금의 iPS 연구성공이 있을 수 없다는 것이다. 비록 최초의 배아줄기세포와 최초의 iPS 세포가 모두 쥐에서 발견되었지만, 이들을 인간에게 적용시키기까지는 쥐와는 상당히 다른 성장유지 조건이 필요하다. 오로지 인간배아줄기세포에 대한 연구만이 iPS 세포를 인간에게 적용시키기 위해 필요한 조건을 확립시킬 수 있게 한다.[7)]

[미국 줄기세포 과학자들의 대국민 공개서한]

"국가는 모든 방향의 줄기세포 연구를 추구해야 한다"며 이 공개서한을 보낸 과학자들의 면면을 보면 가히 '미국 줄기세포 리더'라는 표현이 부끄럽지 않아 보인다. 데이비드 볼티모어는 1975년 노벨 의학상 수상자이다. 조지 데일리는 전임 국제줄기세포학회장으로 하버드 의대 교수이다. 로버드 클레인은 캘리포니아 주 재생의학 연구를 지원하는 캘리포니아 줄기세포 연구 및 치료 이니셔티브의 의장이다. 그 밖에도 세계 최초로 인간배아줄기세포주를 확립한 위스콘신 대학의 제임스 톰슨, 캘리포니아 재생의학 연구소장 앨런 트룬슨, 스탠포드 줄기세포 연구소장 어빙 와이즈먼 등이 있다. 이들은 부시 행정부가 배아줄기세포 연구를 안 해도 되는 이유로 꼽았던 '성체 줄기세포 연구'에 대해 딱 잘라서 이렇게 평가했다. '의심해봐야 할 전설'이라고.

5~6년 전 극소수 연구실에서는 성체조직 줄기세포(예를 들어 혈액에서 형성된)를 단지 다른 조직에 이식시키는 것만으로도 심장이나 뇌 등 다른 종류의 조직이 만들어질 수 있다는 '교차분화(transdifferentiation)'를 주장했다. 그들은 이처럼 불완전한 연구성과를 바탕으로 배아줄기세포 연구를 정치적으로 종교적으로 그리고 윤리적으로 반대해왔다. 그런데 이들의 주장을 과학적으로 섬세하게 검증해보니 오류투성이였음이 밝혀졌다. 이미 다 자란 성체조직 줄기세포는 실험실 안에서 심각한 유전적 조작이 없이는 다른 종류의 조직으로 만들어질 수 없었다. 오로지 만능줄기세포만이 모든 유형의 세포로 분화될 수 있다. 그들이 주장해온 '교차분화'에 주목하는 연구는 이미 신개념 재생치료 분야 연구에서는 더 이상 주목하지 않는 분야가 되었다.[8] [미국 줄기세포 과학자들의 대국민 공개서한]

　　'이미 과학적 한계를 드러낸 성체줄기세포 연구를 모든 줄기세포의 대안으로 믿는 것은 종교적 혹은 정치적 신념일 뿐'이라는 것이 이들의 핵심 주장이다. 반면 배아줄기세포에 대해서는 콜럼비아 대학 크리스 헨더슨 교수와 마찬가지로 '황금표준'이라는 표현으로 그 중요성을 강조했다.

인간배아줄기세포는 만능세포의 원형(Prototype)이다. 난치병 치료를 향한 과학자들의 발견을 위해서는 기본적인 수단이 필요한데, 그것은 전분화능력(pluripotency; 인체의 모든 세포로 분화 발전될 수 있는 능력)을 평가할 수 있는 잣대가 될 '황금표준' 배아줄기세포가 필요하다는 것이다. 이러한 인간배아줄기세포의 역할은 이미 미국 학술원을 비롯한 전 세계 과학계로부터 인정받아왔다.[9]

[미국 줄기세포 과학자들의 대국민 공개서한]

이처럼 과학을 과학 그 자체로 봤을 때 배아줄기세포 연구와 여기서 더 나아간 체세포 핵이식 배아줄기세포 연구는 그 중요성을 아무리 강조해도 지나침이 없어 보인다. 요즘 한창 떠오르고 있는 역분화줄기세포(iPS)를 연구하는 과학자들조차 그 중요성을 인정하고 있다. 그럼에도 '세계는 이미 등을 돌리고 있다'라며 애써 그 의미를 폄하하는 전문가들, 그리고 그들의 가벼운 말을 그대로 옮겨쓰는 일부 언론들을 어떻게 평가해야 할까?

오바마 행정부와 세계 줄기세포 연구전쟁

국내 언론에는 비중있게 보도되지 않았지만, 지난 2008년 미국 대통령 선거전은 단순히 오바마와 맥케인의 흑백대결이 아니라 배아줄기세포의 규제를 둘러싼 과학자들의 한판 전쟁이었다. 미국의 줄기세포 과학계는 지난 대통령 선거기간 동안 한 목소리가 되어 배아줄기세포를 규제하는 정책에 맞서 싸웠다. 미국의 노벨상 수상자 60여 명은 배아줄기세포를 지원하는 오바마 후보를 지원하는 공개서한을 보내기도 했다.[10] 그들은 수많은 언론 인터뷰를 통해 '배아줄기세포를 연구해야 미국의 과학과 국익이 있음'을 강조했다.

그리고 그들의 입장을 지지하는 오바마 후보가 당선되자 유례없는 불경기 속에서도 미국은 물론 한국의 줄기세포 관련주까지 치솟았다. 미국의 경우 제론사와 관련 업계 주가가 오바마 당선 직후 하루에만 10% 넘게 올랐다.[11] 같은 날 한국에서도 줄기세포 및 바이오 관련주들이 모두 가격제한폭까지 올랐다. 모두 오바마 후보가 줄기세포 규제를 풀고 전폭 지원할 것이라는 기대감을 표명하고 있다. 오죽하면 오바마 당선 직후 로마 교황청에서 '배아줄기세포 연구를 반대한다'는 우려의 메시지를 오바마 측에게 보냈을까.[12]

그럼에도 오바마 측의 의지는 확고해 보인다. 대통령인수위원회를 이끌고 있는 존 포데스타는 방송 인터뷰를 통해 배아줄기세포를 규제하는 현재의 정책을 "의회 의결까지 기다릴 필요 없이 대통령 고유의 권한을 이용해서라도 뒤집겠다"라는 의지를 피력하기도 했다.[13] 배아줄기세포 규제를 없애고 전폭 지원하겠다는 의지표명이다. 지난 선거 과정에서 수없이 오바마 후보가 피력해온 중심정책이기도 하다.

그는 왜 부시가 꽁꽁 막아온 배아줄기세포 연구를 지원하겠다는 것일까? 답은 자명하다. 정치논리나 이데올로기, 종교논리로서가 아니라 과학 그 자체를 놓고 보니, 난치병 환자들의 호소와 줄기세포 연구 흐름을 조망해보니, 도무지 배아줄기세포 연구를 묶어놓고는 미국의 미래를 장담할 수 없더라는 것이다. 성체나 iPS만으로는 난치병 환자를 치유하는 재생의학의 시대를 열 수 없더라는 것이다.

나는 배아사용 없이도 다양한 방식으로 줄기세포를 만들 수 있기에 배아줄기세포가 결국 무의미할 것이라는 제안들이 있어왔음을 충분히 알고 있습니다. 그러나 여기에 동의하지 않습니다. 비록 혈액이나 골수에서 추출한 성체줄기세포가 몇몇 실환에 적용되고는 있지만, 그들은 배아줄기세포만큼 다목적으로 활용되지 못하며, 배아줄기세포를 대체할 수도 없습니다.[14] [오바마]

이처럼 후보 시절의 오바마 의원이 줄기세포에 대한 전문적 식견을 당당하게 피력할 수 있었던 배경에는 노벨의학상 수상자인 헤럴드 버머스와 같은 전문가들이 적극적으로 캠프에 들어가 정책자문 역할을 해준 것도 단단히 한몫했다. 버머스 박사는 전직 미국립보건원(NIH) 수장을 역임했고 현재 메모리얼 슬로언 케터링 암센터를 이끌고 있는 거물이다. 그런 그가 정치적 부담을 무릅쓰고 매우 정치적인 행보를 보인 것은 '더 이상 과학정책이 종교논리나 정치논리에 휘둘려서는 미국의 미래가 없다'는 위기의식이 크게 작용한 것으로 보인다.[15]

당시 오바마 후보를 공개지지한 미국의 60여 명 노벨상 수상자들은 "과학정책은 정치논리에 의해 왜곡되어서는 안 된다"라는 의미심장한 말을 했다. 미국 대선은 오바마의 승리로 끝났지만, 당시 미국의 노벨상 수상 과학자들이 남긴 서한은 오히려 우리나라 위정자들에게 더 많은 것을 시사하고 있다.

조지 W. 부시 행정부 시절, 정부지원 정체 혹은 축소로 인해 우리 미국의 과학관련 산업활동은 실질적으로 큰 데미지를 입었습니다. 정부의 과학정책 결정과정은 정치적 고려에 의해 왜곡되어 왔습니다. 그 결과 우리가 한때 과학세계에서 지녔던 미국의 우월성은 흔들렸고, 우리의 위치는 위협받아 왔습니다. (중략) 오바마 의원은 과학기술 분야에 대한 '대통령의 리더십과 정부투자'가 이 나라를 세계에서 가장 앞선 지도국가로 만들어가는 핵심요소라는 사실을 잘 이해하고 있습니다. 우리는 국민 여러분께서 11월 대선에서 그와 함께 해주시기를 희망합니다.[16] [미국 노벨상 수상자들의 공개서한]

과연 누가 세계의 흐름을 외면한 채 등 돌리고 있는가?

22

영국에선 혁신사례, 한국에선 범법사례

윤리에 구속된 연구의 미래도 위험하기는 마찬가지다. 아예 연구의 길을 봉쇄할 수도 있기 때문이다.[1]
_ 『한겨레21』 김수병 기자

아이를 간절히 바라고 또 바라는 불임부부가 병원을 찾았다. 그런데 만일 의사가 이런 이야기를 한다면 어떨까?

"부인에게서 얻은 소중한 난자는 물론 아기를 위해 쓰여지겠지만, 그중 일부 난자를 난치병 환자를 위한 줄기세포 연구에 기증해주신다면 감사의 뜻으로 시술료 일부를 감면해드릴 수 있습니다."

만일 부부가 이에 동의해 적법한 절차를 거쳐 난자를 기증하고 시술료를 감면받는다면, 같은 행동임에도 영국에서는 혁신사례가 되고 한국에서는 범법사례가 된다.

시술비의 반값 지원하며 줄기세포 연구 독려하는 영국

체외수정(IVF)[2], 일명 시험관아기를 얻기 위해 시술을 받는 여성이 자신의 난자 일부를 연구용으로 기증하고 시술비를 감면받는 시스템을 연구용 잔여 '난자공유(egg-sharing)' 시스템이라 한다. 이는 불임 시술 과정에서 불가피하게 버려질 운명에 처한 난자와 수정란의 현실에서 기인했다. 엄지공주나 싱글맘의 사례에서도 알 수 있듯이 시험관아기를 가지려는 여성들은 배란촉진제를 투여받는다. 이를 통해 정상 월경에 하나씩 배란하는 것보다 월등히 많은 숫자의 난자를 배란한다. 예를 들어 10개의 난자를 얻었다면 이게 모두 아기를 위해 쓰여지게 되는가? 그렇지 않다.

일단 난자는 정자와 달리 냉동과정에서 손상위험이 있기에 채취 즉시 실험접시에서 정자와 만나 수정란의 형태로 보관된다. 의사들은 그중에서 가장 건강해 보이는 수정란 두세 개만 선택하여 다시 여성의 몸 안에 이식시켜 임신이 되도록 한다. 만일 한꺼번에 많은 수정란이 임신되어 네 쌍둥이, 다섯 쌍둥이가 되면 미숙아나 건강치 못한 아기들이 태어날 가능성이 높기에 수정란 두세 개만 선택을 받게 되는 것이다.

그러면 나머지 수정란은? 다른 불임부부에게 증여하거나 줄기세포 연구에 기증하는데, 불행하게도 그 가능성은 희박하다. 당신이 불임부부라면 다른 부모가 최선의 선택을 하고 남은 수정란을 증여받아 유산의 고통을 감내할 수도 있는 불임시술을 받으려 하겠는가? 때문에 선택받지 못한 채 냉동보관된 수정란은 아기로 태어날 확률이 극히 미미해지는 5년이 지나면 자동 폐기될 운명에 처해진다.

이렇게 자동 폐기되기 전에 건강한 난자 상태에서 난치병 환자를 위한 줄기세포 연구에 사용하게끔 대안을 마련한 것이 바로 불임부부에게 시술비를 경감시켜주는 '난자공유' 방식이다.

영국에서는 시술비의 반값을 경감시켜주고 있다. 2008년 7월 3일자 BBC 온라인의 기사를 보자.

절반 가격의 체외수정(IVF), 성공적으로 판명.
불임시술을 받으며 자신의 난자를 줄기세포 연구에 공여한 여성들에게 체외수정 시술비의 절반을 제공하는 정책이 성공적인 반향을 불러일으키고 있다.[3] [BBC 온라인/영국]

이 정책은 영국 내에서 음성적인 난자 밀거래 없이도 과학자들이 줄기세포 연구에 전념할 수 있어 생명윤리와 자국의 과학연구를 모두 충족시킬 수 있는 혁신안이라는 평가를 받고 있다. 더구나 불임시술 환자의 입장에서는 시술비의 절반을 지원받아 굳이 거절할 이유가 없다. 때문에 영국 인공수정배아관리국(HFEA)으로부터 지난 2007년 9월 가장 먼저 라이센스를 받은 뉴캐슬 대학의 경우, 100명의 여성이 지원해 이 중 12명을 난자기증자로 선택하는 성공적인 반향 속에 연구를 진행하고 있다. 참고로 뉴캐슬 대학은 황우석팀의 기술조언을 받아 영국 최초로 체세포 핵이식 배반포 1개를 수립한 뒤 황우석팀 성과를 뛰어넘기 위해 엄청난 정부 지원을 받고 있다. 다음은 영국 줄기세포 학계의 대변인 격인 노스 이스트 잉글랜드 줄기세포 연구소 엘리슨 머독 교수의 말이다.

난자공유 시스템에 참여한 여성들의 선택이 의미하는 것은 중요한 연구가 진보할 수 있다는 것, 그리고 이런 성과들 자체가 다른 사람들의 삶을 독려할 것으로 희망한다는 것입니다.[4] [BBC/머독 교수]

반면 한국은 이러한 '난자공유'가 생명윤리법 위반 범법사례로 낙인찍힌 채 재판을 받고 있다.

제 돈 들여 시술비를 경감한 의사를 기소한 한국

영국보다 2년이나 앞서 '난자공유' 시스템을 실행한 한국의 의사가 있었다. 황우석팀에게 난자를 제공한 한나 산부인과 장상식 원장이었다. 그는 지난 2005년 국내에서 생명윤리법이 발효돼 난자윤리가 강화되자 이 시스템을 자기 병원에 적용시켜 황우석팀에게 540여 개의 난자를 제공했다. 3,800여만 원의 시술비를 자기 돈으로 환자들에게 경감시켜줬다. 이에 대해 황우석 박사는 감사의 뜻으로 의료용 호르몬제를 지원했다.[5]

그런데 줄기세포 논란이 일고 세상이 뒤집히자 한국 검찰은 이 두 사람을 생명윤리법 위반 혐의로 기소한 것이다. 당시 언론은 이들을 '파렴치한 범법자'로 보도했다.

황(우석) 박사는 지난 1월 이후 장상식 한나 산부인과 원장과 짜고 난자를 제공한 여성들에게 불임 시술비를 깎아주는 방법으로 경제적인 대가를 제공해 생명윤리법 위반 혐의도 추가됐다.[6] [서울신문]

한편 국가생명윤리위원회는 장상식 원장이 마치 가장 좋은 난자를 연구용으로 빼돌리며 산부인과 의사로서 본연의 역할을 다하지 못한 것처럼 조사보고서에 기술했다.

환자의 불임치료를 위해서 가장 좋은 난자를 사용해야 함에도, 의도적으로 성숙도가 높은 난자를 연구용으로 제공함으로써 불임치료를 담당하는 의사로서 최선의 진료 의무를 다하지 못한 것.[7]

[국가생명윤리심의위원회]

이것은 불임시술 전문의에 대한 일종의 인격살인이다. 왜냐하면 한나 산부인과는 체외수정 성공률 면에서 국내 톱 클래스 병원 중 하나로, 검찰 수사결과 한 건의 난자채취 부작용 사례도 없었기 때문이다. 다시 말해 불임전문의로서 본연의 임무를 충실히 해가는 한편 줄기세포 연구가 잘 될 수 있도록 보다 건강한 난자를 제공한 것인데, 이러한 의사의 충심이 제 3자에 의해 '무책임한 의사', '파렴치한 범법자'로 매도된 것이다.

한 가지 다행스러운 것은, 2008년 5월 27일 국무회의를 통과한 생명윤리법 일부 개정안에 난자제공자에 대한 교통비, 보상금 등 실비보상이 법적으로 허용된 것이다. 새 법령이 통과된 이상, 황우석 박사와 장상식 원장에 대한 검찰의 생명윤리 위반기소는 그 효력을 상당부분 잃게 되었다. 물론 재판결과는 그때 가야 알 수 있겠지만……

문제는 설령 무죄판결이 나온다 하더라도 이미 구겨질 대로 구겨진 의사의 명예와 자존심은 도대체 어디에서 되돌려받을 수 있느냐는 것이다. 아마 그들을 파렴치한으로 보도했던 언론들은 법원판결 내용에 별 관심이 없을 것이다. 그러나 국민과 역사는 분명히 기억할 것이다. 그 옛날, 오늘날의 영국이 벤치마킹할 정도로 앞서가던 난자공유 시스템을 고안해 티내지 않고 묵묵히 줄기세포 연구에 기여하고자 했던 '의사'가 있었다고. 그 의사의 이름은 '한나 산부인과 장상식'이었다고 말이다.

23

체세포 복제냐 처녀생식이냐

학술은 이 세상에 존재하는 것으로 수백 년이 지나면 반드시 변한다. 그것이 변하고자 할 때에 반드시
한두 사람의 선구자가 있어 그 단초를 열게 되면 수백 수천 사람이 이를 요란하게 비판한다. 그것이 이
미 변함에 있어서는 반드시 한두 사람이 성과를 모으게 되매 이에 수백 수천 사람들이 휩쓸려 이를 좇
게 된다." _ 추사 김정희

　체세포 복제냐 처녀생식이냐? 황우석팀 1번 줄기세포에 대한 진위
공방은 단순한 '자존심 싸움'이 아니다. 크게 세 가지 의미를 지니고
있다. 먼저 사법적 측면이다. 만일 1번 세포가 체세포 복제가 맞다면
황우석팀이 가장 먼저 만든 세포만은 '진짜'인 것이 된다. 이후 논문
작성 과정에서 〈PD수첩〉 제보자의 잘못된 정보제공으로 체세포 제
공자가 바뀌었고 다음 세포들은 미즈메디 배양 과정에서 조작된 것이
확인된 점을 감안하면, 황우석팀은 원천기술력을 지닌 것으로 '사기
죄'는 사실상 물 건너간다. 특허 측면에서는 '처녀생식이니까 실체
없다'라는 비판을 면할 수 있다.
　학술적 측면에서 인류가 2004년에 처음으로 만든 세포의 실체규명
은 사소한 일이 아니다. 한 마디로 1번 줄기세포의 실체가 무엇이냐

에 따라 한 과학자의 남은 여생과 한 연구팀이 걸어온 과학업적이 좌우되며, 한 나라의 원천기술 특허가 등록되느냐 거절되느냐의 기로에 서 있는 것이다. 그야말로 '죽기 아니면 까무러치기' 식의 마지막 승부가 바로 1번 줄기세포 논란이다.

그런데 문제는 이 논란을 이해하기가 결코 쉽지 않다는 데에 있다. 과학자들의 언어는 외국어보다 더 이해하기 어렵다는 말도 있지 않은가? 제 아무리 이 논란에 관심 많은 사람이라도 제1극체가 어쩌고 감수분열 중기 후기가 어쩌고 동형접합 이형접합에 메틸레이션 등의 전문용어들이 아무렇지도 않게 휙휙 날아다니는 글을 읽다보면, 읽어도 읽은 게 아니고 일부는 도중에 읽기를 포기하게 된다. 필자처럼 말이다.

때문에 많은 사람들이 "결과만 말해. 처녀생식이야 아니야?"라는 식으로 과정보다는 결론만 중시하게 된 것이다. 그리고 발표기관의 '권위'에 심하게 의존하게 된다. 한국 최고 학부라고 하는 서울대학교가 두 차례에 걸쳐 '처녀생식'으로 단정지었다. 카이스트 교수 역시 서울대의 '처녀생식'론을 거들었다. 이어서 미국의 하버드 의대 교수를 중심으로 한 국제 논문까지도 '처녀생식'임을 주장했다.[2] 이러니 대세는 '처녀생식'으로 기울 수밖에 없는 것이다.

그런데 법정공방을 다룬 영화에서 그러하듯이, 미국 드라마 CSI 과학수사대에서 그러하듯이 꼭 후반부에 이르러 '반전 카드'가 흘러나온다. 법정드라마는 어렵게 찾아낸 증인의 법정진술을 통해, 그리고 CSI에서는 그제서야 나온 과학적 검증결과를 통해 분위기가 일순간에 뒤바뀐다. 지난 2008년 12월, 크리스마스를 사흘 앞두고 열린 황우석 30차 공판에서도 그간의 대세를 뒤집는 '반전 카드'가 제시되었다.[3] 황우석팀은 1번 세포의 체세포 제공자를 설득하고 또 설득한 끝에 결국 그녀의 체세포를 제공받게 되었다고 한다. 이를 시료로 해 충북대 연구팀에 공식의뢰해 1번 줄기세포와의 다양한 특성검사를 해본 결과, 1번 세포는 처녀생식이 아닌 '체세포 복제 줄기세포'라는 과학적 검증결과가 나온 것이다. 이는 판사 앞에서 진실을 다짐하는 증인선서를 한 정의배 교수(충북대)에 의해 일부 확인되었다. 이를 그간의 대세였던 '처녀생식론'과 비교해 살펴보자.

첫 번째 실마리는 '각인검사'

예를 들어 한 마을에 처녀가 아기를 낳는 미스테리 사건이 발생했다고 하자. 처녀의 어머니는 딸이 남자 손 한 번 잡아본 적 없는데 어느 날 꿈자리가 뒤숭숭하더니 아기를 낳더라고 주장한다. 반면 동네 사람들은 남자가 들락거리는 걸 봤다고 숙덕거린다. 과학자들은 어떻게 검증할까? 당연히 아빠의 흔적을 찾아볼 것이다. 아빠의 흔적이 있으면 처녀생식이 아닐 테고, 아빠의 흔적이 없다면 말 그대로 성모 마리아께서 예수님을 낳으신 처녀생식이 될 것이다.

아빠의 흔적이 있는지 없는지 찾는 방법 가운데 가장 많이 쓰이는 검사법이 바로 '유전자 각인검사'라고 한다. 새끼 오리가 엄마 오리를 졸졸 따라다니고 갓난아이가 아빠 목소리에 반응하며 엄마 품에서 편안하게 잠들 듯 어린 동물이 자신에게 최초로 영향을 준 존재에 대해 관심 갖고 좇는 현상을 '각인(imprinting)'이라고 한다.[4] 그런데 수

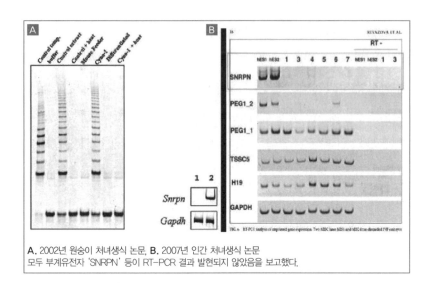

A. 2002년 원숭이 처녀생식 논문, B. 2007년 인간 처녀생식 논문
모두 부계유전자 'SNRPN' 등이 RT-PCR 결과 발현되지 않았음을 보고했다.

많은 유전자들의 세계에서도 유독 아빠 쪽으로만 발현하는 유전자(부계 유전자)가 있는가 하면 유독 엄마 쪽으로만 발현되는 유전자(모계 유전자)가 있다는 것이다. 이를 정확히 가려내기 위해 역전사효소를 이용, RNA를 DNA로 바꿔 무지막지하게 증폭시킨 뒤 유전자들의 발현여부를 관찰하는 방법이 RT-PCR(역전사효소중합연쇄반응검사)이다.[5] 과학자들은 이 방법을 통해 처녀생식 여부를 가려내왔다.

만일 RT-PCR을 해봤더니 아빠 쪽 유전자가 수도 없이 발현되었다면, 마치 처녀 혼자 사는 방에서 남자 발자국에 남자 속옷까지 나온 것처럼 '처녀생식'은 설득력이 약화될 것이다. 반면 아빠 쪽 유전자가 발현되지 않고 엄마 쪽 유전자들만 발현되었다면, '처녀생식'을 입증할 수 있는 강력한 증거물이 될 것이다. 적어도 영장류급 이상의 성과들, 예를 들어 지난 2002년 『사이언스』에 원숭이 처녀생식 줄기

황우석팀 1번 줄기세포에 대한 검증방법

검증기관	각인검사 유무	세부검사 내용
서울대 1차	미실행	DNA 프로필 검사
서울대 2차 (카이스트)	미실행	메틸레이션 검사
김기태 데일리	미실행	SNP 패턴 분석

서울대 1차는 2006년 1월 10일, 서울대 2차는 2006년 5월 1일, 김기태 등 논문은 2007년 게재.

세포를 보고한 미국의 호세 시벨리 박사나, 지난 2007년 인간처녀생식 줄기세포를 보고한 미국과 러시아 연구팀은 바로 이런 방식으로 자신들의 주장을 입증했다.[6] RT-PCR을 해보니 부계 유선사들, 특히 'SNRPN'이라는 대표적인 부계 유전자가 발현되지 않았음이 선명하게 관찰되어 처녀생식임을 증명했다는 것이다.

그렇다면 황우석팀 1번 줄기세포에 대한 과학검증에서도 '유전자 각인검사'는 두말할 나위도 없이 해봐야 할 기본검사로 포함되어야 할 것이다. 그런데 서울대도 카이스트도 그리고 하버드 의대 교수들조차도 '각인검사'를 하지 않았다. 그들은 각인검사 결과도 제출하지 않은 채 강도 높게 '처녀생식'을 단정지어왔던 것이다.

위의 표를 보자. 가장 최근에 논문으로 게재된 하버드 의대 김기태 · 조지 데일리 박사 등의 검증은 각인검사를 하지 않는 대신 'SNP 패턴분석'이라는 방법을 사용했다.[7] SNP(단일염기다형성)는 사람이나 동물의 DNA 염기서열에서 특정 염기의 변이를 관찰해 이를 토대로 개인의 유전적 특성, 특히 민족이나 인종 등 '조상찾기'에 활용되는 기법이다. 살인사건 현장 증거물의 주인이 '85%는 흑인이며 15%는 아메리카 인디언'이라고 하는 과학적 추정도 SNP 분석의 결과물이었고, 미국의 전설적 정치인인 토머스 제퍼슨이 실은 '흑인 노예와의 사이에서 자손을 낳았다'는 소문이 사실로 확인된 것도 SNP 분석의 성과물이었다.[8]

문제는 하버드 의대 교수들이 검증하려는 목적이 '1번 줄기세포 제공자의 조상찾기'가 아니라 '처녀생식' 여부였다는 데에 있다. RT-PCR 검사결과를 제시하면서 SNP 패턴그림을 제시했어야 하는 것 아닌가? 그래야 RT-PCR 기법을 이용해 영장류 급 이상의 처녀생식 여부를 판별해온 기존 연구와의 '비교 내지는 호환'이 가능해지는 것 아닌가? 그러나 그들은 '각인검사' 결과를 제시하지 않았다. 연구비가 부족하거나 시간이 없어서였을까? 논문을 보니 그들의 연구는 미국 국립보건원(NIH)의 연구기금으로 이뤄진 것이었다.[9] 미국 연방정부의 지원을 받아 이뤄진 황우석 줄기세포 검증에서 그들은 왜 우리나라 대학원생들도 석사 때 마스터한다는 RT-PCR 검사를 건너뛰고 바로 SNP로 간 것일까?

한편 하버드 김기태·데일리 박사의 논문이나 서울대와 카이스트의 2차 검증에서나 공통적으로 제시되는 논리가 있다. 바로 '각인검사 무용론'이다. 쥐 실험결과 처녀생식 줄기세포에서도 아빠 쪽 부계 유전자가 모계 유전자와 함께 발현된 사례가 보고되고 있기 때문에 단순히 '부계 유전자 뜨냐 안 뜨냐'는 것만 가지고는 처녀생식 여부를 단정지을 수 없다는 것이다. 특히 서울대 연구처는 부계 유전자의

Table 1. Summary of imprinted gene expression in human embryonic stem cells

	Parentally inherited expression	Timing of gene activation during development[a]	Imprint instability in hESCs[b]
Regulated by paternally inherited methylation			
H19	Maternal	Peri-implantation (h)	Variable
IGF2	Paternal	Pre-implantation (h)	Unstable
MEG3	Maternal	Pre-implantation (m)	Variable
Regulated by maternally inherited methylation			
SNRPN	Paternal	Pre-implantation (h)	Stable
IPW	Paternal	Pre-implantation (h)	Stable
SLC22A18	Maternal	N.D.	Unstable
MAGEL2	Paternal	N.D.	Stable
KCNQ1OT1	Paternal	Pre-implantation (m)	Stable
KCNQ1	Maternal	Post-implantation (h)	Stable
PEG3	Paternal	Peri-implantation (m)	Stable
MEST	Paternal	Pre-implantation (h)	Unstable
NESP55	Maternal	N.D.	Variable
PEG10	Paternal	N.D.	Stable

케임브리지 로저 페더슨의 논문에 실린 '인간 배아줄기세포주 각인유전자 발현'

대표격인 'SNRPN'도 쥐의 경우를 보면 각인현상이 '불완전'한 것이라고 설명했다.[10] 이러한 서울대의 해석에 따르자면 앞서 'SNRPN'을 앞세워 처녀생식을 주장한 미국의 호세 시벨리와 미—러 과학자들도 다시 검증해봐야 할 것이다. 과연 그럴까?

지난 2007년 영국 케임브리지 의대 로저 페더슨 박사 등은 국제줄기세포 학계에 보고된 46개 인간 배아줄기세포주에 대한 각인유전자 발현 관련사항을 광범위하게 수집·정리한 '리뷰논문'을 발표했다.[11] 이에 따르면 인간 배아줄기세포주에서 거듭되는 반복에도 불구하고 매우 안정적으로 발현되는 각인유전자들로 SNRPN, IPW, KCNQ1OT1 등을 꼽았다. 서울대가 믿기 힘들다고 설명한 'SNRPN'을 '안정적(stable)'이라고 설명한 것이다. 반면 변이가 심하고 불안정하게 발현되는 유전자로 H19, IGF2, MEG3 등을 들었다. 이 중 'IGF2'는 서울대와 카이스트가 2차 검증에 사용한 마커유전자였다.[12]

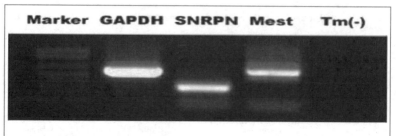

GAPDH: 573bp
SNRPN: 380bp
Mest: 600bp
Tm(-): negative control

1번 줄기세포 각인검사 결과.

다시 말해 서울대는 인간의 경우 안정적으로 각인·발현된다고 보고되는 'SNRPN'을 쥐의 사례를 들며 불완전한 것으로 설명했고, 반면 인간에 불안정한 것으로 보고되는 'IGF2'를 자신들의 마커로 사용, 황우석 1번 세포가 처녀생식이 맞다고 다시 한번 발표한 것이다. 쥐에 대한 데이터를 들어 인간에 대한 데이터를 못 믿겠다고 한다면 쥐가 인간보다 상위개념이라는 말인가?

한편 논란 초기였던 2006년 3월, 황우석팀은 1번 세포에 대한 각인검사 결과를 공개했고, 이는 일부 언론에 보도됐다.[13] 위의 검사결과를 보면 부계 유전자인 'SNRPN'이 선명하게 발현되고 있음을 알 수 있다. 이를 토대로 처녀생식 권위자인 서울대 의대 서정선 교수조차 언론에서 체세포 복제 가능성을 언급했고, 서울대 소장파 교수들은

'공동 재검증'을 공개적으로 제안하기도 했다.[14] 그러나 서울대 연구처는 공동검증 요구를 거부했다. 대신 카이스트 정재훈 교수 등에게 의뢰한 '각인검사 없는 메틸레이션 검사' 결과를 발표하며 각인검사 무용론과 쥐의 연구결과, 황우석 실험의 대조군 사용의 문제점 등을 들었다.[15]

그러나 이는 첫째, 황우석 실험의 대조군 설정의 문제를 거론하면서 정작 자신들의 실험에서는 어떠한 대조군도 사용하지 않았다는 점, 둘째, 각인검사를 먼저 한 뒤 이를 보완하는 차원에서 메틸레이션 검사(각인흔검사)를 하는 것이 일반적인데 각인검사를 시행하지 않았다는 점, 셋째, 카이스트 정재훈 교수 자신이 서울대보다 먼저 검증을 의뢰했던 KBS 〈추적60분〉의 문형렬 PD에게는 '줄기세포 배양난계가 최소 20~30 계대인 시료를 확보해야만 의미가 있다'며 검증을 거절했으면서 그 뒤 이뤄진 서울대의 검증 제의에 대해서는 자신의 말을 뒤집어 '20~30 계대가 훨씬 넘는 미즈메디 출처 줄기세포 시료'를 갖고 처녀생식을 발표했다는 점[16] 등 알면 알수록 말도 많고 탈도 많은 논란에 휩싸였다.

그런데 그로부터 2년이 지난 후 법정에서 충북대 정의배 교수는 자신들의 최근 검증결과에 대해 이렇게 증언했다.[17]

변호사 : 증인이 시행한 검사에서는 부계 각인 유전자로 알려진 SNRPN, PG3, PG10, MEST 등을 검사하였는데, 모두 발현되고 있죠.
정의배 : 네, 발현되고 있습니다.

정의배 교수는 앞서 서울대가 각인검사 결과를 불신하는 근거로 제시하기도 했던 '정성-정량적 검증의 부재'를 보완하기 위해 자신들은 RT-PCR 검사뿐 아니라 각인유전자의 정량적이고 정성적인 발현상태를 볼 수 있는 '리얼타임 PCR' 검사를 추가로 시행했는데 이 결과에서도 마찬가지로 아빠 쪽 유전자(부계 유전자)가 발현되고 있음을 확인했다고 말했다.

변호사 : 증인이 시행한 리얼타임 PCR 검사에서도 위 부계 각인 유전
　　　　자들이 모두 발현이 되고 있죠.
정의배 : 네, 그렇습니다.

그런데 이게 전부가 아니었다. 그날 법정 증언의 주인공은 바로 '대조군 확보실험'이었다.

두 번째 실마리는 '체세포 제공자와의 대조'

상식적으로 생각해보자. 만일 1번 줄기세포가 '체세포 복제'라면, 그 말은 체세포를 제공한 여성의 '체세포'와 이를 핵이식시켜 만들어낸 '복제줄기세포'가 똑같아야 한다는 말이다. 생긴 모양이나 앞서 나온 이런 저런 검사결과 역시 체세포를 대조군으로 설정해서 비교해보면 똑같이 나와야 한다. 똑같이 나오면 복제된 줄기세포이고, 똑같지 않고 다른 면이 많으면 처녀생식의 가능성이 많아진다는 말이다.[18] 그렇다면 모든 실험의 신뢰도를 높이기 위해 반드시 설정하는 '대조

군'에 있어 1번 줄기세포의 체세포 제공자의 '체세포'는 약방의 감초처럼 빠질래야 빠질 수 없는 실험의 기본 요소일 것이다.

한데 DNA 프로필 검사내용을 언급한 서울대 1차 발표를 제외하고는 서울대 2차 발표에서도, 하버드 의대 교수들의 국제 논문에서도 체세포 제공자의 '체세포'는 대조군으로 쓰이지 않았다. 서울대 2차 발표에서는 아예 어떠한 대조군조차 쓰여지지 않았고, 하버드 김기태 · 데일리 박사는 '쥐'를 대조군으로 사용했다.

반면 충북대 정의배 교수는 법정증언을 통해 자신들이 황우석팀으로부터 1번 세포 체세포 제공자의 체세포 시료를 넘겨받아 이를 대조군으로 설정, 1번 줄기세포에 대한 다양한 검사결과와 비교해봤다고 진술했다. 결과는 모두 일치했다.[10] 세세포 복세가 맞나는 것이나.

특히 서울대-카이스트가 2차 검증에서 사용한 '메틸레이션' 검사결과, 정의배 교수팀 또한 서울대-카이스트와 똑같은 결과를 얻었다고 하는 부분이 압권이었다. 체세포 제공자를 대조군으로 설정하지 않은 상태로 줄기세포의 '메틸레이션' 패턴만 놓고 보면 처녀생식으로 볼 수 있는 요소들이 분명히 나오지만, 이를 체세포 제공자의 '체세포'와 함께 놓고 봤더니 체세포와 줄기세포는 '메틸레이션' 패턴이 정확하게 일치하더라는 것이다. 왜 실험설계의 기본은 '대조군 설정'이라고 하는지 새삼 절감하는 순간이었다.

한편 정의배 교수는 검사와 재판장의 질문에 대한 답변을 통해 하버드 김기태 · 데일리 박사가 했던 SNP 패턴분석까지 검증해본 후 서울대 1차 발표에서 제기된 DNA 프로필의 변이현상까지 설명하는 국제 논문을 게재할 것이라고 진술했다.[20]

법정증언 : 체세포=1번세포

RT-PCE 일치	메틸레이션 일치	리얼타임 PCR 일치

출처 : 충북대 정의배 교수, 제 30차 공판(2008.12.22)

검　사 : 증인의 실험결과는 논문으로 작성되었습니까?

정의배 : 논문으로 작성하려고 데이터를 코칭하고 있습니다.

판　사 : 언제쯤 논문으로 발표될 것으로 봅니까?

정의배 : 하버드처럼 쇼트 페이퍼(약식논문) 정도 되면 금방 쉽게 발표
　　　　할 수 있지만, 그보다 종합적인 데이터를 크로싱하기 때문에
　　　　한 1년 정도로 잡고 있습니다.

　1번 줄기세포의 정체는 무엇인가? 2009년 새해 벽두부터 이에 대
한 과학적 검증을 중심으로 여러 가지 일들이 얽히고설킨 채 숨가쁘
게 펼쳐지고 있다. 우선 호주 특허청에 보낼 답변 내용을 놓고 서울대
와 황우석 박사 측과의 물밑 공방이 뜨겁다. 특허 문제의 핵심은 1번
줄기세포이다. 일설에 따르면 호주 특허청에서는 '서울대는 처녀생식
이라고 해놓고 왜 체세포 복제로 특허받으려 하느냐?'는 질문을 보
내왔다고 한다. 당연히 서울대로서는 이러지도 저러지도 못하는 처지
가 된 것이다. 이후 서울대는 결국 황우석 박사에게 특허권을 넘기고
말았다.

　법정공방도 1번 줄기세포의 진위논란을 중심으로 진행되고 있다.
이 와중에 황우석 박사를 조사했던 핵심 당사자가 서울대 조사위원회

발표의 문제점을 시인하기도 했다.

정명희 교수, 당시 서울대 조사발표의 문제점 인정

2009년 2월 2일에 열린 황우석 박사 관련 제32차 공판. 이날 관심의 초점은 단연 정명희 전 서울대 조사위원장이었다. 그는 세 번이나 법정 출석을 미뤄오던 끝에 법원의 강제구인 명령을 받고는 이날 증인으로 출석했다. 그에게 황우석 박사 측 변호인단은 한 편의 영상을 틀어줬다. 바로 지난 2006년 1번 줄기세포의 처녀생식 여부를 놓고 취재를 벌이던 KBS 〈추적60분〉 문형열 PD와의 인터뷰 장면이었다.

현재 KBS 측의 조치로 인해 일반인들은 이 영상을 볼 수가 없다. 그러나 법정에서 증거자료로 제출된 이 영상에는 "처녀생식인지 아닌지 사실 우리도 잘 몰라"라고 털어놓던 정명희 당시 조사위원장의 충격적인 고백이 담겨 있었다.

사실 '처녀생식일 가능성이 있다'라고 하는 것을 (서울대) 조사위원회가 그렇게 크게 (문제)삼지 말았어야 되는 거야. 사실은 잘 모르겠다. 이 정체를 잘 몰라. 정말 정체를 잘 몰라. '우린 모르겠다'라고 했으면 제일 나았을지도 몰라. [〈추적60분〉 인터뷰/정명희 교수]

법정에서 공개된 〈추적60분〉 영상은 서울대 조사위원회가 자신들의 최대 과학업적이 '처녀생식'임을 규명한 것이라고 발표한 후 2개월 뒤인 2006년 3월에 녹화된 것이었다. 이 영상을 본 뒤 정명희 교수는 "저렇게 말한 게 맞겠죠"라는 말로 사실상 자신의 발언내용을 인정했다. 그뿐 아니다. 처녀생식과 원천기술에 대한 서울대의 평가가 단정을 내릴 수준이 안 되었음에도 단정적인 발표를 함으로써 이 논란을 더욱 확대시킨 측면이 있지 않느냐는 재판부의 질문에 대해, 정명희 교수는 "그렇게 단정 짓고 싶지 않았는데 발표 당일 흥분해서 그랬다"는 답변으로 사실상 잘못을 인정하는 발언을 했다.

판　사 : 서울대 조사위원회가 발표할 때 그냥 '의심이 간다'는 정도
　　　　가 아니라 단정적으로 말함으로써 일이 확대된 측면이 있는
　　　　것 같은데요?
정명희 : 예, 저희가 (당초에는) 가능성만 제기하자고 다짐을 했습니
　　　　다. 그런데 (발표) 순간 흥분해서 그런지 단정적으로 이야기
　　　　한 것은 맞습니다. (그 부분은) 잘못했다고 인정합니다.

[제 32차 공판]

　　한편 이날 또 다른 증인으로 출석한 뉴욕대 의대 연구원 출신 박연춘 박사는 1번 줄기세포에 대한 SNP 구조분석까지 시행해본 결과 '처녀생식'이 아닌 '체세포 복제' 줄기세포가 맞으며, 6개월 내에 국제공동검증 논문으로 제출할 것임을 거듭 밝히기도 했다. 그녀는 모국의 원천기술이 사장되는 것이 너무 안타까워 1번 줄기세포의 재검증을 위해 뉴욕대 연구원직을 사임하고 2008년 10월 2살짜리 아기를 데리고 한국의 수암연구원을 찾아 검증작업을 벌였다고 증언했다.

과학을 과학으로 검증할 때 '모두가 승자'

1번 줄기세포를 둘러싼 복잡한 진실게임. 그러나 그중 가장 핵심은 '국제공동검증'과 '연구재개'이다. 이번 기회에 서울대와 카이스트, 하버드 과학자들과 황우석 박사팀이 모두 한데 모여 공동검증을 했으면 한다. 공동의 실험설계를 하고 나오는 결과에 무조건 승복하며 공동으로 논문을 내는 것이다. 그렇게 된다면 결과가 어떻게 나오든 모두가 승자일 수밖에 없는 게임이 된다.

과학자가 다른 과학자가 제시한 결과에 무릎을 꿇는 게 아니라 자신이 다시 실험한 결과를 깨끗이 인정하는 셈이 되는 것 아닌가? 이것이야말로 과학을 과학으로 검증하는 과학적 방식이 될 것이다. 반면 공동검증을 끝내 회피한 채 힘의 논리에 기내려 한나넌 바로 그 사람들이 역사의 패자로 기록될 것이다.

이 복잡한 과학 논란에서 모두가 승자로 기록되면서 종지부를 찍는 방법. 이미 국민들은 그 답을 명쾌하게 제시해놓고 있다. 바로 황우석 팀이 연구를 통해 자신을 입증하는 것이다. 반대편은 이를 검증하고 언론은 이를 또 검증하라. 그러면 모두가 승자가 될 것이다. 그러나 지금처럼 연구기회도 주지 않은 채 손가락질만 한다면 역사는 그들을 '패자'로 기록할 것이다.

특 허 전 쟁 의   실 체

특허란 특허는 있는 대로 집어삼키고 툭하면 소송 걸어 피를
말리는 미국의 '특허괴물(patent troll)'이 마침내 모습을 드러내
돌진해온다. 그러나 대한민국 기술을 보호해야 할 공권력은 팔
짱만 낀 채 방관한다. 언론은 진실을 외면한다. 그 순간 초라한
행색의 한국 과학자들은 묵묵히 활을 집어든다. 활 끝은 '특허
괴물'의 급소를 겨냥하고 있었다.[0]

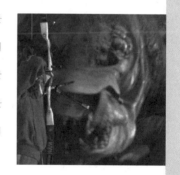

03
PART

24

원천특허를 말한다

한국산 '터치폰'이 세계 휴대폰 시장을 휩쓸며 트렌드를 주도하고 있지만 정작 핵심기술은 모두 외국산으로 이뤄져 있어 핵심기술에 대한 투자가 시급하다는 지적이다. 업계에 따르면 최근 인기를 끌고 있는 풀터치폰의 핵심기술 대부분이 외산으로 확인됐다.[1]
_ 『아이뉴스24』 명진규 기자

　　휴대폰을 쓸 때마다 원천특허의 소중함을 피부로 느낀다. 우리나라 휴대폰 업체들은 모두 세계 최고 수준의 기술력을 갖고 있다. 문자메시지는 기본이고, 카메라폰, mp3폰 등 별별 휴대폰이 다 나왔다. 그럼에도 불구하고 우리 기업은 휴대폰을 한 대 팔 때마다 미국의 '퀄컴'이라는 회사의 계좌로 내수용은 5.25%, 수출용은 5.75% 가량의 로열티를 반드시 입금시켜야 한다. 그 이유는 미국 '퀄컴'이 CDMA 방식 휴대폰의 원천특허를 갖고 있기 때문이다. 휴대폰에 카메라를 붙이든 mp3 기능을 붙이든 간에 어쨌든 CDMA 방식으로 통화를 해야 한다면 도저히 그들의 특허를 피해갈 수 없다. 결코 배제할 수 없는 기술사상이나 원리, 사람들은 그것을 '원천특허'라고 부른다.

　　물론 휴대폰에 카메라 등 다양한 추가기능을 붙이는 기술도 특허가치는 있다. 하지만 이는 원천특허와 구분되는 '개량특허'라고 불린다. 개량특허 또한 대단한 기술임에 틀림없지만, 만일 원천특허권을 가진 자가 개량특허를 가진 자에게 '로열티 내라'고 한다면 꼼짝없이 내야만 한다. 배제할 수 없는 불가피성. 다시 말해 개량기술인 카메라가 없어도 휴대폰은 휴대폰이지만 원천기술[2]이 없으면 결코 휴대폰이 될 수 없기에 꼼짝없이 로열티를 내야 하는 것이다. 이게 바로 원천특허의 힘이다.

황우석 연구팀의 체세포 핵이식 기술 분야에도 퀄컴특허 같은 원천특허가 있다. 복제양 돌리를 만든 포유동물의 체세포 기술, 일명 '돌리특허'가 그것이다. 희한하게도 돌리는 영국 과학자의 손에 의해 영국 기업 특허로 등록됐는데, 그 특허는 어느새 미국 기업에게 사실상 넘어가 있다. 미국의 줄기세포 기업 제론사 등이 조인트 벤처로 만든 '스타트라이센싱(Start Licensing)'이라는 기업인데 '돌리특허' 지분의 50.1%를 갖고 있다.

그런데 신기한 것은 돌리는 '양'이었지만 그를 만든 특허는 '양' 뿐 아니라 '개'나 '고양이' 등 포유동물 전반에 대한 상업화 복제를 포괄하고 있다는 것이다. 체세포 핵이식 기술을 사용해 포유동물을 복제하는 한 그 누구도 돌리특허를 피해갈 수 없다. 원천특허인 것이다.

동물복제 원천특허(일명 돌리특허)는 정보통신 분야에서의 퀄컴특허에 해당하는 정도의 가치가 있다는 것이 전문가들의 설명이다. 황(우석) 박사팀은 이번에 미시 복제를 의뢰한 바이오아트사에서 돌리특허의 소유권자인 스타트라이센싱으로부터 개와 고양이 및 멸종위기 동물 복제에 대한 전용실시권을 양도받음으로써 복제기술 특허권에 의한 분쟁은 없을 것으로 보고 있다.[3] [연합뉴스]

　　개복제에서 세계 최고의 성과를 내고 있어 '돌리아빠' 윌머트도 놀란다는 황우석팀이지만, 이미 미국 기업이 원천특허를 선점하고 있기에 꼼짝없이 '돌리특허'를 손에 쥐고 있는 미국 기업으로부터 전용실시권을 얻어야만 마음 놓고 상업화 연구를 할 수 있는 현실이다. 이래서 특허가 무섭다는 것이다. 피도 눈물도 없는 게 '국제사회 특허질서'라고 한다.

　　그런데 이런 상황에서 서울대와 서울대로부터 스너피의 전용실시권을 사들인 알앤엘바이오라는 국내 기업이 개복제 상업화를 추진하면서 '돌리특허'와의 한판 대결을 장담하기도 했다.[4] 상당히 의외로 받아들여지면서도 한편으로는 걱정도 되었다. 미국 기업은 '돌리특허는 원천특허, 스너피특허는 개량특허'임을 주장하며 엄청난 규모의 특허전문가들을 대동해 밀고 들어올 것이 뻔하다. 그 과정에서 장기간의 소송기간은 물론 눈덩이처럼 불어갈 비용도 만만치 않을 텐데, 과연 서울대와 한국 기업이 뭘 믿고 감당할 수 있을지……. 그리고 그렇게 특허에 대한 애착이 강한 서울대가 왜 예전 섀튼과의 줄기세포 특허 논란에서는 그렇게도 점잖고 소극적이었는지……. 혹시나 '돌리가 우리 스너피특허 잡아먹는다'라며 국민들 애국심에 호소하려는 것인지……. 특허법정에서는 애국심이 통하지 않을 텐데 그건 또 어떻게 감당할 것인지……. 그리고 2008년 10월, 정말로 미국 기

업은 국내 바이오벤처를 상대로 돌리특허 침해 특허소송을 걸어왔다.[5]

그런데 특허에 대한 이야기를 써내려가면서 가장 가슴이 떨리는 부분은 다른 곳에 있다. 하늘 무서운 줄 모르는 '돌리특허'도 힘을 미치지 못하는 분야가 있다는 것이다. 엄청난 돈이 되는 것은 물론이다. 바로 체세포 핵이식 기술을 '인간줄기세포' 수립에 적용시킨 기술이다. 돌리특허도 힘을 미치지 못한다. 왜냐하면 그때나 지금이나 인간복제는 안 되는 것이기에 돌리특허는 '인간'을 제외하고 등록시켰으니까.

어떻게 보면 무주공산이었던 인간줄기세포 분야에서 세계에서 가장 먼저 퀄컴특허나 돌리특허에 필적할 만한 원천특허의 개념과 원리를 진입시킨 나라가 어느 나라인지 알고 있는가? 바로 대한민국이다. 전 세계 과학자들이 체세포 핵이식으로는 8세포기를 넘을 수 없다며 특허는 꿈도 꾸지 못할 때, 8세포기를 넘어 배반포기를 넘어 줄기세포로 가는 전체 과정을 가장 먼저, 가장 앞선 기술로 특허 진입시킨 것이 바로 대한민국 황우석 박사팀이다.[6] 미국의 섀튼 교수가 대놓고 도용하려했던 그 줄기세포 특허기술 말이다.

25

황우석 줄기세포 연구의 경제가치

줄기세포 상용화가 성공적으로 이뤄질 경우, 그 경제적 파급효과는 직접적 대체효과 외에도 신규시장 창출효과 및 1, 2차적 파급효과 등을 감안한다면 상상을 초월할 전망이다.[1]
_ 과학기술정책연구원

황우석팀 줄기세포 연구의 경제가치는 어느 정도일까? 2005년 당시만 해도 언론은 이렇게 전망했다.

"황 교수 줄기세포 연구 경제가치 2015년 최대 33조"
비록 최근 생명윤리 논란에 휩싸여 있지만 황 교수를 비롯한 국내 생명공학계의 줄기세포 연구가 지속된다면, 2015년쯤에 우리나라는 최대 33조 원의 국부를 창출해낼 것으로 전망됐다.[2] [세계일보]

이를 근거로 지금도 어떤 사람은 연간 33조 원의 경제가치를 갖고 있다고 말한다. 어떤 사람은 330조 원이라고도 한다. 반면 어떤 사람은 33원이라고 한다. 과연 누구 말이 맞을까?

33조 원이든 33원이든 간에 황우석팀 연구의 경제가치를 바라보는 시각에는 일정한 오해가 있다. 그들의 연구성과를 마치 자동차나 휴대폰을 만드는 제조업의 잣대로 바라보는 것이다. 이것은 오해이다. 그들의 연구는 자동차나 휴대폰 같은 공산품을 만드는 것이 아니라 가장 중요한 인간의 생명을 다룬다. 그리고 대량생산이 가능한 제조업이 아니라 세포를 이용해 환자 하나하나의 상처를 근본적으로 복구하는 새로운 의학치료 '패러다임'이다. 즉, 의료서비스업 그 자체라는 것이다.

제조업이 아닌 의료서비스업의 관점에서 접근해야 함. 줄기세포 연구는 약을 개발하듯이 대량생산이 가능한 제품 개발을 목표로 하는 것이 아니고 일종의 새로운 치료법의 개발을 목표로 하는 것이므로 제조업이 아닌 의료서비스업의 관점에서 접근해야 함.[3)]

[과학기술정책연구원]

제조업이 아닌 의료서비스업? 여기에는 무서운 차이가 숨어 있다. 이를 조목조목 따져보기 전에 먼저 우리 주변 애달픈 삶의 이야기 몇 토막을 들춰보자.

줄기세포 치료 위해 중국으로 떠난 영국의 난치병 소녀

2005년 말 서울대에서 세계 줄기세포 허브가 만들어졌을 때 전국 각지에서 몰려온 난치병 환자들의 애달픈 사연들을 기억하는가? 바로 지금도 전 세계 난치병 환자들과 그 가족들은 삶의 희망을 찾기 위해 멀리 중국으로까지 줄기세포 치료를 받으러 가는 '치료여행'을 떠나고 있다. 그중 한 사례가 쇼니아(Shonia)의 가족이다.

뇌성마비를 앓고 있는 여덟 살 영국 소녀 쇼니아는 말을 할 수도 없고 앉을 수도 걸을 수도 없다. 그런 그녀와 가족들이 줄기세포 치료를 받기 위해 중국 베이징의 톈탄푸화(Tiantan Puhua) 병원을 찾았다. 그의 부모는 바로 이 병원에서 줄기세포 치료를 받은 멕시코 소녀가 시력을 회복했다는 말을 들었다. 또 다른 미국 여성으로부터 자신의 아이가 회복되었다는 말을 듣는 순간 쇼니아의 어머니는 국제전화를 통해 미국 여성과 함께 눈물을 펑펑 쏟았다고 한다. 그리고는 결정을 내렸다. 중국으로 가기로. 그녀의 집은 넉넉지 않았다. 그러나 지역 독지가의 후원을 받아 결국 딸의 줄기세포 치료에 필요한 치료비(2개월에 18,000파운드)를 마련하고 중국행 비행기에 올랐다. [4]

선천적인 근위축증으로 병원으로부터 열여덟 살을 넘기기 힘들다는 판정을 받은 여덟 살 영국 소년 스펜서의 어머니는 이탈리아로 가 줄기세포 치료를 받는 것이 꿈이다. 이탈리아 밀라노의 한 병원은 아직 사람에게 줄기세포 치료를 할 단계가 아니라고 밝히고 있지만, 스펜서의 어머니는 언젠가 이탈리아로 가서 치료를 받을 수 있도록 치료비를 마련하기 위해 오늘도 인터넷 홈페이지를 통해 눈물겨운 모금 활동을 벌이고 있다. [5]

폐기능에 심각한 손상을 입었던 30대 스페인 여성 클라우디아 카스티요는 자신의 골수 줄기세포를 배양시켜 만든 '맞춤형 장기'를 면역 거부반응 없이 이식받아 웃음을 되찾았다. 수술에 참가한 영국 브리스톨 대학의 마틴 비어첼 교수는 "20년 후에 가장 흔해질 수술은 바로 연구실에서 환자의 줄기세포로 배양한 장기를 손상된 장기로 대체하는 재생의학 수술이 될 것"이라는 말을 남겼다.[6]

이처럼 현대의학의 벽을 뛰어넘는 '재생치료'의 시대는 우리 눈앞에 점점 더 가까이 다가오고 있다. 만일 우리가 줄기세포의 원천기술을 확보할 수 있다면, 이것은 경제적인 면에서 무엇을 뜻하는 것일까? 이제 본격적으로 황우석 줄기세포 연구와 제조업과의 차이점을 하나하나 따져보자.

『사이언스』 전 세계 25억 명이 줄기세포 치료대상

제조업은 가장 먼저 불경기를 탄다. 제아무리 최고의 자동차를 만들어도 요즘 같은 불황기를 만나면 어쩔 수 없이 움추러들 수밖에 없다. 심하면 공장이 멈추고 구조조정까지 이어진다. 하지만 의료서비스는 다르다. 차를 팔고 집을 파는 한이 있어도 병마와 싸우는 가족의 치료비는 생명이 끊어지지 않는 한 어떻게든 유지할 수밖에 없다.

하지만 '긴 병 앞에 효자 없다'는 말은 빈말이 아니다. 끝 모를 난치병이 주는 경제적 부담은 갈수록 평균수명이 늘어나는 고령화 시대를 맞아 어마어마한 사회적 부담이다. 이런 상황에 자기 세포의 힘을

『사이언스』 추정 줄기세포 잠재적 치료 대상자수(출처 : 과학기술정책연구원)

(단위 : 백만 명)

질병	미국인	전 세계
심장혈관질환	58	1,160
자가면역질환	30	600
당뇨병	16	320
골다공증	10	200
암	8.2	164
알츠하이머병	4	80
파킨슨병	1.5	30
중화상	0.3	6
척수손상	0.25	5
선천성기형	0.15	3
합계	128.4	2,560

빌어 면역 거부반응 없이 상처난 부위를 근본적으로 복구할 수 있다면, 한발 더 나아가 손상된 장기까지 대체할 수 있는 시대가 온다면, 그런 치료서비스의 혜택을 누가 마다할까? 지난 2000년 『사이언스』는 줄기세포를 이용한 재생 치료법이 실용화되면 미국에서만 약 1억 3천만 명, 세계적으로 25억 6천만여 명의 난치병 환자가 치료 대상이 될 것으로 예상했다.[7]

2003년말 현재 치매나 뇌졸중 등 뇌질환으로 요양이나 보호를 받아야 하는 우리나라 65세 이상 노인은 무려 62만 명에 달하고, 여기에 소요되는 치료비 등 관리비용만 연간 3조 4천억 원 수준에 이른

우리나라 줄기세포의 신규시장 창출규모 전망(출처 : 과학기술정책연구원)

(단위: 조원*, %)

시나리오 유형	직접적 세계 대체시장 규모	배아줄기세포 시장 비중	한국의 기술가치 비중	신규시장 창출규모
낙관적	324	60	17	33.0
중립적	194	60	17	19.8
보수적	65	60	17	6.6

*시장규모의 원화가치는 1달러당 1,000원의 환율을 적용하여 환산하였음.

다.[8] 앞으로가 더 큰 문제이다. 전 세계적인 고령화 추세와 더불어 세계보건기구(WHO)는 2025년경 알츠하이머 환자만 전 세계적으로 3,400만 명에 달하고, 당뇨환자는 2030년경 3억 6천 600만 명에 달할 것으로 예상했다.[9] 이처럼 막대한 숫자의 과거·현재·미래 난치병 환자와 그 가족들의 의료부담을 '근원적 복구'라는 희망으로 대체시킨 게 바로 황우석팀이 연구하는 환자맞춤형 줄기세포를 이용한 재생치료법이다. 2015년경 세계 의료시장의 약 5%만 세포치료법이 대체하더라도, 아직은 세계 톱이 아닌 우리나라 줄기세포 연구 수준을 감안하더라도, 약 6조 원에서 최대 33조 원의 국부가 만들어진다는 것이 당시 과학기술정책연구원의 전망치였다.[10]

이는 세계적인 시장분석전문지에서 내놓은 연평균 18.5%의 시장성장률 등 전체 줄기세포 시장 전망에 비추어봤을 때에도 결코 과도한 전망이 아니었다.[11]

특허가치가 곧 줄기세포 치료법의 가치

또 한 가지 제조업과의 차이점은 '원가계산방식'이다. 제조물의 가격은 원자재, 공장설비, 인건비 등의 원가가치를 산정해 결정된다. 그러나 의약품이나 세포치료법은 그렇지 않다. 약의 원료나 공장부지, 인건비를 감안해 약값이 결정되는 것이 아니라, 하나의 약이 만들어지기까지 그 안에 담겨진 정보의 가치가 곧 약의 가격이다. 환자 한 명 한 명을 치료하기까지 그 안에 담겨진 정보의 가치가 곧 세포치료법의 가치이다.

이를테면 환자의 세포를 떼어내 핵이식시키는 방법에 대한 정보, 이를 줄기세포로 배양시키는 정보, 특정세포로 분화시키는 정보, 임상시험을 통해 세포가 환자 몸속에서 어떻게 활동하고 환자 유형별로 어떻게 다른지에 대한 정보 등이다. 이처럼 수많은 정보 하나하나가 특허라는 '지적재산'으로 보호되고 그 가치가 평가되며, 궁극적으로 세포치료법에 대한 단가를 형성하는 것이다. 그래서 세포치료법은 물건을 찍어내는 제조업이 아니라 지식정보 산업이다.

약에 대한 정보를 사면 약은 공짜로 준다는 말도 있지 않는가? 줄기세포를 이용한 재생치료가 본격화되면 '줄기세포 특허만 사면 치료는 공짜로 해준다'는 말이 나올 법도 하다. 특허의 가치가 무엇보다 큰 분야가 바로 이 분야라는 것이다. 그래서 미국의 오바마도 매케인도 종교계의 반대를 무릅쓰고 배아줄기세포 지원을 약속했다. 지금 이 시각에도 줄기세포 특허획득을 위해 전 세계 과학자들이 자국 정부의 지원을 받으며 경쟁하고 있다.

불행하게도 아직 우리나라에서는 이 분야의 특허확보 수준이 선진국에 비해 '미미한' 수준이다.[12] 만일 이런 상태가 계속되어 재생치료의 주도권 역시 미국의 다국적 기업에게 고스란히 내어준다면 그 결과는 어떻게 될까? 그 피해는 우리나라 난치병 환자와 그 가족들에게 고스란히 전가될 것이다. 원천특허를 손에 쥔 다국적 제약업체들이 백혈병 치료제의 약값을 원가의 30배 넘게 책정하며 환자들의 피맺힌 절규를 자아내는 현실을 우리는 이미 경험하고 있지 않은가?[13]

'재생의료 단지'의 막대한 파급효과

또 다른 차이점은 '막대한 파급효과'에 있다. 일자리 창출을 위해 내기 시는 지역에 공장이 들어온다고 하면 왠지 써려시는 게 사실이다. 심하면 '결사반대' 현수막까지 내걸리게 된다. 그런데 일급병원이 들어온다고 하면 어떨까? 그날부터 주변 아파트 값이 들썩인다. 상권이 산다. 유동인구가 많아지는 관계로 서비스 일자리가 창출된다. 그래서 실제 수도권 지방자치단체장치고 일급병원 유치를 공약으로 내걸지 않은 사람이 없을 정도이다.

우리나라에서 줄기세포 재생치료가 상용화된다는 것은 제품을 찍어내는 공장 몇 개 세운다는 말이 아니다. 황우석 줄기세포를 갖고 실제로 난치병 환자를 고칠 수 있는 '초특급 병원'이 우리나라 곳곳에 생겨난다는 것을 뜻한다. 환자를 치료하는 병원과 임상센터가 있고 옆에는 줄기세포 연구소와 대학, 이종간 장기연구센터, 그 옆에는 신약개발센터, 그 옆에는 환자가족 등이 묶을 호텔과 각종 문화여가시설, 그 옆에는 각종 바이오 기업이 한 자리에 모여 형성하는 '줄기세포 치료벨리'가 세워진다는 의미이다. 그런 전문병원 단지가 전 세계 환자들이 쉽게 접근할 수 있도록 인천공항 옆에 청주공항 옆에 제주 공항 옆에 서해와 동해 항만 옆에 국내외 기업의 투자를 유치해 세워 진다는 청사진이었다. 그런 청사진 아래 우리 정부는 과학자에게 24 시간 경호를 붙였던 것이다.

연구치료센터를 유치할 경우 당장 줄기세포 실험 성공으로 혜택을 받 을 환자가 전 세계적으로 50여만 명에 이를 전망임. (중략) 그 경제적 파급효과는 직접적 대체효과 외에도 신규시장 창출효과 및 1, 2차적 파급효과 등을 감안한다면 상상을 초월할 전망.[14] [과학기술정책연구원]

꿈인가? 그렇지 않다. 일본의 경우 이미 현실로 실현되고 있다. 일 본 고베 시에 조성되고 있는 '재생의료 클러스터' 조감도면을 보자.[15]
고베 시는 1995년 고베 대지진으로 인해 침체된 지역경제를 복구 하고 고령화 사회에 맞서 의료복지의 질 제고를 목적으로 인공 섬을 조성하여, 이곳에 첨단연구단지와 병원, 각종 부대시설 등 재생치료 와 관련된 연구와 생산, 소비시설을 한 공간에 집적시킨 클러스터를 기획하고 있다. 공항과 인접해 국내외 치료여행객을 맞을 계획이라고 한다.[16]
미국의 경우 9개의 바이오 클러스터가 있다. 이 가운데 보스톤 바 이오 클러스터에서는 매사츄세츠 종합병원(MGH)이 바이오 연구와 실용화를 이끌며 MIT, 하버드를 능가하는 특허보유기관으로 떠오르 고 있다.[17]

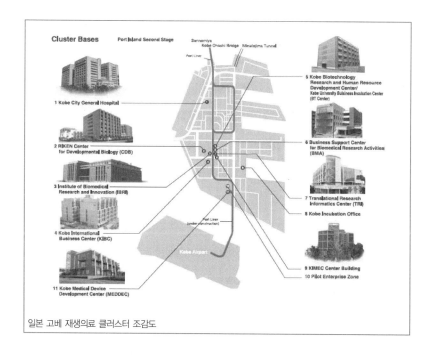

일본 고베 재생의료 클러스터 조감도

이런 사례를 보면 결국 황우석팀 연구의 최대 수혜자는 황우석 박사 자신이 아니라 우리나라 대학병원과 의과학자, 그리고 불황을 모르는 치료 클러스터 조성으로 안정된 일자리를 얻게 될 우리 후손들임을 알 수 있다.

꿈의 맞춤형 재생치료 시대

그러나 인류는 아직 그 시기를 큰 걸음으로 앞당길 '환자맞춤형 줄기세포'를 만들어내지 못하고 있다. 가장 근접한 황우석 연구팀은 그의 조국 한국에서 연구기회조차 잡지 못하고 있다. 만일 지금처럼 과학자들 손발을 묶어놓고 특허마저 홀대한다면 대한민국 줄기세포의 경제가치는 0원이다. 10년이 가도 100년이 가도 0원이다. 그러나 최소한 우리 국민들만큼, 딱 그만큼만 위정자들이 눈을 떠 국력을 모은다면 대한민국 줄기세포의 꿈은 33조 원, 아니 그 이상의 국부를 우리 후손들에게 약속할 것이다.

26

호주 특허의 진실

호주에서 정상적으로 특허등록이 이뤄지면 그 특허는 세계 최초의 체세포 핵이식에 의한 인간배아줄기
세포 수립과 분화에 대한 특허가 될 것이다. 그러나……
_ 시골피디

2008년 9월 22일 월요일 아침, 1면 기사로 '황우석 배아줄기세포,
호주 특허 등록될 듯'이라는 깜짝 놀랄 내용이 실렸다.

황우석 전 서울대 교수가 2004년 미국 과학저널 『사이언스』에 발표한
인간복제 배아줄기세포(1번 줄기세포)가 호주 특허청에 등록될 가능성
이 큰 것으로 알려졌다.[1] [동아일보]

헌데 이틀 뒤, '특허는 아직 심사 중'이라는 기사가 나왔다.

호주 특허청(IPA)은 24일 서울대 산학협력재단이 제출한 줄기세포 관
련 특허출원에 대해 아직 특허가 승인되지 않았으며 심사를 계속하고

있다고 밝혔다.[2] [연합뉴스]

무엇이 진실인가? 호주 특허는 등록된 것일까? 두 기사 모두 맞는 말인 복잡 미묘한 상황이 벌어졌다. 호주 특허는 등록이 사실상 확정되었다. 그런데 마지막 특허등록증 교부 직전 호주 특허청이 교부를 유보한 것이다. 어떻게 이런 일이 가능한가? 매우 전례가 드문 일이다. 우리나라 특허청의 설명을 들어보자.

호주는 2008년 6월 12일, (황우석 줄기세포 특허가) 등록 가능한 특허임을 공중에 공지하고, 3개월간의 이의신청기간이 (이의제기 없이) 만료된 상태임.[3] [한국 특허청]

호주 특허청은 우리나라 특허청보다 더 엄격한 심사절차를 두고 있어, 내부 심사가 끝나면 외부 심사를 통해 이의제기를 받은 뒤 이의신청이 없다는 것이 확인되어야 특허증을 발부한다. 2004년 12월에 전세계로 출원된 황우석팀 줄기세포 특허는 2008년 6월에 호주 특허청 내부 심사를 통과했다. 특허명은 "Embryonic Stem cell line and method for preparing the same(배아줄기세포주 및 이의 제조방법)"이었고 특허권자는 서울대 산학재단, 발명자는 황우석 박사를 포함한 19명이었다.[4] 호주 특허청은 자국 내부 심사기준에 합당하다는 판정을 내렸다. 하지만 이를 다시 외부 심사에 부쳐 3개월간의 이의신청기간을 뒀다. 이의신청기간은 2008년 6월 12일부터 9월 12일까지 3개월이었는데, 단 한 건의 이의제기도 없었음이 확인되었다. 사실상 특허등록이 결정된 것이다. 이에 따라 황우석 박사 측 수암생명공학연구소는 특허관리자인 서울대 산학재단을 통해 호주 특허청에 특허등록비용까지 납부한 상황이었다. 호주 특허청의 공문까지 언론에 공개되었다.[5]

더구나 호주가 등록결정을 한 특허내용을 찬찬히 살펴보면 체세포 핵이식을 통해 배아줄기세포주를 확립하는 방법뿐 아니라 1번 줄기세포(NT-1)를 물질특허로 인정하는 내용까지 포함되어 있었다. 서울대 조사위원회가 이미 처녀생식으로 단정지은 1번 줄기세포에 대해 호주 특허청은 체세포 핵이식 줄기세포 특허로 인정한 것이다.

물론 학문기관과 특허심사기관의 결정을 단순비교할 수는 없겠지만, 이러한 사실 자체는 무시할 수 없는 이슈거리임에 틀림없다. 당시 언론의 반응도 그러했다.

한국서 퇴짜 황우석 줄기세포, 호주는 인정[6] [매일경제]
끝나지 않은 과학계 사건, 황우석 스케치. 호주 특허 등록되면 줄기세포 진위논란 불가피할 듯[7] [동아사이언스]

그런데 돌연, 호주 특허청의 '유보성명'이 발표된 것이다.

호주 특허청(IPA)은 이날 성명을 발표, "서울대 산학협력재단이 낸 특허출원이 심사기준은 충족시켰지만 특허가 아직 승인된 것은 아니라는 점을 밝히고자 한다"고 말했다.[8] [연합뉴스]
호주 특허청은 이 문제를 '조사(investigate)'하고 있다.[9] [호주 특허청]

호주 특허청은 황우석팀 특허에 대해 이의신청기간 중 이의가 접수되지 않았다고 밝히면서도, 관련 특허출원이 허가된 상태는 아니라는 애매모호한 유보성명을 발표했다. 이에 대해 국내 특허청 관계자조차 영문을 모르는 듯했다. 그는 필자와의 전화 인터뷰를 통해 호주 특허청이 발표한 성명서 조항에 명시된 '조사(investigate)'라는 항목에 의문을 표했다.

호주 성명서에 나온 '조사(investigate)'라는 말은 특허법에 없는 용어죠.[10] [한국 특허청 관계자]

이름을 밝히지 않은 또 다른 과학자는 배타적 권리를 다투는 특허 분야에서 특허청이 개인의 특허 건에 대해 '성명서'를 발표하는 것 자체가 보기 드문 현상이라며 의문을 표했다.

도대체 호주 특허청은 왜 특허증 교부를 유보한 것일까? 그런데 황우석팀 특허가 등록된 것도 거절된 것도 아닌 애매모호한 상황에서 거듭 이상한 상황이 발생하기 시작했다.

27

'황우석 특허거절'은 오보

'특허가 거절됐다'는 『조선일보』 보도는 오보로 확인됐다. 전 세계가 앞다퉈 자국의 지적재산권을 보호하는 마당에 우리 언론은 심사 중인 자국특허를 스스로 부정하고 있었다.
_ 시골피디

호주 특허청이 이유도 밝히지 않은 채 특허증 교부를 연기한다는 성명서를 발표한 다음날, 이번에는 황우석팀 줄기세포 특허가 호주를 제외한 나머지 6개국에서는 이미 '거절당했다'는 기사가 나왔다.

황우석 전(前) 서울대 교수의 줄기세포 특허신청이 호주 이외의 국가에서는 잇따라 거부당한 것으로 24일 확인됐다. 특허청은 황 박사 측이 2006년부터 국내와 해외 10개국에 신청한 복제배아줄기세포 특허중 한국을 비롯해 유럽·러시아·캐나다·중국·뉴질랜드 6개국은 이미 특허신청을 거절했다고 24일 밝혔다.[1] [조선일보]

그런데 이 기사는 명백한 오보였다. 『조선일보』 보도는 기사가 나온 지 한나절도 되지 않아 오보였음이 밝혀졌다.

필자는 기사를 보자마자 궁금한 생각에 한국 특허청의 주무부처인 생명공학심사과에 사실관계를 문의했다. 그 결과, 『조선일보』의 보도 내용은 사실관계를 심각하게 왜곡한 것임을 알게 되었다. 특허청 관계자에 따르면 한국을 비롯한 6개국에서는 황우석 특허를 심사하는 과정에서 특정내용에 대한 특허신청인의 내용보완 혹은 수정을 요구하는 '특허거절이유'를 통보한 상황으로, 특허신청인인 서울대 산학재단 측이 발명자와의 협의를 거쳐 적절한 보정 및 답변을 제출할 경우 그 내용을 바탕으로 계속 특허심사를 진행하는, 특허심사의 정상적인 절차를 밟고 있다는 것이다.

특허심사 결과 거절로 판명된 게 아니라 심사 중에 거절이유를 통지한 것이죠. 여기에 대해 내용을 보정하거나 답변서를 제출하면 (심사는) 계속되는 겁니다.[2] [특허청 관계자]

특허청 관계자는 『조선일보』 기자에게 충분히 이 같은 상황을 설명했음에도 불구하고 '특허거절'이라는 뉘앙스의 기사가 작성된 데 대해 곤혹스러워하며 이런 말을 했다.

특허 프로세스에 대한 숙지가 안 된 것 같습니다. [특허청 관계자]

한편 특허거절 이유에 대한 보도내용도 사실과 다른 것으로 밝혀졌다. 『조선일보』는 같은 기사에서 한국 등 6개국이 황우석팀 '생명윤리규정 위반'을 사유로 특허신청을 거부했다고 보도했다. 그러나 한국 특허청은 생명윤리규정 위반을 사유로 거절이유를 통보한 적이 없으며, 생명윤리를 문제 삼는 나라는 유럽연합(EU)이라고 지적했다.

한국 특허청은 (생명윤리 문제 삼은 적) 없어요. EU 쪽에서 생명윤리를 지적하죠. [3] [특허청 관계자]

결국 『조선일보』의 보도는 각국 특허청의 정당한 절차에 의해 아직 '심사 중'인 황우석 특허를 '거절이 확정된 것'으로 앞질러 보도한 셈이다. 이는 사실관계를 정확히 보도하지 못했다는 저널리즘의 문제와 함께 자국 지적재산권의 가치를 스스로 훼손시키고 있다는 문제점을 안고 있다. 전 세계가 앞다퉈 자국의 지적재산권을 보호하는 마당에 우리 언론은 심사 중인 자국특허를 스스로 부정하고 있는 셈이다.

영문기사 제목은 "유독 호주만 황우석 특허인정"

그날 오후, 결국 한국 특허청은 『조선일보』 보도에 대응하는 별도의 설명자료를 통해 황우석 특허가 6개국에서 정상적으로 심사받고 있음을 확인시켜줬다.

2008년 9월 현재, 한국을 비롯한 유럽 · 러시아 · 캐나다 · 중국 · 뉴질랜드 6개국에서는 심사를 진행 중, 상기 6개국 특허청은 각국의 심사규정에 따라 거절이유를 통지한 상태이며, 거절이유 통지가 바로 거절결정을 의미하는 것은 아님. (중략) 거절이유 통지란 특허출원서에 각국의 특허법에서 규정하는 거절이유가 있는 경우, 해당국 특허청이 출원인에게 그 이유를 알려주는 것으로, 출원인은 이에 대해 의견서 또는 출원서의 보정을 통해 대응할 수 있으며, 해당국 특허청은 이를 참고하여 심사를 계속 진행함.[4] [특허청 설명자료]

　그러나 『조선일보』는 문제의 기사에 대해 아무런 조치도 취하지 않았다. 더욱 놀라운 것은 똑같은 뉘앙스의 해당 기사가 영문기사, 일문기사로 작성돼 온라인상에서 전 세계를 향해 버젓이 열람되고 있다는 것이다.

　호주 특허청은 특허심사기관으로는 극히 이례적으로 '성명서'까지 내면서 특허등록을 유보시켰다. 이쯤 되면 전 세계 특허심사관들, 특히 황우석 특허를 다루는 특허심사관들은 이 사안에 관심을 가질 수밖에 없다. 특허에 대한 이해관계가 얽혀 있는 관련 전문가들 또한 자연스럽게 호주 특허청과 그리고 한국 측의 대응을 예의 주시하게 된다. 그런데 이런 와중에 특허를 신청한 나라, 한국의 언론은 전 세계인들이 보는 영문판 온라인 기사의 제목을 아래와 같이 뽑았다.[5]

"유독 호주만 황우석 특허 인정" [조선일보]

　한국판 기사의 제목('황우석 줄기세포특허, 6개국에선 거절당해')과는 또 다르게, 마치 전 세계 특허청이 거절한 황우석 특허를 유독 호주만 인정한 것처럼 뽑아놓고 있다. 이어지는 본문내용에서는 한국 특허청

DIGITAL CHOSUN
The Chosun Ilbo

Only Australia Approved Hwang Woo-suk Patent

Australia is the only country so far to approve a patent for the cloning scientist Hwang Woo-suk based on a stem cell line at the center of the scandal that saw him fall from grace.

The Korea Intellectual Property Office said Wednesday that Hwang submitted patent application in Korea and several other countries since 2006, and Korea, Russia, Canada, China, New Zealand and the European Union rejected the application. SooAm Biotech Research, which is headed by Hwang, announced Tuesday that Australia granted the patent for technology for cloning human embryonic stem cells.

ES細胞：黃禹錫氏の特許申請、6カ国で却下

記事　黃禹錫

黃禹錫（ファン・ウソク）元ソウル大教授の「ヒト胚（はい）性幹細胞（ES細胞）」に関する特許申請が、オーストラリア以外の国で相次いで却下されていることが24日までに分かった。

特許庁によると、黃元教授が申請したES細胞の特許申請は韓国、欧州、ロシア、カナダ、中国、ニュージーランドの6ヵ国・地域で却下されたという。黃元教授が率いる「スアム生命工学研究院」は23日にオーストラリアで特許登録が確定したと発表していた。

『조선일보』 영문판·일 본어판 온라인 기사에서 는 '유독 호주만 황우석 특허인정'이라는 기사가 나갔다(출처 : 디지털 조선 닷컴).

의 말을 빌어 '한국을 비롯해 6개국에서 거절당했다'는 오보가 수정 없이 올라와 제목을 뒷받침한다. 이 기사는 일본어로 제공되기도 했 다.[6] 해당기사는 게재된 당일 『조선일보』 일본어판 사이트에서 가장 많이 본 기사 16위를 차지하고 있었다.

영어권 특허 관계자들에게는 "유독 호주만 황우석 특허내줬다"라 고, 일어와 한국어로는 "6개국이 황우석 특허 거절했다"라고 말하는 한국의 언론이다. 자기 나라 기술이 외국에서 특허받는 형편에 뒷받 침은 못해줄망정, 사실보도는 못할망정 재 뿌리는 오보를 내놓고도 아무런 조치도 취하지 않는 것이다. 2008년 9월 25일의 일이다.

28

미국 특허괴물의 등장

줄기세포 핵심특허에 대한 소유권 분쟁은 1990년대 말부터 심각한 양상으로 발전해왔다. 샌디에이고에 기반을 둔 줄기세포 연구자 Jeanne Loring은 그녀의 창업기업이 결국 망했는데, 그 이유는 '(제론사와) 위스콘신의 특허를 합리적인 가격에 사용할 수 없어서였다'고 『네이처』 기고문에서 토로했다.
_ 미국의 과학윤리 시민운동가 메릴 구즈너

"호주 특허청은 황우석 줄기세포 특허를 거절해야 한다"

네티즌 악플이 아니다. 미국 5대 줄기세포 기업 중 하나인 제론 (Geron)사 수석특허변호사의 말이다. 아래는 호주 특허청이 특허등록 증 발급을 유보하고 있을 무렵 나온 『네이처』 뉴스다.

(우리) 제론사는 배아줄기세포 확립을 포함해, 체세포 핵이식 기술을 인간 의료분야에 적용함에 있어 모든 권리를 소유하고 있다. (중략) 최근 호주 특허청이 허여한 황우석팀 줄기세포 특허는 많은 항목에 걸쳐 (우리가 소유한) 돌리 복제기술과 차별성이 없다. 따라서 이 기술을 특허로 등록시킨 호주 특허청의 결정은 잘못된 것이다.[1]

[네이처뉴스/제론사 특허변호사]

미국 측 주장은 기술적 설득력이 없어 보인다. 그들이 보유하고 있는 '돌리특허'는 체세포 핵이식 기술을 적용하는 대상에 있어 '인간'을 제외한 포유동물(소, 양, 돼지, 염소, 말, 마우스 등)임을 청구항 1항과 3항에 걸쳐 명시하고 있다.[2]

반면 호주에서 사실상 등록된 황우석 줄기세포 특허는 '인간'의 체세포의 핵을 탈핵된 '인간' 난자에 이식함으로 얻어진 '인간' 배아줄기세포(물질특허) 및 배아줄기세포주 확립법, 그리고 이를 통해 분화시킨 신경전구세포 확립법(방법특허)까지 광범위하게 명시해놓았고 호주 특허청은 이를 받아들였다.[3]

다시 말해 '돌리특허'는 개복제 사업에서는 스너피 특허까지 아우를 수 있는 원천특허가 될 수 있지만, 치료 목적으로 인간의 체세포를 핵이식해 수립한 환자맞춤형 줄기세포 분야에서는 황우석 특허가 현재로선 원천특허로 가장 유력하다는 것이다.

더구나 그들은 호주 특허청이 부여한 공식적인 이의신청기간 동안 아무런 조치도 취하지 않았다. 호주 특허청의 존슨 심사관은 지난 3개월간의 이의신청기간 동안 황우석 특허에 대해 접수된 이의신청 건수는 단 한 건도 없었다고 공식 확인했다.[4] 그런 그들이 이제 와서 호주 특허청이 머뭇거리는 틈을 타 언론을 통해 치고 나오는 것이다.

미국의 '제론'사는 누구?

흔히 '특허괴물(patent troll)'이라 하면 물건은 만들지 않으면서 특허소송만으로 거액의 로열티를 챙기는 기업을 말한다. 그런 잣대로 본다면 제론사를 괴물이라 칭하는 것은 가혹할지도 모른다. 제론사는 연구도 하고 성과물도 만들기 때문이다. 그럼에도 불구하고 필자가 그들에게 '특허괴물'이라는 표현을 쓴 것은 그들이 거액을 투자해 이 분야 특허를 먹어치우며 거침없이 달려온 지난 과정 때문이다.

지난 1992년 설립된 제론사는 배아줄기세포를 연구하는 수많은 캘리포니아 기업 중 하나였을 뿐이다. 그런 그들이 주목받기 시작한 것은 지난 1998년부터다. 이들이 거액의 연구비를 지원한 위스콘신 대학의 제임스 톰슨 연구팀이 세계 최초로 인간배아줄기세포주(수정란 줄기세포)를 확립해낸 것이다. 제론과 위스콘신 대학 측은 이에 대한 특허를 바탕으로 높은 액수의 이용료를 책정했다. 셀라인을 상업적 용도로 이용할 경우 10만 달러, 학술적 용도는 5천 달러. 제론은 한발 더 나아가 관련 특허를 선점하기 시작했다. 위스콘신 측과도 특허분쟁이 일어났다. 이에 대해 미국 내에서도 '너무한 것 아니냐?'라며 제론의 특허 독점 논란이 벌어지기도 했다. 미국의 과학윤리 시민운동가 메릴 구즈너의 말이다.

줄기세포 핵심특허에 대한 소유권 분쟁은 1990년대 말부터 심각한 양상으로 발전해왔다. 제론사의 자금지원을 받은 위스콘신 대학의 톰슨 연구팀은 상업적 용도 10만 달러, 학술적 용도 5천 달러의 이용료를 책정했다. 또한 제론사는 유망한 재생치료 관련분야의 권한을 독점했다. 샌디에이고에 기반을 둔 줄기세포 연구자 잔느 로링은 그녀의 창업기업이 망한 이유가 '위스콘신의 특허를 합리적인 가격에 사용할 수 없어서'였다고 『네이처』 기고문에서 토로했다.[5] [메릴 구즈너]

1999년 제론은 '돌리특허'까지 사들였다. 본래 세계 최초의 복제 양 돌리의 특허권 주인은 윌머트가 속해 있던 영국 로슬린 연구소였 다. 그러나 제론은 '돌리특허'를 관리하던 로슬린 연구소 산하기업 (로슬린 바이오메드사)을 통째로 사들인 것이다. 1년 뒤 영국정부가 '돌리특허' 보호를 위해 막아 나서긴 했지만, 결국 제론은 2005년에 '돌리특허'를 관리하는 스타트라이센싱사를 조인트 벤처 형식으로 설립했고, 2008년에는 아예 이 회사를 인수하여 결국 동물복제에 대 한 원천특허를 원스톱으로 확보하는 데 성공했다.[6]

현재 제론사는 만능줄기세포 관련 35개의 미국 특허와 70개의 국 제특허를 갖고 있고 200개 이상의 관련 특허를 전 세계에 출원 중이 다. 특히 인간줄기세포를 임상 적용할 수 있도록 특정세포로 분화시 키는 기술에 집중하고 있는데, 심장병 환자를 위한 심근세포 분화기 술, 당뇨환자를 위한 인슐린 생산세포, 그리고 척수장애인을 위한 척 수신경세포 분화기술이 그것이다. 그중 인간 배아줄기세포에서 분화 시킨 중추신경계세포[7]는 척수질환자에게 임상 적용하기 위해 미국 FDA의 승인을 얻은 상태이다. 이는 세계 최초의 시도이다.[8]

연구비도 엄청나다. 13년간 1억 5천만 달러로, 우리 돈 1,420억 원 규모이다.[9] 적자를 보면서도 그들은 연구개발과 특허획득에 총력을 기울여온 것이다.

하지만 이들에게도 아킬레스건이 있다. 자신들이 보유한 수정란 배 아줄기세포 특허로는 도저히 넘을 수 없는 장벽인 '환자에 대한 면역 거부 반응'이 그것이다. 그것을 뛰어넘을 수 있는 환자맞춤형 줄기세 포 수립에 대한 특허가 없는 것이다. 이것이 바로 황우석 연구팀이

『사이언스』 논문에서 주장했던 그 기술이다. 만일 그들에게 체세포 핵이식으로 환자맞춤형 줄기세포를 만들 수 있는 기술과 특허만 있다면, 이미 수정란 배아줄기세포 수립 특허가 있고 이를 특정 세포로 분화시킬 수 있는 세부 특허도 있고 임상시험 추진까지 되어 있으니 일사천리로 진행될 일이다. 나머지는 다가오는 줄기세포 재생치료 시장이 활짝 열리기를 기다려 로열티를 챙기고, 말 안 들으면 특허소송 걸어 마무리지으면 될 일이었다. 그런데 논문조작으로 죽은 줄 알았던 황우석 특허가 살아남아 호주에서 등록될 줄이야……

그들이 돌리특허를 앞세워 황우석 특허를 경계하는 데에는 그럴 만한 이유가 있는 것이다.

호주 의료법인도 황우석 특허 동향 관찰 중

실제로 황우석 특허가 호주에서 등록 완료되면 호주의 영리목적 의료법인은 당장 그 영향력 아래 놓이게 된다. 호주의 의료법인 Sydney IVF는 2008년 9월 호주 최초로 체세포 핵이식 환자맞춤형 줄기세포 연구를 할 수 있는 라이센스를 호주 정부로부터 받았다.[10] 그런데 황우석 특허가 호주에서 등록된다면 만일 그들이 줄기세포 확립에 성공해 이를 통한 치료산업화로 가는 과정에서 한국에 로열티를 지급해야 할 입장이다. 호주 의료법인의 표정은 어떨까? 다음 기사 내용을 통해 상상해보자.

지난달 호주 최초로 체세포 핵이식 연구 라이센스를 획득한 의료법인

Sydney IVF의 Julia Schaft는 "호주 특허청이 황우석 특허와 청구조항에 대한 추가조사를 종료하기 전까지는 황우석 특허가 자신들의 프로젝트에 끼칠 영향에 대해 어떠한 결론도 도출할 수 없다"라고 말했다.[11] [네이처뉴스/호주의료법인]

그들 역시 황우석 특허등록 상황을 예의 주시하고 있다는 것이다. 이처럼 나라 바깥에서는 관련 업계의 비상한 관심을 모으고 있는 황우석 특허지만, 정작 모국에서는 '호주 빼고는 다 거절당했다'라는 『조선일보』 오보가 버젓이 날아다니고 '비행접시도 특허받더라'라는 류의 폄하 글이 인터넷을 떠도는 가운데 방송 3사 뉴스는 침묵만 지킬 뿐이었다. 일주일산 단 한 건의 방송보도도 없었다.

현재 우리나라는 특허 출원 건수로는 세계 4위에 달하는 양적인 성장을 거듭했다. 그럼에도 특허 로열티로 인한 적자규모는 눈덩이처럼 불어나 한해 25억 달러, 우리 돈 약 3조 원에 달한다.[12] 특허는 많아도 정작 로열티를 당겨올 수 있을 만한 '원천특허'가 태부족하다는 것이다. 이런 와중에 미래의 성장동력 줄기세포 분야 특허를 두고 벌어지고 있는 이 기막힌 현실……. 순간 영화 '괴물'의 한 장면이 떠올랐다.

특허란 특허는 있는 대로 집어삼키고 툭하면 소송 걸어 피를 말리는 미국의 '특허괴물'이 마침내 모습을 드러내 돌진해온다. 그러나 공권력은 방관하고 언론은 진실을 외면한다. 그 순간 초라한 행색의 한국 과학자들은 묵묵히 활을 집어든다. 활 끝은 특허괴물의 급소를 겨냥하고 있었다.

29

특허권자인 서울대학교의 침묵

특허관리자인 서울대는 호주 특허 허여결정 이후 특허권 이양은커녕 발명자인 황우석 박사 측을 배제시
킨 채 특허문제를 다루고 있습니다.
_ 황우석 박사 측 김순웅 변리사의 법정진술

　　호주 특허가 등록될 당시 황우석팀 줄기세포 특허의 특허권자는 서
울대였다. 황우석 박사는 발명자로서의 지분을 가질 뿐, 특허는 국립
서울대학교의 재산이었던 것이다. 그런데 특허권자가 외국에 특허를
출원해놓고도 자기 특허가 이유도 모른 채 유보된 상황에서 별다른
조치도 취하지 않고 있다면 이를 어떻게 해석해야 할까?

　　당시 서울대를 취재한 언론사 기자는 '줄기세포 그늘에 숨어버린
서울대'라는 기사를 통해 서울대를 '한가하다'고 평했다.

정작 '주인'은 조용하다 못해 한가하다. 서울대 측에 언론이 논란의
핵심인 호주 특허를 비롯한 해외 특허 현황을 물으면 "잘 알지 못하
는데 원하면 담당 변리사 연락처를 알려주겠다", "전화로 확인해줄

수는 있지만 문서로 전달할 수는 없다"는 발뺌으로 일관했다.[1]

[조선일보]

기자들만 서울대의 태도에 의문을 표한 것은 아니다. 서울대 출신 공학박사이면서 황우석 박사 관련 특허에 깊은 관심을 갖고 관찰해온 이상지 박사는 2008년 10월 1일 특집 좌담프로그램에 출연해 서울대의 태도에 우려를 표명했다.[2]

가장 큰 시장인 미국에서 특허등록을 하기 위해선 특허관리자인 서울대 측과 발명자인 황우석 박사 측이 원활한 협조관계가 유지되어야 하는데, 어찌 된 일인지 호주 특허청의 성명서 발표 이후 서울대와 법적 대리인 KCL 측은 황우석 박사 측의 정보공유 요구를 거절하고 있다는 것이다.[3]

전문지식을 갖고 있는 발명자(황우석 박사)와 특허권자(서울대 산학재단), 그리고 특허대리인(KCL 법률사무소)이 서로 원활한 정보공유와 협조관계를 이뤄야 각국의 특허심사를 통과하게 됩니다. (호주 특허 등록결정까지) 가만히 보면 약 30개 항이 등록된 것으로 봤을 때 이전에는 (이들간의) 협조관계도 좋았고 정보공유도 원활했던 것으로 이해됩니다.

그런데 2008년 9월 24일 호주에서 특허 등록이 결정되고도 교부를 연기한다는 성명서가 발표됐을 때, 황우석팀에서 정보를 얻기 위해 공식창구인 서울대 산학재단에 물어보는 과정에서 '황우석 박사 측과 (특허대리인 KCL이) 정보공유를 하지 못하도록' 하는 상황이 벌어진 것 같아요.

원인을 알 수는 없지만 둘 간의 정보공유가 이뤄지지 못한다면, 호주 특허뿐 아니라 앞으로 나머지 10개국의 심사를 거치는 과정에서도 발명자(황우석 측)가 갖고 있는 전문지식이 제대로 들어가지 못했을 때, 우리 특허를 가져오는 과정이 순탄치 않을 것입니다. 저는 이것을 굉장히 심각한 문제로 인식하고 있습니다.[4] [이상지 박사]

서울대와 황우석 박사 간의 협력관계의 두절은 사실로 드러났다. 황우석 박사가 속해 있는 수암생명공학연구원은 2008년 9월 30일 대한변리사협회에 '줄기세포 호주 특허 등록건의 조사 및 대책 요청'이라는 공문을 보낸 것으로 알려졌다.[5] 줄기세포 특허가 10여 개국에 출원돼 심사를 받고 있는 현재, 국내 언론의 부정적 오보가 잇따르고 있는데다 특허관리자인 서울대 측과의 협조관계마저도 원활치 않아 특허보호대책을 요청했다는 후문이다.

그 20여일 뒤, 필자는 법정에서 또 다른 정황을 목격했다.

"서울대 지시로 더 이상의 연락은 힘들다"

2008년 10월 20일 오후 2시 서울중앙지법 417호 대법정. 환자맞춤형 줄기세포 특허의 특허관리 및 특허권자인 서울대가 호주 특허교부에 이어 캐나다 특허 심사과정까지 발명자인 황우석 측과의 협의채널을 끊어버린 채 비공개 단독처리를 하고 있다는 법정 진술이 나왔다.

변호인 측 증인으로 출두한 김순웅 변리사는 전직 서울대 산학재단

자문변리사였으며 현재 황우석 박사 측 특허 변리사이다. 황우석 박사 변호인단과 검찰 측은 증인에 대한 질의를 통해 황우석 특허관련 치열한 법정공방을 벌였다. 특히 변호인단 심문 과정에서 충격적인 증언이 나왔다.

캐나다 특허청이 황우석 줄기세포 특허에 대해 의견제출요구서를 통보했고, 이에 대해 '특허권자'인 서울대와 '발명자'인 황우석 박사 측이 특허신청인의 의견 혹은 보정서류를 제출해야 하는 만료기간이 10월 22일로 다가왔는데, 만료기한 이틀 전인 10월 20일 현재까지도 서울대 측은 발명자인 황우석 박사 측에 일체의 정보나 의견제출 협의도 하지 않고 있다는 것이다.

서울대의 특허대리인인 KCL 측에 캐나다 특허 상황을 문의하니 '서울대 측의 지시사항에 의해 (황우석 박사 측과의) 더 이상의 연락은 힘들다'는 답변을 얻었습니다. 해당 특허에 대해 가장 잘 아는 발명자의 의견이 이처럼 막혀 있는 상태에서 향후 캐나다를 비롯한 다른 나라 특허취득에 있어 특허범위 축소 및 특허거절의 위험성까지 있는 답답한 상황이 전개되고 있습니다.[6] [김순웅 변리사]

이에 대해 황우석 바사 측 변호인단은 '지무발명을 통한 특허출원 시 그 상황을 발명자에게 즉시 통보해야 한다'는 조항이 담긴 '서울대 지적재산권 규정'을 참고자료로 제출하며 황우석 특허의 정상적인 취득을 관리해야 할 서울대 측이 발명자에게 통보조차 하지 않은 채 특허거절의 난기류를 자초하고 있다고 주장했다.

서울대는 처녀생식을 주장하면서도 체세포 핵이식 줄기세포에 대한 특허를 주장하는 자기모순에 빠져 특허취득에 대해 적극적으로 대응하지 못하는 처지.[7] [황우석 변호인단]

한편 증인으로 출석한 김순웅 변리사는 특허취득에 소극적일 수밖에 없는 서울대 측의 한계를 알고, 그동안 수차례 서울대 측에 발명자인 황우석 박사 측에게 특허권을 이양하고 대신 그동안의 특허비용을 부담할 수 있다는 메시지를 전해왔다고 증언했다.

서울대에서도 이에 대해 긍정적으로 검토하면서도 확답하지 않았고, 오히려 호주 특허 허여결정 이후 특허권 이양은커녕 발명자인 황우석 박사 측을 배제시킨 채 특허문제를 다루고 있습니다. [김순웅 변리사]

서울대가 모순된 태도를 보이는 이유

제 28차 공판에서는 그동안 말을 아끼던 재판부가 증인에 대해 적극적인 질의를 했다는 점이 특징이다. 재판부는 '처녀생식'을 주장하면서도 '처녀생식이 아닌 특허'를 포기하지 않는 서울대 측의 태도에 대해 강한 의문을 제기하면서 증인에게 관련 질문을 던졌다.

판사 : 서울대가 모순된 태도를 보이는 건 틀림없는 것 같은데, 왜 이런 모순이 생겼다고 보나요?
증인 : 처녀생식으로 결론지은 대학본부 측과 특허를 지켜야 하는 산

학재단 측의 관점이 달라서 이런 문제가 생기는 것 같습니다.

판사 : 그러니까 서울대 측으로서는 조사위원회의 '처녀생식론'도 나중에 혹시 아닐 수도 있고, 특허가 인정되면 나중에 상당한 재산가치가 있으니 포기를 하지 않고 있다, 이렇게 이해해도 되나요?

증인 : 그렇습니다.

판사 : 변호인 측에서는 호주 특허 원문에 어떤 내용이 실려 있는지 재판부에 제출해주세요. [8]

한편 검찰은 김순웅 변리사에 대한 질의과정에서 호주 특허를 뺀 다른 나라에서는 황우석 특허가 이미 거절됐다는 취지의 질의를 펴다 "거절된 게 아니지 않느냐"라는 재판부의 제지를 받고 중단하는 등 해프닝이 연출되기도 했다.

검찰 : 2007년 7월, 한국 특허청은 특허를 거절했죠?

증인 : 거절이 아니라 거절이유를 통보한 '의견제출서' 요구과정이었습니다.

판사 : 거절이유를 통보한 것이지 거절된 게 아니죠? 저도 알고 있는 상황입니다. [9]

그러나 검찰은 여기서 포기하지 않았고, 검찰의 굴욕은 계속되었다.

검찰 : 러시아, 뉴질랜드에서도 이미 거절됐죠?

증인 : 거절된 게 아닙니다. 역시 의견제출 통보였습니다.

판사 : 질문이 잘못된 것 같은데요. 거절확정이 아니라는 것은 재판부
　　　도 이미 알고 있는데…….[10]

　이후 검찰 측은 "그 정도 특허지식은 이미 재판부도 알고 있다"는 재판부의 요청을 받아들여 관련 질문을 하지 않은 채 다음 질문으로 넘어갔다. 검찰의 굴욕 장면을 보며 두 가지 생각이 떠올랐다. 하나는 황우석 특허가 10개국 어디에서도 아직 거절된 게 아니라는 팩트의 재확인이었고, 또 하나는 황우석 특허가 거절되기를 바라는 한국인들도 있다는 것이다.

국립 서울대는 국민들의 것이다

　필자는 '파시즘'과 같은 국가지상주의 이데올로기를 가진 사람이 아니다. 그럼에도 불구하고 평소 '서울대 기술은 대한민국 기술'이라는 믿음을 갖고 있다. 그것은 등록금에 대한 기억 때문이다.

　20년 전 서울대 이공계 등록금은 65만 원 정도였다. 문과나 사범대보다 훨씬 비싼 게 그 정도였다. 당시 사립대를 다니던 친구들은 그 두 배가 넘는 등록금을 어렵사리 냈다. 필자가 박사학위 과정을 밟을 때 낸 등록금은 얼추 185만 원 정도이다. 당시 사립대 언론대학원에 다니던 동료들은 400~500만 원의 등록금을 냈다. 185만 원 대 400만 원. 나머지 차액은 누가 채워줬을까? 국민들이다. 국민들의 혈세가

서울대인의 등록금 부담을 경감시켜주고 있다. 국민들의 혈세가 국가 연구개발 지원비가 되어 서울대 연구실로 가장 먼저 들어오고 있다. 그러면 이렇게 공부하고 이렇게 연구해 마련된 서울대 기술은 누구의 기술인가? 당연히 대한민국 국민의 것이다. 대한민국의 기술인 것이다. 이것은 이데올로기가 아니라 지금 이 순간도 피땀 흘려 일하고 있는 대한민국 국민들을 향한, 인간에 대한 최소한의 예의이자 상식이다. 서울대학교는 대한민국 줄기세포 원천기술을 지켜야 한다.

30

스너피 발명자가 스너피 특허에 물리다

2008년 9월 2일은 스너피 발명자가 스너피 특허를 침해했다며 피소당한 황당한 날이었다. 그날 나는
아이들에게 말했다. 이런 나라에서 과학자가 되려는 꿈도 꾸지 말라고.
_ 시골피디

　　1950년대에 베스트셀러 『반지의 제왕』을 출간한 원작자 J.R.R. 톨킨 교수는 자신의 판타지 소설이 절대로 영화화될 수 없을 거라고 생각했다. 따라서 판권을 사들이겠다며 영화사 관계자가 계약금을 내밀자 '책 인세수입 때문에 부쩍 불어난 소득세나 내면 되겠군' 하며 흔쾌히 계약했다는 것이다.

　　그런데 톨킨이 죽은 뒤 놀라운 일이 벌어졌다. 첨단 IT 기술은 톨킨이 불가능하다고 믿었던 『반지의 제왕』을 영화로 만들었고, 책과는 비교할 수 없는 60억 달러의 영상수익을 안겨줬다. 영화판권을 사들인 헐리우드의 뉴라인시네마와 감독 피터잭슨, 그리고 영화의 배경 뉴질랜드는 대박을 터뜨렸다. 반면 원작자 톨킨의 후손들은 벙어리 냉가슴만 앓는 신세가 되었다. 헐값에 영화판권을 넘긴 할아버지를

원망할 수밖에 없게 된 것이다.[1]

지적재산권이라는 것이 얼마나 무섭고 또 대단한 것인가를 알려주는 대목이다. 그런데 때로는 지적재산권이란 게 '추잡하고 황당무개한' 경우도 있다. 바로 이런 경우이다.

황우석, 지적재산권 침해로 피소[2] [헤럴드경제]

얼핏 제목만 봐서는 이게 무슨 뉴스인지 헷갈린다. 그러나 행간에 숨겨진 의미를 음미하며 다시 한번 보면 이런 뜻이 숨어 있다.

(스너피 특허 제 1발명자인) 황우석, (서울대가 한 기업에 몰래 팔아넘긴) 스너피 지적재산권(을) 침해(했다는 혐의로) 피소(당해)

스너피 발명자인 황우석 박사가 스너피 특허를 침해했다는 소송에 휘말린 것이다. 어떻게 이런 일이 가능한지 곡절을 알아보니 이러했다.

스너피 발명은 황우석 당시 교수를 제 1발명자로 하는 다수의 연구자들이 했지만, 서울대 교수 등이 서울대 재산을 이용해 발명한 특허는 서울대에 귀속된다는 '직무발명' 규정에 의해 스너피의 특허권은 서울대가 갖고 있다. 대다수 국민들은 서울대가 국립대학인 만큼 서울대 특허는 대한민국의 특허라고 생각하지만, 정작 서울대가 그렇게 생각하는지에 대해서는 법률적으로 다퉈봐야 알 수 있을 것이다.

문제는 특허권을 가진 서울대가 제 1발명자인 황우석 박사 측에게 일언반구 협의도 없이 스너피 특허의 전용실시권을 '알앤엘바이오'라는 바이오기업에게 넘겼다는 것이다. 또 한 가지 문제는 돈을 주고 스너피 전용실시권을 사들인 '알앤엘바이오'가 애견복제사업을 추진하려던 찰나에 '돌리특허와 황우석 연구팀'에 대한 우선권을 확보한 미국의 '바이오아트'라는 암초를 만났다는 것이다.

'알앤엘바이오'는 자신들의 애견복제사업이 '누구도 동물복제 원천특허인 돌리특허를 무시하고는 사업할 수 없다'는 거액의 특허침해 소송에 부딪힐 조짐이 농후해지자 생존을 위해 필사적인 맞불작전에 들어갔다. 미국 바이오아트와 파트너십을 구축한 황우석 연구팀을 상대로 '너희들도 스너피 특허를 무시하고는 국내에서 개복제를 할 수 없어'라며 특허침해 소송을 제기한 것이다. 그러면서 한편으로는 미국 바이오아트 측에게 협상 제스처를 취했다.[3]

이것은 '알앤엘'의 목적이 상대방으로부터 특허 로열티를 받겠다는 것보다는, '장군 멍군'식으로 상대방을 공격함으로써 '그럼 우리 싸우지 말고 서로의 특허를 인정하고 잘해볼까'라는 합의를 이끌어내려는 맞불전략으로 보인다. 일명 '크로스라이센싱(Cross-Licensing)'이다. 그 분야 원천특허를 확보한 경쟁업체를 상대로 상용화의 길목이 되는 다수의 특허를 미리 선점해 맞불소송을 걸어놓으면서 거액의 특허소송도 피하고 그 분야의 우선권도 쌍방협상을 통해 보장받는, 지금까지 우리 대기업들이 원천특허를 다수 보유한 해외 다국적 기업을 상대로 톡톡히 재미를 본 작전이다.

문제는 그런 작전의 희생양이 다름아니라 스너피 특허의 발명자인 황우석 박사라는 점이다. 발명자가 자신이 발명한 특허에 발목 잡히는 황당한 사회 분위기에서 미래의 에디슨이 나오길 바라거나 창의적인 과학강국을 기대하는 일은 너무 염치없는 과욕이 아닐까 싶다.

서울대는 발명자에게 일언반구 협의도 없이 전용실시권을 팔아넘겨 이번 소송의 원인을 제공했다. 그러면서도 서울대는 창조적인 연구자들의 땀방울을 최우선으로 보호하겠다는 연구중심 대학을 표방하고 있다. 심각한 모순이 아닐 수 없다.

이러한 현실 때문에 실제로 서울대뿐 아니라 많은 연구기관의 과학자들은 결국 자기 특허에 자기가 발목 잡히게 되는 '직무발명'을 피하기 위해 아예 처음부터 외부 기업과 손을 잡거나 심지어는 사실상 자기 소유의 벤처기업과의 공동연구 형식을 빌어 특허권이 자신에게 귀속되도록 '개인발명'의 길을 선호하는 추세이다. 정말 가치 있고 돈 되는 연구성과를 가진 사람들이 '직무발명'을 기피하고 결국은 '기술유출'로 이어지는 현실은 반드시 개선되어야 할 대한민국의 숙제이기도 하다.

한편 2008년 10월 30일, 알앤엘바이오는 맞불소송을 벌였음에도 불구하고 결국 돌리특허를 소유한 미국 기업에 의해 특허권 침해 소송을 당했다.[4]

31

섀튼이 노린 것은 무엇인가

섀튼 박사가 출원한 2004년 특허는 매기 연구소 단독으로 개발된 발명만으로는 충족될 수 없는 출원내용을 주장하고 있다. 가(假) 출원 내용을 보정해 실제 출원으로 가는 과정에서 황우석 박사 연구팀에 의해 개발됐다고 전해지는 기술의 지원을 받은 것으로 보인다.
_ 미국 피츠버그 대학 조사위원회 보고서

『사이언스』 논문이 철회되고 충격에 휩싸여있던 2006년 1월, 미국 피츠버그에서 또 하나의 충격적인 소식이 들려왔다. 철회된 논문의 수석저자였던 미국의 섀튼 교수가 황우석 교수를 제외시킨 채 논문 핵심기술의 특허등록을 추진하고 있다는 것이었다. 1월 7일 『피츠버그 트리뷴 리뷰』의 기사였다.

국제적인 논란에 휩싸인 피츠버그의 과학자(섀튼)가 최근 들어 멀어진 한국인 동료(황우석)를 제외시킨 채 배아줄기세포 수립 기술에 관한 특허등록을 추진하고 있음이 미국 정부 문서에서 확인되었다. 미국 특허청은 제럴드 섀튼 교수가 2004년 4월 9일에 출원한 특허내용에 대한 심사가 진행 중임을 확인해줬다.[1] [피츠버그 트리뷴 리뷰]

섀튼 교수는 단순한 공동저자가 아니다. 문제가 된 2005년 『사이언스』 논문의 '수석저자(Senior Author)'였다. 수석저자란 논문에 담긴 각종 사진과 데이터, 검사결과 등 논문의 모든 것에 대한 '무한책임'을 지는 저자를 말한다. 25명의 공동저자 중 가장 마지막에 이름을 올리는 동시에 자신의 연구실 주소를 적어 다른 과학자들의 문의에 성실히 응답해야 할 의무가 있는 저자이다. 그가 바로 섀튼 교수였다. 그런데 이처럼 '무한책임'을 져야 하는 수석저자 섀튼 교수였지만 그는 면죄부를 받았다. 논문만 작성했을 뿐 한국에서 온 데이터가 조작된 것임을 몰랐다는 것이다.

한 번이라도 과학논문을 작성해 본 사람이라면 이러한 해석이야말로 '섀튼 봐주기 편파판정'임을 금방 눈치챌 수 있다. 왜냐하면 과학논문, 특히 『사이언스』급 저널에 게재된 논문을 작성한다는 것은 데이터를 짜깁기해 제출하는 '리포트'와는 차원이 다른 작업이기 때문이다.

과학논문 글쓰기는 기본적으로 수천 개 데이터와의 싸움이다. 수많은 데이터 가운데 어떤 데이터를 뽑아내고 어떤 것을 버리며 어떤 방식으로 정리해낼 것인지, 손에 들고 있는 데이터들에 대한 수없이 많은 의심과 사색, 타협과 비판적 사고가 이뤄지는 작업이 바로 논문작성이다. 그러나 섀튼 교수는 그런 작업에 자신의 이름을 남겨놓고도 '단지 논문만 썼을 뿐'이라며 빠져나간 것이다.

그런데 더욱 황당한 일이 벌어졌다. 단지 논문만 작성했을 뿐이라던 섀튼 교수가 논문에 담긴 핵심기술을 쏙쏙 담아 자신의 특허로 출원해놓고 있었던 것이다. 그의 특허가 미국 특허청의 심사를 받고 있다는 『피츠버그 트리뷴』의 기사는 사실이었다. 미국 특허만이 아니었다. 한국의 언론은 유럽연합(EU) 특허국도, 심지어 황우석 교수의 모국인 한국 특허청까지도 섀튼 교수가 특허를 출원한 사실을 밝혀냈다.[2]

그 특허에는 체세포 핵이식 방식으로 인간배아줄기세포를 수립하는 황우석팀의 핵심기술(쥐어짜기 난자탈핵법, 전기자극 조건, 배양액 등)이 담겨 있었다. 그러나 특허 발명자 명단에는 섀튼 교수와 두 명의 피츠버그 연구자들(Simerly, Navara)의 이름만 있을 뿐, 황우석 박사의 이름은 없었다. 더욱이 섀튼 교수의 특허출원일(2004년 4월)은 황우석팀의 특허출원(2004년 12월)보다 8개월여 앞서 있었다.[3]

사실이 이렇다 보니 섀튼이 몸담고 있는 피츠버그 대학 조사위원회조차도 섀튼이 '자신의 특허를 보정하기 위해 황우석팀의 기술을 이용했다'는 의견을 자신들의 보고서에 담았다.[4]

섀튼 박사가 매기 연구소를 통해 출원한 2004년 특허는 매기 연구소 단독으로 개발된 발명만으로는 충족될 수 없는 출원내용을 주장하고 있다. 가(假) 출원 내용을 보정해 실제 출원으로 가는 과정에서 황우석 박사 연구팀에 의해 개발됐다고 전해지는 기술의 지원을 받은 것으로 보인다. [피츠버그 대학]

섀튼은 과연 무엇을 노렸는가? 과거로 시간여행을 떠나보자.

2003년 초순, 원숭이 복제연구로 세계적인 명성을 얻고 있던 발생생물학(developmental biology)의 권위자 섀튼 교수는 큰 어려움에 봉착했다. 원숭이 복제연구에 6년을 투자했건만, 복제양 돌리를 만든 '체세포 핵이식' 기법을 영장류인 원숭이에게 적용해보니 이상하게도 8세포기를 넘지 못하고 모두 복제배아가 죽고 마는 것이었다.[5] 아무리 연구해도 마의 8세포기 벽을 넘지 못하자 섀튼은 결국 '과학적 항복선언'을 하고 만다. 『사이언스』에 "최근 연구방법으로는 영장류에서 핵이식을 이용한 배아줄기세포 생산이 어려우며 생식복제도 달성될 수 없을 것"을 주장하는 논문을 게재한 것이다.[6] 이때가 2003년 4월경이다.

그런데 그로부터 1년 8개월 뒤인 2004년 12월, 섀튼 교수는 '영장류 핵이식은 불가능'하다는 자신의 학설을 뒤집고 원숭이 배반포 수립성과를 발표한다.[7] 마의 8세포기를 넘어 줄기세포 전 단계인 배반포(blastocyst) 단계까지 도달한 것이다. 그는 어떻게 불가능을 가능으로 바꾼 것일까? 그것은 황우석 연구팀을 만나면서부터였다.

그는 2003년 말 한국의 황우석 연구팀이 마의 8세포기를 넘어 배반포기까지 도달하는 독창적인 핵이식 기술을 갖고 있음을 자신의 눈으로 확인했다. 그리고는 황우석팀에게 공동연구를 제안했고, 황우석 연구팀 중 수련된 핵이식 과학자(박을순 연구원)를 자신의 연구실로 받아들여 마침내 원숭이 배반포 수립에 성공한 것이다.

당시 섀튼 교수는 원숭이 배반포 성과가 황우석 기술을 통해 가능했음을 직접 언급하기도 했다.

비관적인 전망을 갖고 있을 때 (한국 과학자들이) 나타났고 우리는 선두에 나서기를 바랐다. 한국의 방법이 정말로 큰 돌파구가 되었으면 했다. 그런데 오, 그것은 정말 매우 인상적인 기술이었다.[8] [제럴드 섀튼 교수]

섀튼이 감탄사까지 동원해 칭찬한 '매우 인상적인 기술'은 무엇일까? 그것은 우선 난자를 탈핵시키는 방법이다. 섀튼을 비롯해 대부분의 연구자들은 아주 작은 유리관을 난자에 찔러넣어 핵을 없애는 '흡입(aspiration)'법을 써왔다. 그러나 조금만 힘을 주면 인간 난자가 터져버리거나 방추체 결함으로 성공적이지 못했다.

반면 황우석팀은 난자를 살짝 눌러주어 핵이 빠져나오도록 부드럽게 쥐어짜는 '쥐어짜기(squeezing)' 기법으로 난자에 대한 파손 없이 방추체 결함을 극복했다. 이게 소위 말하는 '젓가락 기술'이다. 그런데 탈핵법을 '젓가락 기술'로만 바꾼다고 해서 실패하던 연구가 성공할 수 있는 것은 아니다.

황우석팀은 그동안 동물복제 일부에서 사용되어오던 '쥐어짜기' 탈핵법을 인간 난자의 특성에 맞도록 응용했다. 그것은 핵이식을 하기 전(前)단계인 탈핵 전 난자성숙 과정부터 난자의 탈핵, 그리고 핵이식 후 활성화(전기자극 및 배양조건 확립)에 이르는 모든 과정을 오로지 인간 난자의 특성에 맞게끔 고치고 또 고쳐서 최적화 프로토콜로 확립했다는 말이다.

그런데 섀튼 교수가 황우석팀과 손을 잡고 본격적으로 공동연구를 시작하면서부터 섀튼 교수의 특허내용은 조금씩 달라지기 시작했다. 황우석팀 핵심기술 내용이 황우석 교수도 모르게 섀튼 특허 내용으로

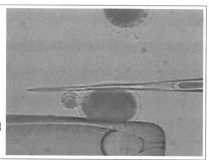

난자를 살짝 눌러주어 핵이 빠져나오도록 부드럽
게 쥐어짜는 '쥐어짜기' 기법은 소위 '젓가락 기술'
로 불린다[9](출처 : 서프라이즈 보고서).

올라간 것이다.

2003년 4월 9일에 가출원이 된 섀튼 교수의 특허는 우선 2004년 4
월 한 자례 보정을 하면서부터 달라지기 시작한다. 전에는 인간을 제
외한 영장류나 동물로 한정하던 그의 특허범위가 2004년 4월부터는
'인간을 포함한 영장류'로 확대된 것이다. '쥐어짜기' 기법도 살짝 언
급했다. 이를 기점으로 당초 '동물 체세포 핵이식의 방추체 결함을 교
정하는 방법'이라는 아이디어에서 출발한 섀튼 교수의 특허는 '인간
체세포 핵이식 줄기세포 수립 특허'로 변모하기 시작한다.

2004년 12월의 미국 CIP(일부계속출원) 특허에서는 황우석팀의 '쥐
어짜기' 탈핵 기법이 섀튼 특허에 자세히 소개되며 청구권리에 포함
된다. 이전만 해도 섀튼의 탈핵 기법은 '흡입법'이었지만 황우석팀을
만나면서 그는 '쥐어짜기' 기법까지 자신의 특허청구권리항에 포함시
켰다.

탈핵 기법뿐 아니라 핵이식 후 전기자극 조건, 배지, 배양액 등 배
반포 형성을 위한 핵심기술을 무더기로 자신의 특허에 집어넣었다.[10]

물론 황우석 전 교수는 이 사실을 알지 못했다. 이러한 섀튼 교수의 특허내용이 공개되자 한국에서는 배금자, 안원모 등 100여 명의 현직 변호사들이 자발적으로 '국민변호인단'을 구성해 섀튼 교수의 특허 도용 의혹에 대해 강한 문제제기를 했고, 이는 이후 〈추적60분〉 '섀튼'편의 공개논란으로 이어지기도 했다.[11]

당시 미국의 한 법률정보언론사는 한국의 연구를 둘러싸고 줄기세포 특허 다툼이 일어나려 한다고 전했다.[12] 2006년 1월 11일 『네이처』 기사에서도 섀튼 교수의 독자적인 특허출원에 의문을 표하면서 '다툼없는 완벽한 특허를 얻기는 어렵지만, 일단 특허권자가 되면 엄청난 혜택이 있을 것'이라는 미국 특허변호사의 인터뷰를 언급하기도 했다.[13]

그런데 섀튼 교수는 여기에 그치지 않았다. 2005년 황우석 박사의 추천서와 연구성과에 기반해, 그해 미국 국립보건원(NIH)에서 줄기세포 연구동 신축사업 등의 명목으로 1천 6백만 달러의 지원을 받았다.[14] 더구나 2005년 논문에 기반한 새로운 줄기세포 특허출원에 있어 상당한 지분을 황우석 박사에게 직접 요구하기도 했다.[15] 그리고 줄기세포 관련 임상연구가 이뤄질 세계 줄기세포 허브의 이사장직을 자신이 맡겠다는 의지를 노골적으로 드러내기도 했다.

서울대 의대 안규리 교수는 섀튼 교수가 당시 자신에게도 섀튼 주도의 세계 줄기세포 허브 구상을 밝히며 동참할 것을 부탁했다고 법정에서 증언했다.

(2005년 5월부터 저에게 상당한 호의를 보이며 전 세계 줄기세포 허브) 전체 그룹 운영에 본인이 이사장을 하고 싶다는 말을 했습니다. 닥터 섀튼은 줄기세포 만드는 허브를 (미국) 캘리포니아에도 만들고 (세계) 다른 곳에도 만드는 역할을 함에 있어 운영위원회가 필요하고, 그 운영위원회에서 국제적인 역할은 자신이 이끌어가고, 실험실 역할은 한국에서 하는 쪽으로 방향을 설정했던 것 같습니다. (다시 말해) 줄기세포를 만드는 부분은 우리나라에서 하고, 전체적인 운영은 (섀튼) 본인이 하고 싶어했습니다.16) [안규리 교수]

그러나 황우석 박사는 특허지분도, 줄기세포 허브 이사장직도 모두 거절했다. 우연의 일치일까. 그리고는 2005년 11월 12일, 섀튼 교수는 『워싱턴포스트』와의 인터뷰를 통해 황우석 박사와의 결별을 선언했다. 사전 상의도 없이 갑자기 이뤄진 통보였다. 핵심은 연구원 난자윤리 문제였지만, 기자와의 인터뷰에서 섀튼은 그것 말고도 또 다른 문제가 있다는 뉘앙스를 풍겼다.

또한 섀튼은 올해 황우석과 함께 발표한 과학 논문에서 어떤 기술적 실수들을 발견했음을 알릴 것이라고 말했다.17) [워싱턴포스트]

결국 황우석팀과 한국의 줄기세포 허브는 붕괴되었다. 반면 섀튼 교수는 그에 대한 논란에도 불구하고 멈춤없이 연구를 계속하고 있다. 2007년 10월 12일, 섀튼 교수가 다시 공식석상에 모습을 드러냈을 때, 그 자리에는 2007년 노벨의학상 수상자도 참석했다. 이 자리에서 섀튼은 '재생의학' 부문의 발표자로 나서며 자신의 연구성과를 자신있게 설명했다. 그리고 과거의혹을 묻는 기자에게 이런 말을 던졌다.[18]

언론의 역할은 사람들이 과학에 흥미를 느끼도록 하는 것이죠(You are the conduit where people can learn about interesting science).

[제럴드 섀튼 교수]

32

황우석 특허, 국민들이 지켜낸다

그날 수은주는 영하 12도를 넘나들고 있었다. 마이크를 꺼내든 지 20분 만에 하얀 콧물이 흘러나왔다. 그러나 내 마이크만은 따뜻한 온기를 유지했다. 37℃의 인간난로들, 그들의 심장에서 뿜어져나오는 열정이 마이크를 따뜻하게 덥히고 있었던 것이다.
_ 2009년 1월 12일, 서울대 앞 특허사수 천막농성 현장에서

2009년 1월 12일, 결국 서울대가 줄기세포 특허권을 황우석 박사 측에게 넘겼다.[1] '넘겼다'는 사실보다는 이를 통해 11개국에 출원 중인 국제특허의 등록 가능성이 보다 높아졌다는 것이 이 사안의 핵심이다. 서울대는 그동안 처녀생식론을 고수해오며 특허에 대한 발목을 스스로 잡아왔다. 그러나 이제 특허의 주인은 공판을 통해 연일 1번 줄기세포가 '진짜' 체세포 복제세포라는 과학검증결과를 제시하고 있는 황우석 박사 측에게 넘어갔고,[2] 이들이 11개국 특허청에 대해 과학검증결과를 적극 제시할 경우 지금보다는 특허등록 가능성이 높아진 것이다. 물론 아직까지 어느 한 나라에서도 낙관할 수는 없지만 말이다. 바로 이 지점에서 국민들의 환호성이 울렸고, 필자는 그 현장에 있었다.

'소 뒷걸음질 치다 쥐 잡는다'는 말처럼 그날 필자는 영하 12도의 한파 속에 천막농성을 하는 국민들을 취재하러 서울대 앞을 찾았다가 '서울대가 특허권을 넘겼다'는 말에 환호하는 국민들의 집회 아닌 집회 현장을 녹음하게 되었다.

서울대 특허포기에 천막으로 답하다

그 추운 겨울 따뜻한 안방을 놔두고 국민들이 서울대 앞 천막에서 칼잠을 자기 시작한 이유는 다음과 같다.

2008년 9월 24일, 호주 특허청은 황우석 박사 등이 발명해 서울대 명의로 출원한 줄기세포 특허에 대해 사실상 등록결정을 했지만 특허청 교부는 연기한다고 밝혔다.[3] 대학 졸업시험에 합격은 했지만 졸업장은 못 주겠다는 꼴이었다. 그런데 이에 대해 적극적으로 문제제기를 하며 특허증 교부를 압박해야 할 위치에 있는 특허권자 서울대는 이상하게도 소극적인 태도로 일관했다. 서울대가 호주 특허청의 보류 발표 이후 발명자인 황우석 박사 측과의 정보교류도 끊어버렸다는 의혹이 꾸준히 제기되었다.

10월 20일, 제 28차 공판에서는 증인으로 출석한 변리사가 '서울대가 캐나다 특허청에 보낼 보정서류 정보까지 황우석 박사 측에게 차단하고 있음'을 증언하기도 했다.[4] 이에 대해 황우석팀 1번 줄기세포를 '처녀생식'으로 단정지은 서울대가 '체세포 핵이식 특허'를 등록결정한 호주 특허청의 요구에 난감해하며 '특허를 묻으려 한다'는 의혹이 꼬리에 꼬리를 물고 제기되었다. 그리고 결국 서울대 정문 앞에

2009년 1월 12일, 영하 12도의 추위 속에서도 서울대 정문 앞에서 천막농성을 벌이고 있는 시민들을 취재했다.

는 시민들의 천막이 쳐졌다. 현수막에는 '외국에서 준다는 특허 왜 버리냐?'며 서울대를 강하게 성토하는 문구가 적혀 있었다.

그런데 12월 11일, 서울대는 한 언론과의 인터뷰에서 '황우석 특허 포기할 수도 없고 그렇다고 황우석 측에 넘길 수도 없다'는 고민을 토로한 데 이어 12월 30일에는 '황우석 해외출원 특허를 결국 포기하기로 결정했음'을 밝혔다.[5] 이 언론보도가 『연합뉴스』와 『AP통신』을 통해 전 세계로 타전된 직후 서울대 앞에서는 특허포기를 규탄하는 국민들의 격렬한 항의가 이어졌다. 한 특허변리사는 '20년 만에 처음 욕을 해봤다'며 서울대의 특허포기 발언을 규탄했고, 어느 시민단체는 교육과학기술부에 '정부가 나서서 황우석 특허를 지켜달라'는 내용의 공문을 발송하기도 했다. 한 60대 노인이 서울대 몇몇 인사에 대한 화형식 퍼포먼스에 참여하려다 이를 막는 경찰의 제지에 항의, 독극물을 마시고 병원에 실려가기도 하는 아찔한 상황이 펼쳐지기도

했다. 그렇게 서울대 앞 천막농성 국민들은 천막 속에서 연말연시와 새해를 맞았다.

　매일 아침 서울대 교직원들의 출근시간에는 특허포기를 규탄하는 국민들의 1인 퍼포먼스가 섬뜩하게 진행되었다. 1월 12일 아침만 해도 한 시민이 서울대 특허를 관리하는 서울대 산학협력재단 서모 교수의 인형을 들고나와 입관식을 거행했다. 그런 와중에 오후 3시, 결국 서울대가 특허출원 명의를 황우석 박사 측 'H-Bion'이라는 비상장법인에 넘긴다는 소식이 『연합뉴스』를 통해 전해졌다.[6] 천막 안에서는 시민들의 환호성이 터져나왔다.

　이날 오후 5시, 황우석 박사 관련 제31차 공판을 참관하기 위해 부산에서 관광버스를 대절해 올라온 시민들이 서울대 앞으로 가세하면서 서울대 정문 천막 앞에서는 150여 명의 시민들이 모인 가운데 '집회 아닌 집회'가 열리기도 했다. 그날 수은주는 영하 12도를 넘나들고 있었다. 마이크를 꺼내든 지 20분 만에 하얀 콧물이 흘러나왔다. 그러나 마이크를 들고 있는 손에서는 따뜻한 온기를 느낄 수 있었다. 37℃의 인간난로들, 그들의 심장에서 뿜어져나오는 열정이 마이크를 따뜻하게 덥히고 있었던 것이다.

"나라의 미래를 위해 끝까지 함께 합시다"

　천막생활을 해온 사람들은 어떤 사람들일까? '현주'라는 닉네임을 쓰는 50대 아저씨는 한 달 이상 천막생활을 해온 이유에 대해 단호하게 말했다.

내가 잘되려고 하는 게 아니고 이 나라와 이 조국과 이 민족의 미래가 이래서는 안 되겠다는 그 생각으로 이렇게 나왔습니다. (주변을 보며) 여기 일당받고 나왔습니까? 내 돈 들이고 내 차비 쓰고 내 시간 내서 왔습니다.[7] [서울대 천막농성 현장/시민 현주]

그는 황우석 박사 공판을 참관하려고 부산에서 버스를 대절해 온 시민들과 스님이 가져온 쌀을 '고맙지만 받지 못하겠다'라며 거절했다. 물질적인 도움보다는 정신적으로 함께 해주는 것만으로도 감사하다는 것이었다.

서울대 출신의 70대 김진웅 어르신은 자신이 황우석 논란 초기부터 관심을 갖고 실천을 해온 이유에 대해 나직한 목소리로 설명했다. 그러나 조용조용한 목소리와는 달리 그의 말 속에서는 뭔가가 부글부글 끓어오르고 있었다.

제가 한 반백 년 전에 서울대학교를 나왔는데요, 그때나 지금이나 꼭 꼴통같은 생각을 하는 사람들은 여전히 잘 활개치고들 있어요. 그중에 대표적으로 정○○, 막돼먹은 망나니 같은 녀석. 이런 녀석들을 위시해서 몇몇…… 후배라고 감쌀 게 아니고요. 이런 것부터 버릇을 고쳐야겠다고 해서 제가 사대 초기부터 비교적 부지런히 나왔습니다. 이렇게 추운 날 많은 분들이 와줘 감동 그 자체입니다. 여러분, 앞으로 더 힘냅시다.[8] [서울대 천막농성 현장/김진웅 어르신]

황우석 박사의 공판을 참관하기 위해 부산에서 올라왔다는 한 스님은 황 박사의 연구가 갖는 의미에 대해 이렇게 말했다.

황우석 박사는 일찌감치 이 특허 권한을 국가의 재산으로 돌리겠다고 수차례 언급했습니다. 개인의 이익이 아닙니다. 이를 통해 국가가 막대한 이익을 창출할 수도 있고, 또 많은 장애인들에게 희망을 줄 수도 있는 일입니다. 우리 여러 불자들이 힘을 합해줌으로 인해 더욱 빛을 발할 수 있다고 생각합니다. 오늘 와주신 여러분들 정말로 복 많이 받으실 것이고, 정말로 이 일을 끝까지 함께 밉시다.

[서울대 천막농성 현장/한 스님]

'아톰'과 '폭포수'

집회 현장에서 늘 카메라가 주목하는 여성이 있다. 바로 '아톰'이라고 불리우는 큰 키에 짙은 화장, 그리고 독특한 헤어스타일을 한 채 태극기를 흔드는 여성이다. 어디에서 무엇을 하는 사람일까? 그런데 그녀와 인터뷰를 하면서 사진 속 이미지와는 많이 다르다는 생각을 했다. 그녀는 여전사라기보다는 눈물이 많은 여성인 것 같았다. 그녀는 지난 날을 회상하는 대목에서 여러 번 눈시울을 붉혔다.

'아톰'이라는 닉네임은 제가 쓴 게 아니라 경찰들이 지어준 거예요. 서울대 행정관 앞에서 시위를 할 때 경찰들이 이름을 모르니까 그냥 아톰 머리 같다고 해서 '아톰 아톰' 한 게 진짜 아톰이 됐네요. 원래 제 닉네임은 '황 박사님 제자리'예요.[9] [서울대 천막농성 현장/시민 아톰]

그저 모든 것이 제자리를 찾았으면 하는 마음에 이 외로운 시위를 시작했다는 그녀. 아톰은 원래 10여 년간 유람선 승무원 생활을 하며 마이크를 들고 승객들에게 이곳저곳을 설명해주는 직업을 갖고 있었다. 그런 그녀가 지금은 마이크를 들고 애써 외면하는 서울대 학생들에게 황우석 박사의 진실을 설명해주고 있었다.

지난 3년 동안 진짜 많이 가슴을 치며 통곡했습니다. 제가 유람선 승무원 생활을 10년 동안 하면서 IMF 외환위기가 왔고, 회사가 법정관리에 들어가면서 결국 제가 한 배에서 4~5명 있던 승무원들을 한 배에 한 명씩 놓고 나머지 안내업무는 제가 방송녹음을 해서 버튼식으로 다 바꾸게 되있어요. 그리고 외국에 나갔더니 "너희 나라 망하지 않았느냐?"는 말을 들었어요. 타국에서 느끼는 약소국의 비애는 정말 무엇으로도 표현할 수가 없었어요. 그래서 저는 이 줄기세포 특허를 지켜내는 것이, 내 자식들이 우리 후손들이 외국에 나가서 약소국의 설움을 받지 않게 하는 길이라고 생각했어요. 그래서 저는 이 운동에 뛰어들었고, 아무리 거짓이 크고 위대할지라도 이 작은 진실을 이길 수 없다고 생각해요. 저는 이것만으로도 너무 큰 성취를 얻었다고 생각하고 같이 해온 동지들에게 너무 감사드립니다.

[서울대 천막농성 현장/시민 아톰]

그녀는 4년 전 황우석 박사 촛불에 참여한 것을 시작으로, 작년에는 광우병 촛불과 공기업 민영화 반대 촛불에서도 태극기를 휘날리며 참여해왔다고 한다. 그러나 다른 촛불들은 지킬 사람들이 많지만 이 촛불만은 지킬 사람이 많지 않아 이렇게 서울대 앞에 왔다며, 하지만 자신은 생업과 가정이 있어 천막에서 잠을 자지 못하는 것이 못내 미안하다는 소회를 밝히기도 했다. 그 후 그녀는 서울대 앞에서 경찰들과의 마찰 끝에 구속 수감됐다. 유치장 안에서 항의 단식에 들어갔다는 소식도 함께 전해졌다.

한편 '아톰'과는 정반대의 표현방식으로 시선을 끄는 또 다른 시민의 천막도 있었다. 특히 이 천막은 업무를 관리하는 서울대 산학협력재단 바로 앞에 쳐져 있었는데, 그 안에는 120여 일째 조용히 천막과 현수막만으로 자신의 뜻을 표현해온 또 다른 시민, 닉네임 '폭포수'가 있었다. 귀농해 시골에서 소를 키웠다는 이 50대 시민은 자신 같은 평범한 시민이 하루도 빠짐없이 지켜본다는 사실만으로도 서울대에게는 큰 압박이 될 것이라며, 2008년의 가을과 겨울을 천막 속에서 조용히 보냈다.

조용히 몸으로 호소하는 '폭포수'의 천막, 그리고 마이크와 열정으로 호소하는 '아톰'의 천막. 다양한 시민들의 얼굴이었다.

천막농성의 하루는 아침 7시 30분부터

서울대 정문 앞에서 한달 이상 계속된 천막농성에 대해 '세 친구'라는 닉네임을 가진 40대 직장인은 "휴" 하는 한숨부터 쉬었다. 사실 천막에서 잠을 자고 있는 시민들은 황우석 박사의 줄기세포 논란이 터지기 전까지는 단 한 번도 단식투쟁이나 천막농성을 해본 경험이 없는 '아마추어'들이다. 그들은 아침 저녁 출퇴근 시위만 기획할 뿐, 감히 이 한 겨울에 천막을 칠 엄두를 내지는 못했다고 한다. 그런데 자신들이 직접 천을 떼와서 페인트 붓을 이리저리 놀려 쓴 현수막들이 다음날 아침 찢겨지고 훼손되는 것을 본 다음부터는 생각이 달라졌다는 것이다.

자꾸 현수막들이 훼손되고 상황이 악화되는 것을 보면서 그걸 지키기 위해 천막을 친 것입니다. 그런데 한밤중에 천막 안에 쥐가 들어와서 다니지를 않나, 새벽에 술 취한 취객이 들어와 난동을 부리지를 않나, 어떤 경우는 취객이 '황 박사는 사기꾼'이라면서 스피커를 부수는 난리기 벌이지기도 하고…….[10] [서울대 천막농성 현장/세 친구]

그런데 벌써 한 달 이상 천막 속에서 잠을 자온 '세 친구'는 아직도 직장생활을 하고 있다고 말했다. 아니 이런 스케줄 속에 직장생활이라니 의아한 생각이 들어 어떻게 그것이 가능한지 물어봤다.

오전 7시 30분에 스피커를 설치하고요. 8시부터 8시 45분까지 딱 정해져 있습니다. 서울대 교직원들의 출근시간이요. 그 시간에 맞춰 무조건 1인 퍼포먼스를 벌이는 거예요. 방법을 계속 변화시기고 깅도를 높여가고. 출근시간이 지나면 다른 분이 나오세요. 그러면 그 분께 바톤터치하고 저는 그때 출근하죠. 일 끝나고 돌아와서 다시 천막 속에서 잠을 자고……. [서울대 천막농성 현장/세 친구]

'세 친구'는 자신이 생각해도 기가 막힌다는 듯 웃음지었다. 그러면서 이런 소회를 밝혔다.

언젠가 이 운동이 좋은 결과로 마무리되고 진실이 규명되고, 제자리로 돌아가서 이 연구가 지속되는 상황이 온다면, 이러한 과정에 제가 동참했다는, 그리고 이 과정에서 있었던 일들……. 그 일들은 평생 잊혀지지 않고 큰 자부심을 안고 살아가게 될 것 같습니다.

[서울대 천막농성 현장/세 친구]

언제까지 그들의 천막생활이 계속될까? 인간적으로 빨리 이들이 일터로 돌아갔으면 하는 게 필자의 바람이다. 그런데 당장 천막이 철수하는 일은 없을 것 같았다. 취재현장에서 시민들은 거의 한 목소리로 이제 시작일 뿐임을 외쳤고, '기술보유'라는 시민은 작은 승리에 도취하지 말고 끝까지 지켜보자는 당부의 말을 남기고 있었다.

부탁드리겠습니다. 오늘 서울대에서 특허를 넘겨주겠다고 도장을 찍었다고 했는데, 사실 저희가 3년 지나 4년차거든요. 그 전에도 서울대에서는 사실 자신들이 했던 말을 제대로 지킨 적이 거의 없습니다. 우리가 눈 부릅뜨고 앞으로 1년이고 2년이고 최종적으로 우리한테 넘어올 마지막까지 반드시 지켜봐야 합니다. 아직 끝이 아닙니다. 이제부터 시작인 겁니다. 아시겠죠?[11] [서울대 천막농성 현장/기술보유]

취재를 마치고 돌아오는 차 안에서 이런 저런 생각에 잠겼다. 사실

며칠 전 어느 PD 분의 말이 계속 내 머릿속을 맴돌고 있었다. 그는 나에게 이렇게 말했다. "언젠가 역사가 당신과 나 어느 한 쪽에 대해 준엄한 심판을 내릴 것입니다." 그런데 이날 취재를 마치고 나는 그에게 이렇게 답하고 싶었다.

"역사의 심판은 역사에게 맡겨두십시다. 문제는 지금 당장 특허와 원천기술을 지키는 것입니다. 왜냐하면……. 이 특허는 당신의 것도 나의 것도 아닌 대한민국 국민의 것임을, 나는 오늘 취재를 통해 처절하게 깨닫게 되었기 때문입니다."

미국의 시사주간지 『타임』은 2005년 가장 놀라운 발명품으로
황우석 연구팀의 복제개 '스너피(Snuppy)'를 꼽았다. 2008년 5
월 미국의 『뉴욕타임즈』는 황우석팀이 세계 최초로 죽은 개복
제에 성공했다고 보도했다. 그러나 국내에서는 아이러니하게도
아직까지 영롱이는 가짜, 광우병 내성소는 쇼에 불과하다고 믿
는 사람들이 제법 많다.[0]

04
PART

33

영롱이는 없다?

영롱이가 너무 건강해서 의심스럽다고요? 진짜로 확인된 스너피는 지금도 건강하게 잘 돌아다닙니다.
직접 (동물복제) 실험해보고 동물이 태어난 걸 본 사람들은 그런 말 못합니다.
_ 前 황우석팀 연구원 A씨

2006년 1월 10일, 〈PD수첩〉은 복제젖소 영롱이와 복제한우 진이
에 관한 논문이 하나도 없다며 의혹을 제기했다.[1] '황우석'과 '복제
소'라는 키워드로 검색해보니 하나도 안 나왔다는 것이다.

그런데 이런 식으로 논문을 찾으면 우리나라 복제소 논문은 모두
'없는 것'이 된다. 〈PD수첩〉의 검색은 논문을 찾기 위한 검색이 아니
라 논문이 없다는 걸 보여주기 위한 '이미지 조작'이었던 것이다. 우
리나라에서 가장 자료가 많다는 곳 중 하나인 국회도서관의 전자도서
관에 들어가보자. '황우석'이라는 키워드는 접어둔 채 '복제소'라는
키워드만 넣고 검색을 해봐도, 나오는 학회지 논문은 일본의 복제소
안전성을 평가한 논문 1건에 불과하다. 〈PD수첩〉이 검색한 '복제소'
라는 키워드는 동물복제 논문을 찾기에는 부적절한 키워드였던 것

MBC 〈PD수첩〉의 한 장면(출처 : iMBC)[2]

이다.

정말 황우석팀의 복제소 논문을 찾으려면 영문 키워드인 'bovine (소의 학명)'에 복제기술의 하나인 'Somatic Cell Nuclear Transfer(체세포 핵이식)'를 이용해야 한다. 그들은 국내 이공계 여느 연구팀과 마찬가지로 90년대 후반부터 영문으로 작성된 논문을 해외저널에 투고하는 것을 기본으로 해왔기 때문이다.

필자가 국가과학기술전자도서관(NDSL)의 논문검색서비스를 이용해 'bovine'과 'Hwang'이라는 키워드만으로 찾은 황우석팀 국내외 논문만 33편이었다.[3] 그중 영롱이가 태어난 1999년부터 2002년까지 3년간 나온 영문논문만 15편이었다. 모두 '소(Bovine)'와 '황(Hwang)'이라는 키워드 검색으로 찾은 논문이다. 이렇게 쉬운 논문 검색인데 왜 〈PD수첩〉은 황우석팀 복제소 논문을 하나도 못 찾았던 것일까?

당시 〈PD수첩〉과 일부 언론은 소복제 연구에 참여해본 경험이 없는 제보자 K씨의 '카더라'식 증언을 바탕으로 '영롱이' 의혹을 집중 부각시켰다.

언론 플레이만 있고 논문은 없었다?

영롱이는 홀스타인종 젖소이다. 당시 소복제 성과는 이미 외국에서 논문으로 발표되었다.[4] 따라서 당시 황우석팀 상황에서는 영롱이 복제 자체를 성과로 한 논문게재는 기대할 수 없었다. 그들과 비교되는 효율의 급진전이 나온다면 몰라도. 그런데 정식 논문은 아니었지만, 복제젖소 영롱이와 복제한우 진이의 출생, 그 자체에 대한 학술적 기록은 국제 학술대회 발표자료로 남아 있다.[5]

황우석팀은 영롱이와 진이의 성과를 발표한 1999년 미국에서 열린 복제동물관련 학술대회인 'Transgenic Animals in Research Conference(1999년 8월 15일~19일, 미국 캘리포니아 Tahoe city)'에 참여해 포스터 발표를 했다. 이 학술대회는 당시 슈퍼스타였던 복제양 돌리의 '이언 윌머트'가 초청연사로 오는 등 전 세계에서 가축의 형질전환과 동물복제를 연구하는 과학자들이 망라된 큰 규모의 학회였다.

당시 발표자료를 보면 홀스타인 종인 영롱이는 체세포를 자궁에서 떼어내 532개의 난자를 사용해 배반포가 21개 만들어졌고, 15개의 배아를 이식해 그중 1마리가 태어났음을 알 수 있다. 한우(Korea Native Cow)의 경우 체세포를 귀 부근에서 떼어내 273개의 난자를 사용해 1마리가 태어났다고 보고된다. 연구자들의 이름을 보면 황우석 박사 외에도 텍사스 A&M 대학, 포천 중문의대, 한경대 연구자 등 다양했다.

하지만 이 연구성과가 포스터 발표를 넘어 해외저널의 정식논문으로 채택될 확률은 그리 높지 않았다는 게 당시 황우석팀에서 소복제를 담당했던 A 연구원의 말이다.

Table 1. Development of constituted oocytes followed by SNT

	Donor cells	No. of oocytes	Fused (%)	Cleaved (%)	BLST (%)	Transferred	Delivered
Holstein	Uterus	532	176 (33)	137 (78)	21 (15)	15	1
KNC	Ear skin	273	161 (59)	98 (61)	32 (33)	19	1

ng the available promoters, the human
known to be potent and functionnal in
l types. On the other hand, the Eflα
weakly controlled at the transcriptional
hese reasons, the human Eflαgene pro-
ited with the first intron was used to
genic rabbits. This regulatory element
xpression of human DAF (CD55) and
. The expression vector also contained
RES and the human GH gene terminator.
d transgenes were expressed at moder-
ree lines of rabbit out of six and in half
issues. Two copies of the 5'HS4 region

Production of Holstein and Korean native calves cloned by somatic cell nuclear transfer (snt) in Korea

W. S. Hwang[1,]*, T. Shin[2], J. I. Park[1], S. Roh[3], J. M. Lim[4], S. Shin[1], K. Y. Kim[1], J. K. Cho[1] & B. C. Lee[1]
[1]*College of Veterinary Medicine, Seoul National University*
[2]*College of Veterinary Medicine, Texas A&M University*
[3]*Department of Animal Life & Resources, Hankyong National University*
[4]*Department of Anatomy, Pochon CHA University*

영롱이에 대한 1999년 국제학술대회 발표자료(출처 : Transgenic Research)

그때만 해도 (세계에서) 다섯 번째예요. (소복제가) 된 자체만으로는 SCI 논문이 되기는 힘들었죠. 영롱이가 나오기 1년 전인 1998년에 이미 일본에서 체세포 핵이식으로 소복제를 제일 먼저 해버렸어요. 그것도 한꺼번에 여덟 마리나. 그긴 『사이언스』에 실렸어요. 돌리는 『네이처』였고. 논문발표가 1998년에 됐다는 건 실험이 이미 1997년에 다 끝났다는 것이거든요. 그러면 영롱이 태어나기 2년 전에 다른 나라에선 여덟 마리씩 태어나서 『사이언스』, 『네이저』에 쌍쌍 발표하는데 달랑 한 마리 태어났다는 것……. 그 자체로는 (논문) 어려웠죠. 황(우석) 선생님이 누구보다 잘 아셨을 거예요. 그래서 (복제 사실) 자체에 대한 논문보다는 복제효율에서 앞서가는 쪽으로 처음부터 방향을 잡으신 거죠. 6) [전직 황우석팀 연구원 A씨]

황우석 연구팀의 관심은 복제 그 자체가 아니라 '효율의 신장'이었다. 이는 당시 황우석팀과 공동연구를 했던 서울대 임정묵 교수의 말을 통해서도 입증된다.

당시 번식생리나 동물복제 학계의 화두는 (복제동물을) 만드는 것 자체가 아니라, 여기저기에서 복제동물이 출현하는 마당에 과연 '체세포 복제효율을 어떻게 높여낼 것인가'였어요. 사실 동물복제에 있어 체세포 복제 성공률이 낮은 게 맞거든. 보다 성공률이 높은 기법의 확립이 연구자들의 관심사안이었죠.[7] [서울대 임정묵 교수]

실제로 영롱이 발표 이후 황우석팀에서 나온 논문을 살펴보면 다른 무엇보다도 '복제효율을 높이기 위한 시스템 확보'에 총력을 기울이고 있었음이 확인된다. 2002년에 해외 SCI 등재 저널에 실린 논문 한 편을 보니, 복제효율을 높이기 위해서는 소의 어떤 부위에서 체세포를 떼어내는 게 좋은지, 핵이식을 위해 세포배양을 할 때 혈청의 농도를 어느 정도로 맞추는 게 좋은지 등 모두 여덟 가지 경우의 수를 따져 각각의 경우에 따른 핵융합 비율, 배반포 성공률, 그리고 임신 및 송아지 출산율, 심지어 송아지가 태어날 때 몸무게와 태어난 이후 몸 상태까지 꼼꼼히 체크해 최적의 대안을 찾아왔음을 알 수 있다.[8]

이 논문이 제출된 시기는 2001년 3월이다. 그렇다고 하면 소의 임신기간(평균 277일)을 감안해볼 때 실제 실험은 영롱이 성과가 발표된 직후인 1999년부터 2000년 초 사이에 이뤄졌을 것으로 추정된다. 이런 논문들이 영롱이 발표 이후 계속 해외저널에 터져나왔다. 황우석팀은 영롱이 복제를 통해서는 "남들만 하는 줄 알았더니 우리도 할 수 있구나"라는 자신감을 얻었고 그 뒤 정식 연구논문을 통해 다른 나라 과학자들과의 복제효율 높이기 진검승부를 펼쳐왔던 것이다. 이를 두고 '논문이 없으니 가짜'라는 의혹을 제기한다면, 영롱이 발표 이후 계속된 복제돼지, 장기이식 돼지, 그리고 2005년 복제개 스너피의 성과는 어떻게 설명할 것인가?

영롱이가 너무 튼튼한 거 아냐?

미즈메디 노성일 이사장은 '영롱이가 너무 튼튼한거 아니냐?'며 의문을 제기했다.[9] 〈PD수첩〉은 '복제동물이 새끼까지 낳았는데도 후속논문이 없다'며 의혹을 제기했다.[10] 그러나 이것은 의혹을 위한 의혹일 뿐이었다. 실제 동물복제 연구를 하고 있는 현장 연구자들의 말은 이런 의혹제기를 일축한다. 복제동물도 얼마든지 튼튼하고 새끼도 낳는다는 것이다.

원론적으로 보면 복제동물이 일반 동물에 비해 죽을 확률이 높은 건 맞아요. 그러나 일정 시기만 넘어서면 (복제동물도) 일반 동물 못지않게 건강합니다. 복제동물 가운데 건강하지 못한 아이들은 뱃속에 있을 때 죽거나(유산) 태어난 직후 죽지만(사산), 생후 한 달 정도를 넘기면 건강하게 살아가는 걸 많이 봅니다. 아플 아이들이면 진작 아프거나 진작 죽었지 일단 (위험시기를) 넘기면 일반 동물과 똑같이 건강하고 새끼도 낳는다는 거죠.[11] [전직 황우석팀 연구원 A씨]

복제양 돌리 때문에 복제동물이 일찍 죽거나 새끼를 잘 못 낳는 것으로 알려져 있으나 실제로는 그렇지 않다. 복제돼지 형광이의 경우 세 마리가 새끼를 평균 일곱 마리씩 낳았다.[12]

[경향신문/엠젠바이오 박광욱 사장]

　복제동물이 약한 것은, 체세포 핵이식 과정에서 전기충격 등 인위적 손상(Mechanical damage)을 주기 때문이다. 그런데 이러한 손상을 최소화시킬 수 있는 핵이식 기술이 하루가 멀다하고 개발되고 있다는 게 연구자들의 설명이다. 그럼에도 불구하고 여기저기서 '튼튼해서 의심스럽다'라는 의혹들을 던진다. 실제로 한 시민운동가는 스너피가 태어나자마자 인터넷 언론 기고문을 통해 '동물원에서 조로할 복제동물의 슬픈 사연'이라는 기사를 기고하기도 했다.[13] 복제동물은 꼭 일찍 죽어야만 하는가? 스너피는 아직까지 건강하고 새끼까지 낳았다.[14] 전직 연구원 A씨는 의미심장한 한마디를 던졌다.

스너피는 지금도 건강하게 잘 돌아다닙니다. 직접 실험해보고 동물이 태어난 걸 본 사람들은 그런 말 못합니다. [전직 황우석팀 연구원 A씨]

영롱이는 수정란 할구분할로 태어난 쌍둥이?

'DNA는 일치하는데, 미토콘드리아 DNA 결과는 안 나왔음'
〈PD수첩〉이 자신들이 의뢰한 영롱이의 DNA 검사결과를 공개하면서 한 말이다.[15] 이 주장은 영롱이의 DNA가 일치하더라도 체세포 복제가 아닌 수정란 할구분할 방식에 따른 '쌍둥이'일지 모른다는 논리로 이어졌다. 『경향신문』은 '영롱이가 시간차 쌍둥이'일 수 있다는 기사를 썼고, 『한겨레』 역시 '영롱이와 스너피에 의심의 눈초리가 간다'고 썼다.[16] 이에 대해 황우석팀 전직 연구원 A씨는 '음해를 하다 하다 안 되니까 나온 말'이라 일축한다.

배아를 둘로 쪼개 냉동시켜놨다가 시간차를 두고 쌍둥이를 만드는 건 체세포 복제보다 더 어려운 기술입니다. 소의 경우 세포분열 초기단계에서는 동결 자체가 힘듭니다. 세포 크기가 클수록 동결이 어렵거든요. 그래서 제일 동결이 어려운 게 난자이고, 그 다음이 2 cell(두 개로 분열된 상태)이에요. 그런데 그 상태에서 하나를 쪼개 동결시켜놨다가 나중에 그걸 해동시켜서 영롱이를 만들었다?

[전직 황우석팀 연구원 A씨]

스너피의 경우도 이런 식의 할구분할 의혹이 강하게 제기된 바 있다. 그때는 국내 언론 뿐 아니라 미국 ACT 연구소의 로버트 란자 박사가 강하게 가짜 의혹을 제기했다.[17] 그는 황우석 박사팀의 가장 강력한 경쟁자이기도 했다. 하지만 심도 깊은 검증결과, 결국 스너피는 할구분할이 아닌 진짜 체세포 복제개로 밝혀졌다.

개의 난자는 끈적거림이 많아 냉동이 쉽지 않고 개의 배아도 냉동했다 해동해 본 연구가 거의 없다. 냉동배아로 복제동물을 만드는 것은 체세포 복제만큼이나 어려운 일[18] [경향신문/순천대 공일근 교수]

해외 언론에서 산발적으로 지적하는 것을 국내에서 확대 해석하지 않았으면 한다. 수많은 연구진이 함께 노력한 결과물인데 결정적인 증거없이 의심만 하는 것은 바람직하지 않다.[19] [경향신문/경상대 김진회 교수]

당시 스너피 논란에 대해 국내 동물복제 전문가들이 던진 코멘트였다. 영롱이 할구분할에 대해 A씨가 말한 맥락 그대로이다. 그러나 이처럼 '실제 연구를 해온' 사람들의 말은 작게 취급되거나 아예 무시되고, '의혹을 부풀린 명망가들'의 말은 대서특필되는 이상한 세상이 계속되고 있었다.

DNA 기록과 체세포 제공한 소는 어디 있나

〈PD수첩〉은 계속 캐물었다. 영롱이를 공개할 때 영롱이와 영롱이를 배고 있던 대리모 소만 공개했는데, 그러면 영롱이에게 체세포를 제공했던 소는 왜 안 보이냐고, 있긴 있는 거냐고.[20] 하지만 영롱이에게 체세포를 제공한 소는 당시의 열악한 연구환경에서 도저히 등장할 수가 없었다. 동물복제 전문가 C씨의 말이다.

연구현실을 모르고 하는 소립니다. 체세포를 떼어내는 소들은 대부분 농장에서 젖을 많이 짜거나 고급육을 생산하는 비싼 소들이에요. 목장주 입장에서는 무척 귀하고 비싼 소입니다. 그리고 당시 대학연구 현실에서는 이런 소의 체세포를 떼어내기 위해 소를 구입한다는 건 상상할 수도 없고요. 아마 황 선생님이 그 목장 소들의 임신진단이나 정기진료를 무료로 해주는 조건으로 부탁하며 체세포를 떼어내고 연구했을 겁니다. 당연히 영롱이에게 체세포를 제공한 소는 어느 목장에선가 자기 역할을 다한 뒤 도축됐겠죠. 그런걸 이제 와서 찾아오라고 하면 정말 기가 막히죠.[21] [동물복제 전문가 C씨]

　황우석팀이 영롱이 성과를 내놓을 당시만 해도 말이 서울대 연구팀이지 실제 그들이 처한 환경은 '열악' 그 자체였다. 연구원들은 실험실 생활 첫날부터 일주일에 세 번씩 새벽 도축장에 나가 사체더미를 뒤져 소의 난소를 채취해왔고, 틈나는 대로 경기도 일원의 목장에 나가 목장주의 소들을 진료했다. 그렇게 돈이 없으면 몸으로 때워가며 하나하나 확보한 기술이었던 것이다.

　당시 상황에 대한 연구자들의 말을 듣고 난 뒤 다시 한번 옛날 영상을 틀어봤다. 1999년 2월 19일, 영상에서 황 교수는 영롱이를 안은 채 "기분 짱나게 좋다"며 어린 아이처럼 환하게 웃고 있었다. 부족할 게 없는 서울대 교수가 왜 그리도 어린 아이처럼 좋아했을까? 혹시 그동안 소복제를 위해 수없이 흘려온 땀과 눈물의 깊이만큼이 아니었을까?

34

'늑대복제' 하면 이병천?

노 PD, 이번에 서울대가 늑대복제한 거 말이야. 그거 예전에 황 교수 있을 때 해놓은 것 아니야?
맞지? 그거지? 근데 어떻게 황 교수 이름 쏙 빼놓고 자기들이 다 한 것처럼 나오나?
_ 우리 회사 선배 PD

2007년 3월 말, 세계 최초의 복제늑대가 공개됐다. 그런데 언론에
발표된 연구자 명단에서 '황우석'이라는 이름 석자는 쏙 빠져 있었다.

스너피-암캐 이어 늑대…… 동물복제 하면 '이병천' [1] [동아일보]

서울대, 복제늑대 '스널프', '스널피' 첫 공개
서울대 이병천 교수 연구팀이 세계 최초로 복제에 성공한 늑대를 오
늘 언론에 공개했습니다. 특히 멸종위기에 놓인 회색 늑대라 그 의미
가 더 큽니다. [2] [SBS 8시뉴스]

다음날 아침, 선배 PD 한 분이 정말로 궁금하다는 듯 물어왔다.

"노 PD, 이번에 서울대가 늑대복제한 거 말이야. 그거 예전에 황 교수 있을 때 해놓은 것 아니야?"

맞다. 그의 기억은 정확했다. 그 선배뿐 아니라 우리나라 국민들 대부분은 복제늑대를 탄생시킨 주역이 누구였는지 정확히 기억하고 있었다. 복제늑대의 성과는 이미 2006년 1월 12일 황우석 박사가 마지막 기자회견 자리에서 언급한 내용이었다.

"늑대복제 성공, 황의 반격"
황 교수는 또 '복제개 스너피를 뛰어넘는 특수동물복제에 성공, 그 성과를 세계 유수의 전문 학술지에 기고해 승인을 기다리고 있는 중'이라고 밝혔다. 이 동물은 멸종위기에 처한 토종늑대 두 마리인 것으로 확인됐다. [3] [서울신문]

실제로 복제늑대가 태어난 시점은 2005년 10월 18일과 10월 26일로 황우석 전 교수가 연구팀을 이끌던 시절이었다. 그러던 것이 줄기세포 논란에 휘말려 논문게재를 승인받지 못하다가 1년 반 정도 지난 시점에 『Cloning and Stem cells』라는 저널에 게재가 확정되며 공개된 것이다. [4] 논문에서 황우석 박사는 책임저자는 아니었으나 11명의 저자 중 여섯 번째 저자로 이름을 올리고 있있다. 그림에도 불구히고 서울대는 황우석 박사를 전혀 언급하지 않은 채 이병천 교수가 이끄는 서울대 수의대 연구팀의 성과라는 뉘앙스의 '보도자료'를 작성하여 배포했고, 국내 언론은 입을 맞춘 것처럼 '서울대'와 '이병천'을 연호했다. [5]

그러나 같은 날 같은 현장을 취재한 해외 언론의 보도태도는 사뭇 달랐다. 영국의 『더 타임즈』 온라인에 실린 보도에서는 관련 정황을 소개하며 '늑대복제가 황우석 박사의 지도를 받은 연구팀에 의해 이뤄졌으며 이는 한국의 인간줄기세포 연구에 대한 진전'임을 평가했다.

한때 황우석 박사가 이끌었던 연구팀이 세계 최초로 늑대복제에 성공했다. (중략) 최초의 개복제 성과를 발표했던 연구팀은 그러나 늑대복제에 성공하고 이를 논문에 게재하기 직전 논문조작 파동에 휘말려 (늑대복제) 발표가 지연되었다. (중략) 이번 발표로 한국은 그동안 지연되어온 인간줄기세포 연구에 대한 의미있는 행보를 다시 내딛기 시작했다.[6] [더 타임즈 온라인]

세계 4대 통신사 중 하나인 프랑스의 『AFP 통신』은 이 연구 논문의 공동저자로 황우석 박사가 등재되었으며 이는 "연구 초창기 셋업에 황우석 박사가 기여했기 때문"이라는 연구진의 인터뷰를 싣기도 했다.[7]

이처럼 국민과 외신이 모두 아는 사실이었지만, 한국의 주류 언론만은 사실을 사실 그대로 보도하지 않았다. 복제늑대 또한 혹독한 검증 논란에 휩싸이기도 했는데, 만약 복제늑대마저 진짜가 아닌 가짜로 판명되었더라면 한국 언론은 복제늑대를 누구의 성과물로 기록했을까?

35

'백두산 호랑이' 프로젝트와 '스너피' 복제

황우석 연구팀은 호랑이 복제 연구과정에서 부딪힌 거대한 난관을 돌파하기 위해 새로운 실험을 다양하게 벌였다. 이 다양한 실험기법과 경험은 우연히도 개복제 연구에 유용하게 쓰여 그 기술적 토대의 중요한 일부가 되었다. 이렇게 과학자들의 상상력은 많은 노력이 거듭되는 가운데 새로운 결과를 낳아 실제 현실과 연결된다. _ 과학사학자인 전북대 김근배 교수

 백두산 호랑이 복제 프로젝트가 시작된 것은 1999년부터였다. 이 듬해인 2000년까지는 주로 호랑이와 사자를 이용해 실험을 했기 때문에 연구팀은 동물원을 자주 찾았다. 그러나 2001년부터는 동물원에 갈 일이 별로 없었다. 호랑이 복제에 돼지를 이용하게 되면서 돼지 사육농장에 가게 된 것이다. 호랑이 세포는 이미 연구실에 확보되어 있었기 때문에 굳이 동물원에 갈 필요가 없었다. 그런데 2002년부터 서울대공원 근무를 시작해 이런 정황을 알지 못하는 대공원 사육사에게 언론이 찾아간다. 사육사가 "황 박사가 찾아온 일 없다"라고 말하자 언론은 이런 제목을 붙여 보도했다.

"백두산 호랑이 낭림이는 황 박사를 잘 몰라요"[1] [신동아]

정작 황 박사를 잘 모르는 것은 백두산 호랑이가 아니라 언론 아니었을까? 이처럼 '검증'이라는 미명 아래 언론사들은 연구에 대한 충분한 이해도 없이 선정적이고 자극적인 기사를 경쟁적으로 내보냈다. 아직도 사람들은 호랑이 복제를 '연구'가 아닌 '대국민 이벤트' 정도로 생각한다. '쇼'였다는 것이다. 물론 여기에는 백두산 호랑이 복제가 결국 실패로 귀결된 탓이 크다. 그러나 실패를 '실패'가 아닌 '사기극'으로 몰아간 일부 언론사들의 선정적 보도도 한몫을 크게 한 것이 사실이다. 〈PD수첩〉 등 당시 황우석 검증을 자임한 언론은 호랑이 복제연구를 '말만 많고 논문 하나 없이 끝난' 황우석 언론플레이의 전형이라며 강도 높은 비난기사를 쏟아냈다. 최근까지도 그러하다. 이런 식이다.

하겠다고 공언만 한 뒤 계속 '언제 나온다'는 말만 되풀이하다가 그만 두었죠.[2] [신동아/〈PD수첩〉 최승호 전 팀장]

언론에는 수차례 발표됐지만 논문 하나 없이 마무리된 것이다.[3]

[뉴스메이커]

거짓말은 99년부터? …… 백두산 호랑이 등은 언론플레이의 정점[4]

[오마이뉴스]

그런데 만일 위 언론사들이 황우석팀 호랑이 복제논문을 단 한 번이라도 찾아봤더라면 결코 저런 제목, 저런 기사를 쓰지는 못했을 것이다. 황우석 연구팀에서는 이미 2001년에 호랑이 복제관련 석사논문이 나왔다.[5] 2004년에는 박사논문이 나왔고,[6] 2005년에는 복제실패의 원인을 규명하는 석사논문과 국제학술논문이 나왔다.[7] 2001년경에는 관련 특허출원을 하기도 했다.[8] 우리나라는 IT 강국이다. 굳이 서울대학교 도서관까지 발품을 팔고 찾아갈 필요도 없이 인터넷접속 몇 번이면 원문을 통째로 읽어볼 수 있다. 필자도 그렇게 호랑이논문을 뽑아보고 이 글을 쓴다.

그러나 어찌된 일인지 백두산 호랑이 복제의 풀스토리를 쓴다는 언론사들은 하나같이 '논문없다'는 말만 되풀이했다. '영롱이' 때도 그랬지만 '백두산 호랑이'의 경우는 너무 심하다. 호랑이 복제 연구 하나로만 석사가 두 명 나오고 박사가 한 명 나왔는데 그런 연구를 '쇼'와 '언론플레이'로 몰아붙이는 것, 그게 바로 '쇼'이자 '언론플레이' 아닌가? 이에 대해 과학사학자 김근배 교수는 실체를 파고들지 않고 주변을 맴도는 말만 무성했다고 평가한다.

그동안 호랑이 복제에 대한 논란이 떠들썩했음에도 이상하게 그 실체를 본격적으로 파고드는 노력 없이 주변을 맴도는 말만 무성했다. 비록 황우석 연구팀이 호랑이 복제에 대해 정식으로 발표한 연구논문이 거의 없다고 하지만 특허출원 자료, 학술대회 발표문, 석·박사학위 논문 등은 여러 편 있다. 하지만 호랑이 복제 시도 자체를 부정하는 사람들마저 호랑이 복제에 관한 이런 자료들은 전혀 거들떠보지도 않았다.[9] [전북대 김근배 교수]

물론 호랑이가 당장 내일이라도 나올 것처럼, 호랑이 복제는 시간 문제인 것처럼 보도했던 언론도 있었다. 솔직히 거의 모든 언론이 그랬다. 황우석 박사 역시 방송 인터뷰를 통해 "아마 2000년에는 우리 앞에 복제된 호랑이가 나타날 것으로 기대한다"라며 강한 자신감을 내비쳐 사실상 '호랑이 어흥' 보도의 근거를 제공하기도 했다.[10] 과학자로서 성급했고 언론으로서 검증을 덜 했다는 비판이라면 언제라도 타당한 지적이다. 그런데 이를 두고 '처음부터 계획된 쇼' 혹은 '언론 플레이의 정점'으로 몰아간 것 또한 과장되고 성급한 판단이다. 왜냐하면 '쇼'로 치부하기에는 지난 세월 황우석 연구팀이 호랑이 복제에 쏟은 땀과 노력의 양이 너무 많았다. 더구나 호랑이 복제 실패를 통해 얻어진 경험과 노하우가 계기가 되어 세계 최초의 개복제(스너피) 연구의 터닝 포인트가 마련된 것도 사실이기 때문이다. 호랑이 복제 연구는 어디부터 시작해 어디까지 이뤄진 것일까?

호랑이 복제에 돼지난자를 쓰는 '이종(異種)간 핵이식'

도대체 백두산 호랑이 낭림이의 가족을 어떻게 하면 늘릴 수 있을까? 연구는 이런 고민으로부터 출발했다. 가장 쉬운 방법으로는 소나 돼지에게 흔히 시행하는 '인공수정'법이 있다. 뛰어난 수놈의 정액을 많이 채취해놨다가 암컷들의 몸속에 넣어서 임신시키고 새끼를 얻는 방식이다. 그런데 이 방법을 호랑이에 적용시키기란 너무 어렵고 위험하다. 누가 맹수우리 안으로 들어가 호랑이 수컷에게 접근할 것이며 더구나 호랑이로부터 정액을 얻을 수 있을까? '아이언맨'이라면 가능

A. 호랑이의 귀에서 체세
포 떼어냄
B. 배양 중인 체세포
(출처 : 우영범 석사논문)[1]

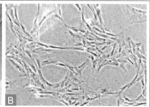

할까?

'시험관아기'를 얻는 방법도 있지만 성공을 보장하지 못했다. 시험
관아기를 위해서는 호랑이 암컷으로부터 난자를 많이 얻어야 하는데
호랑이의 임신주기에 맞춰 호랑이 암컷에게 과배란 주사를 정기적으
로 투여 후 외과적 방법으로 난자를 꺼내는 것도 결코 쉬운 일이 아닌
데다가, 어찌어찌 호랑이 배아를 시험관에서 만들어 암컷 호랑이 배
속에 넣어줘도 임신 성공율이 떨어졌던 것이다.

그래서 많은 나라 과학자들은 돌리 복제 이후 급속하게 발전한 '체
세포 핵이식 기술'에 큰 관심을 보여왔다. 호랑이의 정자 없이 체세포
만을 얻어서, 더구나 호랑이의 난자 없이 다른 동물의 난자를 얻어서
이를 핵이식시켜 복제배아를 만들어 임신시키면 되지 않겠는가?

바로 이것이 멸종위기 동물복제에 적용되는 '이종(異種)간 체세포
핵이식' 연구의 개념이다. 서로 다른 동물세포(호랑이 체세포+다른 동
물 난자)를 이용해 복제를 하는 것이다. 2007년에 발표된 늑대복제도
사실은 이런 원리로 태어났다. 늑대의 체세포와 개의 난자가 만나 복
제늑대가 태어난 것이다. 그런 '이종간 핵이식' 개념을 갖고 1999년
상반기, 북에서 온 백두산 호랑이 '낭림이'의 귀에서 체세포를 떼어
내면서 연구는 본격적으로 시작된다.

낭림이의 귀에서 약 1~2㎠ 크기로 떼어낸 체세포는 곧장 실험실로 옮겨져 배양됐다. 연구 초반 난자로는 고양이와 소의 난자가 사용되었다. 논문에 따르면 63개의 고양이 난자를 사용해 3개의 배반포가 만들어졌고, 566개의 소 난자를 사용해 6개의 호랑이 배반포를 얻었다고 보고된다.[12] 그런데 2001년 이후 황우석팀은 고양이의 난자도 소의 난자도 아닌 돼지의 난자를 이용해 호랑이를 복제하려는 시도를 했다. 무수히 많은 실험을 통해 호랑이 사촌 격인 고양이의 난자를 사용하나 소의 난자를 사용하나 큰 차이가 없다는 결론을 얻었기에, 실험과정이 보다 정교하게 설계된 2001년 이후부터는 좀더 구하기 쉬운 돼지의 난자를 이용해 호랑이 복제를 하려는 시도를 했던 것이다.[13]

복제 호랑이를 품는 동물로 사자를 이용하다

그런데 문제는 실험실을 벗어나 필드로 나갔을 때 벌어졌다. 호랑이 복제배아를 실험실에 만들었는데, 이를 품고 임신할 동물이 마땅치 않았던 것이다. 처음에는 호랑이 복제이니만큼 호랑이에게 임신시켰다. 2000년 삼성에버랜드에 있는 암컷 벵골 호랑이를 마취시킨 뒤, 그래도 불안해 다음 쪽의 사진과 같이 호랑이를 묶어놓고 자궁에 복제배아를 이식시킨 것이다. 소와 달리 호랑이는 생식기가 작기에 배를 절개한 다음 난관에 배아를 투입하는 외과적 수술이 이어졌다. 마취가 풀리기 전의 짧은 순간에 효과적으로 이뤄져야 하는 수술이었다. 그러나 첫 시도는 실패로 끝났다.

서울대 황우석 교수는 8일 체세포 복제기술로 이달 초 탄생 예정이던

호랑이 자궁에 복제배아를 이식시키는 장면
(출처 : 우영범 석사논문).[15]

백두산 호랑이가 대리모의 유산으로 실패했다고 밝혔다.[14] [국민일보]

　　그러나 실패가 확정된 것은 아니었다. 복제배아를 품고 있는 동물은 호랑이만 있는 것이 아니었기 때문이다. 사자를 복제배아의 엄마로 활용했다. 호랑이가 귀하다 보니 임신기간이 호랑이와 비슷한 사자를 엄마로 쓴 것이다. 사자에 대한 이식 역시 마취작업 이후 짧은 순간 이뤄졌는데, 이처럼 지구상에서 가장 위험한 맹수 두 종류(호랑이와 사자)에게 외과적 수술을 한 연구원은 다름 아닌 황우석 전 교수 자신이었다. 모든 복제배아 이식수술은 황우석 교수 전담이었다. 당시 사자에게 호랑이 배아를 이식하는 진귀한 장면을 취재한 기자는 이렇게 썼다.

우리에서 포효하던 사자도 마취제 몇 방에 속수무책으로 곯아떨어졌다. 그리고 사자의 배를 가른 뒤 눈 깜짝할 사이에 수정란 이식이 끝났다. 자칫 손가락에 시술 모습이 가릴 수도 있었다. 다행히 이식 장면을 목격하고 렌즈로 포착할 수 있었다. 오랜 경험과 숙련된 기술

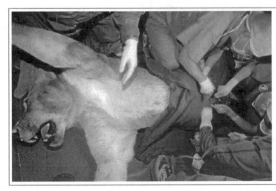

황우석 박사가 사자에게 호랑이 복제배아를 이식하는 수술을 하고 있다.

에서 나오는 황 교수의 손놀림이 예술의 경지에 오른 것처럼 느껴졌다. [16] [한겨레21]

그러나 사자 실험 역시 실패로 끝났다. 그런데 단순한 실패가 아니었다. 맹수들이 수술 받은 부위를 자꾸 핥아 창자가 빠져나와 죽는 사례가 있었던 것이다. 호랑이와 사자는 가격도 만만치 않기에 동물원 차원에서도 더 이상 실험에 협조하기 힘든 상황이 되었다.

해가 바뀐 2001년, 황우석팀은 실험을 포기하기는커녕 아예 전담 연구팀을 꾸리고 더욱 강도를 높여 다시 도전했다. 복제배아를 품을 대리모를 '돼지'로 바꿔 엄청난 양의 이식실험을 한 것이다.

하루 21시간씩 엄청난 노력을 쏟은 호랑이 복제실험

2004년에 박사학위를 받은 김정태 연구원의 박사논문을 보면 당시 타이거팀이 대리모를 돼지로 바꿔 호랑이 복제실험을 성공으로 이끌

Table 16. Embryo transfer of tiger intergeneric nuclear transfer embryos with porcine oocytes as recipient oocytes into porcine surrogate mothers

Duration	No. of recipients	No. of transferred embryos
- 2002.6	142	26,898
2002.7 - 2002.12	75	13,801
2003.1 – 2003.6	73	14,097
2003.7 – 2003.10	52	10,184

돼지 대리모와 호랑이 배아이식 현황(출처 : 김정태 박사논문)[17]

기 위해 어느 정도의 시도를 했는지 가름할 수 있는 자료가 나온다. 대리모 돼지의 마릿수와 이식한 배아의 숫자를 기록한 통계자료이다.

위 표에 따르면 2001년 상반기부터 2003년 10월까지 약 2년 반 동안 돼지 342마리를 대리모(recipients)로 이용했다. 이 돼지들의 몸속에 넣어준 호랑이 복제배아(transfered embryos)만 무려 64,980개에 이른다. 과학사학자인 전북대 김근배 교수는 당시 타이거팀 연구원들은 일주일에 평균 돼지 2.6마리에 호랑이 복제배아 500개씩을 이식하는 등 초인적인 열정과 노력을 쏟아부었다고 평가한다.

호랑이 복제연구는 2001년부터 2단계로 돌입했다. (중략) 이때부터는 황우석 연구실에서 자체적으로 '타이거팀'을 꾸려 호랑이 복제를 대대적으로 시도했다. (중략)

이 타이거팀은 오전 여섯 시부터 다음 날 오전 세 시까지 하루 21시간 가동되기도 했던 것으로 알려져 있다.[18] [전북대 김근배 교수]

돼지에 대한 복제배아 이식수술 역시 황우석 박사가 전담했음은 주지의 사실이다. 연구원들은 황우석 박사 관련 법정에 출석해 일관되게 '아무리 바쁜 일이 있어도 밤 10시 이후 새벽녘까지 계속된 돼지 농장 수술은 늘 황 박사가 집도했음'을 증언했다. 황우석팀 '월화수목금금금'의 상당 부분을 백두산 호랑이 복제연구가 차지했던 것이다. 그러나 결과는 또 실패였다.

김정태 박사의 논문은 두 마리의 대리모가 초기 임신을 했지만 임신 55일 이전에 모두 유산되었다고 밝히고 있다.[19] 이후 더 이상의 호랑이 복제실험은 이뤄지지 않은 것 같다. 대신 호랑이 복제의 실패원인을 분석하고자 하는 후속 논문발표가 이어졌다.

호랑이 연구는 죽어 복제개 '스너피'를 남기다

혹자는 호랑이는 죽어 가죽을 남기지만 황우석팀 호랑이 연구는 아무것도 남기지 않았다고 비판한다. 그런데 이런 논리는 과학을 위협하는 극히 위험한 발상이다. 실패한 연구는 쓰레기 연구인가? 그렇지 않다는 것을 호랑이 복제연구 실패의 경험은 분명히 말해주고 있다.

호랑이를 복제하려 시도한 '이종간 핵이식' 기법은 이후 산양복제와 늑대복제, 그리고 개복제 연구로 이어졌다. 이 가운데 황우석팀은 호랑이와 산양의 복제에는 실패했지만, 개와 늑대의 복제에는 성공을 거뒀다. 개복제는 복제의 에베레스트로 불릴 만큼 고난도의 성과였다. 오죽하면 자신의 애완견을 복제해달라는 미국 백만장자의 기부를 받아 개복제 연구에 착수한 미국 텍사스 A&M 대학 연구팀도 결국 엄청난 연구비를 쏟아부었음에도 불구하고 고양이 복제(복제고양이 CC)

에만 성공했을 뿐 결국 개복제 연구에서는 손을 떼고 말았을까? 그런 개복제를 황우석팀이 해낸 것이다. 그런데 스너피 복제 성공의 비결 가운데 하나로, 백두산 호랑이 복제 실패를 통해 축적된 기술과 경험 이 자리잡고 있다는 것이 과학사학자 김근배 교수의 분석이다. 다시 한 번 그의 말을 인용한다.

핵을 제공하는 세포의 종류에 따라 세포융합이 달라져야 한다는 사실 은 이미 호랑이 복제 경험에서 확인한 바 있었다. (중략) 발육 초기 상 태의 복제 수정란을 대리모에 이식하는 연구도 호랑이 복제에서 수없 이 시도한 적이 있었다. (중략) 그리고 개복제 연구는 호랑이의 경우처 럼 체세포, 난자, 대리모가 서로 다른 삼원 복제 방식으로 추진되었 다. 이들이 수행한 개복제 연구의 특징은 한마디로 자연적인 개의 생 식과정을 그대로 모방했다는 점이다.[20] [전북대 김근배 교수]

스너피 복제도 초창기에는 엄청난 실패만 거듭했다. 그러나 복제가 가능한 수준의 '성숙된 난자'를 남들처럼 실험실에서 얻으려 한 게 아니라 개의 몸속에서 자연스럽게 만들어지는 '체내 성숙난자'를 얻 은 게 바로 발상의 전환이었고 성공의 비결이었다.[21] 그런데 만일 호 랑이 복제의 경험이 없었더라면, 개복제 역시 성숙된 난자를 개의 몸 속에서 찾으려 하지 않고 소의 난자, 돼지의 난자 등 다른 동물의 난 자에서 해답을 찾으려 엄청난 시도를 반복했을 것 아닌가? 이처럼 과 학에서 실패의 경험은 실패 그 자체가 아니라 에디슨의 말처럼 '성공 의 어머니'로 작용하는 것 같다.

백두산 호랑이 복제가 실패를 거듭하던 2001년, 황우석 박사는 언론 인터뷰를 통해 이런 말을 했다.

우리가 몇 년째 백두산 호랑이 복제실험을 하고 있는지 아시죠? 앞으로 몇십만 번 더 실험을 해야 할지 모릅니다. 과연 성공할 수 있을지도 장담 못합니다. 그래도 우리는 그 일을 합니다. 그게 과학자예요. 왜냐하면 우리가 해야 하고, 하고 싶고, 또 성공한다면 상당한 학문적 희열을 주는 일이니까요. 실패의 과정 속에서도 가치 있는 과학적 결과를 얻을 수도 있고요.[22] [동아일보]

이후 황우석팀은 개복제에 이어 늑대복제에 성공했고, 죽은 개복제(미시)와 중국 사자견 다수 복제 등에 성공했다. 이들의 개복제 성과가 발표되고 호주 특허 상황도 공개된 이후, 호주에 살고 있는 교민은 자신의 블로그 기사를 통해 '호주 태즈메니아 주민들은 황우석팀이 이미 멸종된 태즈메니안 타이거를 복제할 수 있을 것이라는 기대감을 갖고 있다'고 전해왔다.

호주 남반구 아래쪽 태즈메니아는 호주 6개주 중에서 가장 작은 섬으로 섬의 3분의 2 이상이 유네스코에 등록되어 있습니다. 이 섬은 호주 인들조차도 자연의 보고라고 할 만큼 아름다운 곳입니다. 이곳 태즈메니아 사람들은 황우석 박사의 줄기세포 특허에 반기는 분위기입니다. 이곳에서 멸종된 태즈메니아 호랑이를 복제할 수 있을 것이라는 기대 때문입니다.

1936년 7월 9일 사망, 멸종된 태즈매니안 타이거. 반은 호랑이, 반은 늑대의 모습을 하고 있다.[24]

호주 태즈메니아 호랑이에 대해 아는 한국 분들은 많지 않습니다. 이 호랑이에 대해 간단히 말하면 반은 호랑이, 반은 늑대의 모습을 하고 있습니다. 태즈메이니아 호바트 동물원에서 1936년 7월 9일에 사망했는데, 태즈메니아에서 유일하게 멸종된 포유류입니다. 이때 호랑이 태아를 알코올 병에 보관했고 죽은 호랑이는 박제했습니다.

1936년 이후부터 태즈 호랑이를 찾기 위해 대대적으로 상금을 걸고 (아마 10억 원 정도일 겁니다), 그에 해당하는 증거를 확보한 사람에게도 현상금 10억 원이 걸려 있는 상황입니다. 태즈 호랑이를 보았다는 사람들은 있는데 증거(사진, 배설물)를 제대로 가져오신 분들은 없습니다. 그 금액이 크다 보니 개를 가지고 태즈 호랑이 특유의 얼룩무늬를 페인트 칠히어 사진을 찍어 상금을 노린 사람들도 생겨났습니다.

이번에 호주 특허청이 줄기세포 특허를 승인함으로 현재 알코올에 보관중인 아기 태즈 호랑이의 줄기세포를 이용하여 복제할 수 있을 것이라고, 태즈메니아 시민들은 기대하고 있습니다.[23]

[호주 교민의 블로그 기사]

36

황우석 무균돼지의 경제가치

바이오장기가 임상에 적용된다는 가정 하에 현재 장기이식을 필요로 하는 환자를 고려한다면 시장규모
는 400억 달러 이상으로 늘어날 것으로 예상됨.
_ 한국생명과학연구원 한용만 박사

2006년 11월 19일, 무균돼지에 대한 놀라운 뉴스가 전해졌다.

"황우석 '무균돼지' 식탁 위로"
경기도가 황우석 전 서울대 교수의 이종장기 연구를 지원하기 위해
도 축산위생연구소에서 사육하던 무균돼지의 대부분이 도살처분된
것으로 밝혀졌다. 황우석 파동으로 지난 3월 이후 미니돼지 생산과
관련한 서울대 측의 연구가 중단됨에 따라 도는 이들 돼지를 모두 인
공수정시켜 200여 마리의 새끼돼지를 출산했고 이 중 47마리를 도축
장에 출하, 식용으로 판매했다.[1] [연합뉴스]

"혹시 내가 어제 먹은 삼겹살이?" 이런 궁금증을 자아내며 기사는

'깜짝뉴스' top 10에 오르며 화끈한 클릭수를 기록했다. 문제는 기사의 제목이나 내용도 '화끈하게 사실과 달랐다'는 점에 있다.

기사가 나가자마자 경기도는 농정국장 명의로 된 해명자료를 발표하며 관련 사실을 조목조목 바로잡았다.[2] 소비자의 식탁 위로 올랐다고 보도된 돼지는, 알고 보니 황우석 '무균돼지'가 아니라 무균돼지 연구를 위해 사육되고 있던 '일반돼지'였던 것이다.

무균돼지가 태어나는 과정을 살펴보면 다음과 같다.

1단계 : 체세포 핵이식(무균돼지의 체세포 + 핵을 제거한 난자)
2단계 : 무균돼지 복제배아를 일반 돼지 자궁에 착상(着床)시킴
3단계 : 임신한 일반 돼지는 어미 역할을 한 뒤 무균 상태에서 출산
4단계 : 무균 인큐베이터 안에서 새끼들(무균 복제돼지) 탄생

여기서 체세포를 제공한 '무균돼지'나 최종 결과물로 태어난 '무균 복제돼지'는 모두 서울대 병원 특수생명자원연구동에서 사육되고 있다. 이와는 상관없이 일정 기간 동안 엄마 역할(대리모)을 해주는 '일반 돼지'만이 경기도 용인시 남사면 소재 경기도축산위생연구소 축산시험장에서 사육되고 있었다. 이 돼지들은 그야말로 엄마 역할만 충실히 해주면 되는 것으로 유전자 조작과는 아무 상관 없는 일반 돼지였다. 전국 어디의 양돈농가에서나 흔히 볼 수 있는 어미돼지였던 것이다.

농장에서는 어미돼지를 잘 먹여 튼튼하게 키운 뒤 새끼를 많이 낳게 하다가 늙고 병들거나 가격이 폭락해 키울 필요가 없어지면 과감

하게 도축장으로 보낸다. 기자는 이런 보통의 돼지를 황우석 '무균돼지'라고 쓴 것이다.

무균돼지 연구는 줄기세포보다 더 큰 '경제가치'

내친 김에 무균돼지 이야기를 확실하게 해보자. 2006년 1월 12일 서울 프레스센터. 프레스센터가 생긴 이래 가장 많은 기자가 왔다고 할 정도의 무수한 카메라 세례를 받으며 마지막 기자회견을 하던 황우석 박사는 회견이 끝나갈 즈음에 이런 말을 남겼다.

조심스럽게 말씀을 드리고자 합니다. 저희는 미즈메디 병원과 무관하게 저희 연구팀 자체의 노력에 의하여 최근 세계 최초로 인간의 면역유전자가 주입된 무균미니돼지의 체세포 복제를 통한 줄기세포의 배양에 성공하였고, 최종단계인 테라토마 확인실험만을 남겨놓고 있습니다.[3] [황우석 박사]

1년 뒤인 2007년 2월. 국회세미나 발표 자리에서 황우석팀의 김 수 연구원은 담담한 표정으로 자신들이 현재 수행하고 있는 연구성과 중 일부를 공개했다. '무균돼지 줄기세포 연구'. 황 박사가 마지막 기자회견에서 밝혔던 바로 그 연구였다.

저희가 수립한 줄기세포는 오랜 시간 배양 후에도 동일한 염색체 수와 벤딩패턴을 지니고 있었습니다. 배아줄기세포의 미분화 상태를 확인할 수 있었고, 일정하게 분화시킨 후 이게 여러 조직으로 분화가 가능하다는 분화능도 역시 확인할 수 있었습니다. 저희가 사용한 체세포와 이를 통해 만들어진 줄기세포 간의 염색체 10곳의 위치상의 서열을 분석해본 결과, 100% 동일한 체세포 복제배아줄기세포임을 확인할 수 있었습니다.[4] [김 수 박사]

줄기세포의 세 가지 조건(스스로 분열증식, 미분화 상태 유지, 조건이 주어지면 특정세포로 분화)을 만족시키는 돼지 줄기세포를 갖고 한층 더 나아간 연구를 하고 있음을 밝힌 것이다. 뿐만 아니라 『AP통신』과의 인터뷰에서는 "장기이식용 무균돼지는 어쩌면 배아줄기세포보다 더 실용화가 앞설 분야"라는 말로 현재 황우석 연구팀에서 인간에게 유용한 물질을 생산할 수 있는 복제동물 연구가 다양한 차원에서 이뤄지고 있음을 시사하기도 했다.[5]

실제로 무균돼지를 이용한 연구는 줄기세포 그 이상의 경제가치를 지닌 것으로 평가된다. 왜냐하면 이 연구가 '장기이식 문제'를 해결할 단초가 될 것으로 보이기 때문이다. 신장이나 간 등 장기이식에 대한 수요는 나날이 늘어난다. 그러나 장기를 기증하는 사람의 수는 한정되어 있다. 2005년만 해도 우리나라에서 장기이식을 기다리는 환자의 수는 1만 5천 명이 넘는 반면, 이식 건수는 2천여 명에 불과했다.[6] 장기를 이식받지 못한 사람의 운명은 어떻게 되는가? 장기기증이 그 수요를 따라잡지 못하는 형편에서 장기관련 매매나 범죄가 끊이지 않는 것이 현실이다. 이런 가운데 미니무균돼지는 장기의 크기가 사람과 비슷해 유력한 장기이식용 동물로 주목받고 있었던 것이다.

바이오장기의 경제적 가치는 2012년에는 세계적으로 760억 달러로 전망되고 있으며, 이종장기 생산용 복제돼지 연구사업이 성공적으로 추진될 경우 2012년 약 60억 달러의 수출과 5,000명의 고용창출 효과가 기대되며, 사회적인 측면에서는 공여장기의 부족으로 인하여 발생하는 장기매매와 같은 반인륜적인 행위를 방지할 수 있다.[7]

[농림수산식품부]

실제로 미국, 영국 등 선진국에서는 이미 10여 년 전부터 면역돼지 연구를 수행해왔다. 미국만 해도 만성 장기질환자 중 매년 6,000명 이상의 환자가 장기이식을 받아보지도 못한 채 사망하고 있으며, 일부 후진국에서는 신장 등의 장기밀매와 범죄행위가 이어지고 있어 국제적으로도 문제가 되고 있다.[8] 장기질환자를 돌보는 비용 역시 미국에서만 매년 약 100억 달러 이상의 막대한 경제적 지출을 하고 있어, 장기 부족은 세계적으로 심각한 의료복지의 쟁점으로 대두되고 있다.

지난 1994년, 영국의 데프 형질전환 돼지, 2002년 미국의 알파 갈 형질전환 돼지, 그리고 2003년 미 하버드 대 연구팀이 세계 최초로 돼지 신장을 원숭이에게 이식해 30~81일간 생존시킨 연구는 모두 이런 맥락에서 진행돼왔다. 이런 경쟁선상에서 현재 황 박사팀이 추진하는 돼지 줄기세포 관련 연구의 목표설정은 효율성 증진에 있다. 줄기세포를 통하면 면역거부 반응을 극복하기 위한 기초연구를 보다 쉽고 좀더 다양하게 벌일 수 있다는 것이다.

사람에게 장기를 제공할 수 있는 유전자가 들어 있는 복제돼지를 만드는 데는 한계가 있어요. 효율성이 떨어지는데 줄기세포를 가지고 하면…….[9] [KBS/김 수 박사]

돼지 줄기세포를 이용하면 값비싼 무균돼지를 희생하지 않고도 다양한 각종 이식실험을 진행할 수 있기 때문이다.

실제로 장기이식 연구의 관건은 동물의 장기를 사람에게 이식할 때 일어나는 복잡한 면역거부 반응(초급성, 급성, 세포성, 만성)을 극복하는 문제이다.[10] 이는 그만큼 다양한 유전자 조작과 임상시험이 필요하다는 것이다. 그런데 이런 실험을 할 때마다 쓰여지는 미니무균돼지를 체세포 복제기술로 얻는 것은 결코 쉬운 과정이 아니다. 또 그렇게 해서 태어난 돼지를 무균 상태로 관리하는 건 더욱 값비싸고 힘든 과정인데, 이런 문제점을 세포 차원의 연구가 가능한 무균돼지의 줄기세포 배양을 통해 해결한다는 것이다.

국내 선도업체 중 하나인 엠젠바이오의 허기남 이사는 언론 인터뷰를 통해 "(황우석팀) 돼지의 줄기세포주가 확립됐다면 세계 최초의 일로 상당한 연구성과이며 이종장기 연구에 활용할 수 있을 것"이라는 기대감을 피력하기도 했다.[11]

김 수 박사는 황우석 연구팀이 돼지 줄기세포 연구를 하고 있는 또 다른 '사연'도 털어놓았다.

저희 연구팀은 현재 인간의 난자를 가지고 이러한 연구를 수행할 수가 없기 때문에 돼지에서 줄기세포를 확립하는 연구를 진행하고 있습니다. 이런 과정에서 얻을 수 있는 노하우나 경험을 가지고 훗날 저희가 이 연구를 수행할 수 있을 때 유용하게 사용되기를 희망하고 있습니다.[12] [김 수 박사]

어쩌면 그들은 돼지 줄기세포 연구를 통해 잃어버린 꿈에 대한 '와신상담'을 하고 있는지도 모른다.

37

광우병 내성소의 또 다른 진실

'비행기는 결코 날지 못할 것'이라고 장담하던 과거의 그 모든 전문가들을 기억해보라. 혹은 전화가 발명되었을 때 '가장 최근에 나온 미국의 허풍'일 뿐이라고 공언했던 『더 타임스』기사를 생각해보라.[1]
_ 앨빈 토플러

2006년 1월, 〈PD수첩〉에 나온 한 시민단체 정책위원은 황우석팀 광우병 내성소를 '넌센스'라고 강도 높게 비판했다.

심하게 이야기하면 '넌센스'지요. 광우병의 메커니즘 자체를 아직 잘 모르는 상황인데 광우병 내성소를 만든다는 것은, 원인이 뭔지 모르는 병을 아예 안 걸리게 하는 소를 만들었다는 이야기거든요. 국제 과학계에서는 먹히기 힘든 이야기라고 할 수 있죠.[2] [PD수첩]

국제 과학계에서는 먹히기 힘든 이야기? 그런데 바로 1년 뒤 중국과 미국에서는 광우병 저항소 성과가 잇따라 발표됐다.

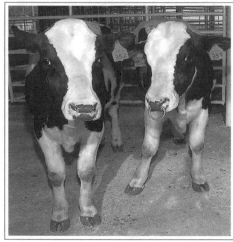

2007년 1월 미국과 일본 연구팀은 광우병 내성소 복제에 성공해 20개월째 자라고 있음을 발표했다.

　2007년 1월 1일, 미국과 일본 연구진이 광우병 내성소 복제에 성공해 20개월째 자라고 있다고 발표했다. 이를 『워싱턴포스트』가 보도했다.[3] 그 전에도 이미 중국 과학자들은 광우병 내성을 지닌 송아지를 복제했다고 발표한 바 있다.[4] 모두 황우석팀이 광우병 내성소 복제에 성공했다고 발표(2003년)한 후 3년 뒤의 일이다.

　그때나 지금이나 광우병이 왜 일어나는지에 대한 정확한 메커니즘은 밝혀지지 않았다. 그런 가운데 광우병 내성소를 발표한 황우석팀이 '넌센스'였다면 이를 따라한 중국과 미국·일본 연구팀의 연구 또한 '넌센스' 연구일 것이다. 그런데 국제과학계에서 이들의 성과를 비난하는 목소리는 찾아보기 힘들다.

　더구나 그들의 연구성과를 비중 있게 타전한 각국의 대표언론들－중국의 『신화통신』, 미국의 『워싱턴포스트』－이 '호들갑 언론'이니 '넌센스 보도'니 하는 혹평에 휩싸였다는 말 또한 들어보지 못했다.

왜 남들이 하면 괜찮고, 황우석팀이 하면 넌센스인가?

　광우병 내성소 연구는 '동물복제 · 형질전환' 기술이 '프리온 이론'을 만나면서부터 본격적으로 시작되었다. 1991년 캘리포니아 주립대학교의 스탠리 프루시너 교수는 '변형 프리온'을 광우병 원인체로 지목하면서 『사이언스』에 논문을 발표했다.[5] 전에는 바이러스 감염 결과 광우병이 발생한다는 속설이 있었지만, 프루시너 교수는 사람 뇌 속에 존재하는 프리온 단백질에 변형이 일어나면 변형된 프리온 단백질이 정상적인 프리온 단백질까지 변형시켜 세포를 파괴하고 조직에 스펀지 같은 구멍을 만들게 된다고 보고했다.

　당시로서는 이단에 가까운 이론이었다. 단백질이 단백질을 변형시키다니……. 프리온 이론에 따르면 변형 프리온 단백질은 양에게는 스크래피(scrapie), 소에게는 광우병(BSE), 인간에게는 쿠루병과 크로이츠펠트-야콥병(CJD), 사슴에게는 만성소모성질병(CWD) 등을 유발하게 된다. 그런데 이후 학계의 검증 결과 이러한 프루시너 교수의 가설이 강력한 설득력을 지니게 되었다. 결국 1997년 그는 노벨생리의학상을 수상했다.

　프루시너의 '프리온 이론'은 동물복제 연구에도 큰 영향을 끼쳤다. 복제양 돌리를 탄생시킨 영국의 로슬린 연구소도 프리온 유전자가 제거된 복제양을 얻는 연구를 수행하여 결국 성공했다.[6] 유전자 차원의 형질전환기술과 복제기술을 프리온 단백질 분야에 적용시켜 프리온 유전자가 제거되거나 혹은 과다발현시켜 광우병에 내성을 지닌 양이나 소를 만들어내고자 하는 노력이 시작된 것이다.

이러한 연장선에서 광우병의 직접적인 대상이 되는 소 분야에 프리온 이론을 응용, 프리온 단백질 중 생체에 축적되지 않으면서 정상기능을 하는 '프리온 변이단백질'을 과다발현시킨 복제소를 얻은 것이 황우석팀의 성과였고, 프리온 유전자를 제거(knock-out)시켜 복제한 것이 미·일 연구팀의 성과였다.[7] 중요한 것은 황우석팀 이전에도 이후에도 광우병 내성소를 복제하려는 노력은 계속되어 왔다는 것이다. 이런 마당에 한국의 비평가들은 유독 황우석팀에게만 발병 메커니즘 운운하며 비판했던 것이다.

광우병의 발병 메커니즘이 완전히 규명될 때까지 손놓고 있는 것이 과학이 아니다. 발병 메커니즘이 완전히 규명되지 않았더라도 광우병 내성소를 만들어 검증하고, 그런 과정을 통해 다시 광우병의 발병 메커니즘을 역추적해내는 것도 또 다른 과학적 탐색과정이다. 원인을 밝힌 뒤 이에 대한 대책을 세우는 방법뿐 아니라, 다양한 대책을 세우고 검증을 해나가면서 진짜 원인을 탐색하는 방식의 연구도 과학의 중요한 연구방법 중 하나이기 때문이다.

항암제나 백신의 사례를 들어보자. 아직도 인간에게 암덩어리가 왜 어떻게 생겨나는지 그 메커니즘이 완전무결하게 밝혀졌다는 소식을 들어본 적이 없다. 그런데도 암환자를 치료하는 항암제는 시시각각 쏟아져나오고 엄청난 임상시험이 진행된다. 광우병 내성소를 비판하는 것과 같은 잣대라면 당장 항암제 생산 및 적용을 중단시켜야 할 것이다. 모든 백신투여를 중단시켜야 한다. 발병 메커니즘도 밝혀지지 않았는데 어떻게 약이 나오느냐 말이다. 그러나 항암제 연구와 적용은 암 치료뿐 아니라 발병 메커니즘을 밝혀내는 기여점이 있다. 다양한 백신을 개발하면서 인류를 전염병으로부터 지켜내고 전염병의 원인을 역추적하는 것이 바로 과학이다.

비판자들은 그러면 왜 논문이 없느냐고 되물을 것이다. 이런 식의 질문은 무소불위의 칼처럼 황우석팀 전반적인 연구성과에 걸쳐 반복된 질문이다. 필자 역시 반복된 대답을 할 수밖에 없는 것이 답답하다. 찾아보기나 하고 논문이 없다는 말을 하는가?

물론 비판자들이 찾아보기 쉽도록 광우병 내성소를 키워드로 한 논문은 발표되지 않았다. 그 이유가 성과가 부족하다는 판단에서였는지, 아니면 경쟁자들에 대한 보안 차원에서였는지는 필자도 단언을 내리기 어렵다. 그러나 황우석 박사 밑에서 박사학위 논문을 받은 연구원의 학위논문을 보면 적어도 2001년 무렵부터 황우석팀이 광우병 내성소 복제를 위해 다양한 시도를 했음을 알 수 있다.

논문에 따르면 프리온 단백질에 변이를 일으키는 유전자(mutant gene)를 소의 체세포에 도입해 복제배반포 수립효율을 검증하는 실험, 그리고 프리온 단백질의 발현을 억제(gene knock-out)시킨 뒤 복제배반포 효율을 검증하는 실험 등이 이뤄졌음을 알 수 있다.[8] 역시 2004년에 통과된 또 다른 연구원의 학위논문을 보면 뇌중풍(뇌졸중)의 치료제로 각광받는 프로유로키나아제라는 단백질을 우유로부터 대량 생산할 수 있는 '형질전환 복제소'에 대한 실험성과가 담겨 있다.[9] 한국 특허청은 2005년 '사람 프로유로키나아제를 생산하는 형질전환 복제소 생산방법'에 대해 특허결정을 내린 바 있다.[10]

이처럼 황우석팀은 소복제 연구를 유전자 차원의 형질전환을 통해 의학적 활용으로 연결시키려는 다양한 시도를 해왔음을 알 수 있다. 광우병 내성소는 이러한 형질전환 복제소 연구의 연장선상에서 이뤄졌던 것이다. 그렇다면 현재 광우병 내성소는 어디에 있는가?

현재 일본 쓰쿠바시 동물위생연구소에서 검증 중

2008년 광우병 논란이 한창일 무렵, 한 신문은 광우병 논란과 함께 다시 한 번 이슈로 떠오르고 있던 황우석팀 광우병 내성소를 언급하며 이미 일본에서는 검증을 중단했다고 보도하기도 했다.

익명을 요구한 한 서울대 관계자는 "광우병 내성소의 경우 최소 2년 이상의 검증기간이 필요한데, 당시 황 전 교수의 조작사건으로 인해 검증이 중단됐고 소들은 어디 있는지 모르겠다"면서 "일본 실험실 역시 검증 도중 중단한 것으로 알고 있다"고 밝혔다.[11] [서울신문]

그러나 이는 '카더라'식 보도였다. 황우석팀 광우병 내성소가 일본으로 검증을 떠나게 된 정확한 사실관계와 맞지 않는 억측이었던 것이다. 일본 측과 직접 인터뷰를 시도했던 이전의 세계일보 기사를 보면 광우병 내성소를 검증하고 있는 일본 측의 정확한 입장을 알 수 있다.

황우석 교수팀은 지난해(2005년) 5월 일본 이바라키현 쓰쿠바시에 위치한 동물위생연구소에 광우병 내성소 네 마리 중 한 마리를 보내 검증작업을 진행하고 있다. 위생연구소 연구교류과장 오노 데라 씨는 22일 세계일보와의 전화 인터뷰에서 구체적인 연구방법과 진행과정에 대해서는 답변을 거부한 채 "이르면 1년, 늦으면 2~3년이 걸릴 수도 있다"고 말했다.[12] [세계일보]

일본은 국가 차원에서 엄격히 통제되는 연구시설에서 황 박사팀 복제소를 검증하고 있다. 그리고 일본의 국가연구기관은 연구결과에 관한 한 일체 노코멘트이다. 황우석 변호인단은 법정공방 중 광우병 내성소가 일본으로 가게 된 경위를 이렇게 설명한 바 있다.

일본의 동물고도위생시설은 이미 14건이 발생하여 일본에 막대한 사회적, 경제적 손실을 입힌 광우병에 대한 대책으로, 약 200억 엔이 투입되어 설립한 후 매년 그 시설 유지비로만 8억 엔 정도가 소요되는 대규모 첨단시설입니다. 이곳에서 실험대상인 광우병 저항소는 연구팀이 개발하여 보낸 소가 유일하지요.[13]

광우병 내성소에 대한 검증은 많은 돈과 시설, 장비가 필요하고, 광우병 발병국도 아닌 우리나라에서 프리온 관련 물질을 들여와서 이런저런 실험을 한다는 것은 솔직히 현실적으로 어려운 일이다. 따라서 현재 연구의 열쇠를 쥐고 있는 것은 검증 주체인 일본 측이다.

현재 일본에서 검증되고 있는 황우석팀의 광우병 내성소. 설령 광우병 요인을 견뎌내지 못하고 죽는다 해도 그 결과는 소중한 과학적 성과일 것이다. 이러이러한 가설과 실패를 통해 또 다른 교훈을 얻을 테니까. 하지만 이런 시도 자체를 무의미한 일로 치부하고 비웃는 사회라면, '실패는 성공의 어머니'라 말한 에디슨과 같은 과학자는 결코 나오지 못할 것이다.

과학은 과학으로 말하는 것이다. 광우병 내성소에 대한 검증결과가 나오는 날, 또 다른 진실이 밝혀질 것이라 생각한다.

서당개 3년이면 풍월을 읊는다는데, 식당개 3년이면 라면을 끓인 다는데, 나는 황우석 논란 3년간 솔직히 아는 것보다 모르는 게 더 많 아 고민이다.

호주 특허청은 왜 외부 심사마저 끝난 황우석 특허에 대한 특허증 교부를 돌연 유보했을까?

섀튼 교수는 이번 논란을 비롯해 적어도 세 번의 과학 스캔들에 휘 말린 바 있다. 그중 1994년에는 '어바인 스캔들'이라는, 미국의 PD수 첩 격인 〈60 minutes〉의 취재로 미국 전역이 발칵 뒤집힌 난자윤리 사건에 휘말리기도 했다. 하지만 다른 의사들은 구속되거나 해외로 도피했는데, 유독 섀튼만 멀쩡하게 살아남았다. 지난 줄기세포 논란 에서도 그는 털끝 하나 다치지 않고 살아남았다. 그 힘은 무엇일까?

서울대 조사위원회가 언론에게만 배포한 별첨자료를 보면 서울대 의대 문신용 교수의 세포와 미즈메디 세포의 DNA 프로필이 거의 일치한다. 둘 중 한쪽에서 세포 바꿔치기를 했다는 것이고, 이들은 그 성과를 통해 거액의 국가지원을 받았다. 그런데도 이 사안은 단 한 줄도 기사화되지 않았다. 왜일까?

과학자는 논문과 데이터로 말한다던 〈PD수첩〉 제보자 K씨는 1번 줄기세포에 대한 난자제공 정보를 잘못 기입해 2004년 『사이언스』 논문마저 취소되는 결정적 근거를 제공했다. 그러면서도 2004년 논문에 담긴 1번 줄기세포에 대한 특허지분을 자신이 직접 문의하기도 했다. 황우석팀의 모든 것을 부정하던 그가 왜 특허지분은 궁금해했던 것일까?

모든 것을 의심하라던 〈PD수첩〉은 미즈메디 연구원들과 제보자 K씨에 대해 제대로 의심을 해보긴 한 것일까? 단 한 번이라도 의심을 해봤더라면 어떻게 해서 가짜세포 만들기의 주범인 김선종 연구원을 찾아간 자리에서 "황우석 선생님만 다쳤으면 좋겠습니다. 다른 사람은 말고"라는 말을 할 수 있었을까?

언젠가 '그들의 이야기'를 쓸 수 있는 날이 올 것이다.

PART 1

황우석 박사는 누구인가

| 01 | 〈PD수첩〉 제보자의 편견

1) 인용댓글은 정치사이트 '서프라이즈'에 게재된 필자의 글 '[황우석이야기18] 시골피디저널리즘(2008.3.7)'을 보고 올라온 댓글로, 작성자는 '활시위'이며 작성일은 2008년 5월 20일 저녁 7시 21분이다.

2) 한학수, 『여러분 이 뉴스를 어떻게 전해드려야 할까요?』 (사회평론, 2006), 91~92쪽.

3) 황우석, 「쥐의 자궁 및 간에서의 세포질 및 핵내 Estradiol 수용체와 Progesterone 수용체에 대한 Estradiol-17 β 및 Progesterone이 미치는 영향에 관한 연구」 (서울대학교 수의학과 박사학위 논문, 1982).

4) 김근배, 『황우석 신화와 대한민국 과학』 (역사비평사, 2007), 48~49쪽.

5) 매일경제 과학기술부, 『세상을 바꾸는 과학자 황우석』 (매경출판, 2005), 33~34쪽.

6) 김근배, 『황우석 신화와 대한민국 과학』 (역사비평사, 2007), 51쪽.

7) 황우석 박사가 서울대 교수로 부임 직후 발표한 연구논문의 사례를 들면,
   – 「Mouse 수정란의 동결, 융해에 있어 Ethylene glycol의 효과에 관한 연구」 (대한수의학회

지 27권2호, 1987), 331~334쪽.

- 「젖소 수정란의 급속동결법 개발에 관한 연구」 (한국임상수의학회지 4권2호, 1987), 449~455쪽.

8) 김근배, 『황우석 신화와 대한민국 과학』 (역사비평사, 2007), 66~67쪽.

9) 김상연, 『닮고 싶고 되고 싶은 과학자③ 황우석 서울대 교수』 (동아일보, 2002).

10) 충남대 수의학과 조종기 교수와의 인터뷰는 2007년 충남대 연구실에서 이뤄졌다.

| 02 | 언론이 탄생시킨 '사이비 교주'

1) 가수 나훈아 씨의 말은, 그가 기자회견에서 말한 내용을 발췌해 인용한 것임.
방송연예팀 정보보고, '가수 나훈아 '괴담' 기자회견 전문' (노컷뉴스, 2008.1.25).

2) 뉴욕타임즈의 보도는 인터네셔널 헤럴드 트리뷴의 한국 조상훈 기자와 뉴욕타임즈 과학부 니콜라스 웨이드 기자의 공동취재로 이뤄졌다.
조상훈 & N. Wade., 「Korean Cloning Scientist Quits Over Report He Faked Research」 (New York Times, 2005.12.24).
원문 : "My son asked him, 'Doctor, can you make me stand up and walk again?'"
　　　Mr. Kim said. "And Dr. Hwang said, 'You will walk again, I promise.'"

3) 당시 대표적인 한국언론의 보도는,
손병관, 「황 교수, 10세 내 아들에 임상실험 제안……」 (오마이뉴스, 2005.12.22).

4) 과학기술부, 「해외기술동향 보고」 참조.

5) 가천의대 이 언 교수와의 인터뷰는 2007년 1월에 이뤄졌다.

6) 소년의 아버지 김 목사와의 인터뷰는 2007년 1월에 이뤄졌다.

7) 「줄기세포 논문조작 사건 수사결과」 (서울중앙지방검찰청, 2006.5.12), 35쪽.

8) 소년의 아버지 김 목사의 이메일은 2007년 2월에 도착했다.

9) 권석천·강민석·고성표, 「황우석 사태, 그 후 1년여 행적」 (중앙선데이, 2007.6.10).

| 03 | 여성연구원 난자기증의 진실

1) 현영준, 「연구원 난자 기증 강압 의혹」 (MBC 뉴스데스크, 2005.12.31).

2) 특별취재팀, 「연구원 난자 기증, 자발적 아니다」 (미디어오늘, 2006.1.1).

3) 「황우석 교수 2004년 논문준비 때 연구원들에게 난자기증동의서 받아」 (중앙일보, 2006.1.2).

4) 「황우석 교수 연구의혹 관련 조사결과 보고서」 (서울대학교 조사위원회, 2006.1.10), 33쪽.

5) 「줄기세포 논문조작 사건 수사결과」 (서울중앙지방검찰청, 2006.5.12 발표), 110쪽.

6) 제보자 B씨의 〈PD수첩〉 인터뷰 내용은 한학수 PD의 책에 자세히 나온다.
   한학수, 『여러분 이 뉴스를 어떻게 전해드려야 할까요?』 (사회평론, 2007), 36~41쪽.

7) 국가생명윤리위원회, 「황우석 연구의 생명윤리 문제에 관한 보고서」 (2006.11), 32쪽, 41쪽.

8) 황우석팀 연구원 A씨의 증언은 KBS 문형열 PD, 정민권 의사 등의 책에서 인용했음.
   문형열 · 정민권 · 리처드 유, 『황우석리포트』 (자연과 자유, 2007), 124쪽.

9) 이동익 신부 발언의 내용은 다음 기사에서 확인된다.
   이봉석, 「황 교수팀, 연구원들 난자기증동의서 받았다」 (연합뉴스, 2005.12.31).
   본문 · 국가생명윤리심의위원회 심의위원이자 천주교 생명연구회 총무인 이동익 신부는 31일 평화방송 라디오 시사프로 〈열린 세상 오늘, 장성민입니다〉에 출연해 "2004년 논문 작성 당시 연구원들에게서 난자 기증 동의서를 받았다는 의혹이 있다"며 "이는 당시 연구실 분위기가 난자기증에 있어서 강제적인 분위기였을 수도 있음을 나타내는 것"이라고 주장했다.

| 04 | 월화수목금금금

1) 임화섭, 「황우석 어록 표절 여부 놓고 논란」 (연합뉴스, 2006.1.23).

2) 나길회, 「줄기세포 굶길 수 없어 밤낮 바뀐 지킴이 생활」 (서울신문, 2006.1.13).

3) 제주대 박세필 교수와의 인터뷰는 2008년 2월에 이뤄졌다.

4) 기획취재팀, 「토요일만 되면 속 끓는다」 (매일경제, 2006.1.13).

5) 김 수 박사의 말은 2007년 국회 세미나 발표내용을 인용한 것이다. 세미나 내용은 '체세포 복제 연구의 현황과 전망' 국회세미나였으며, 국회의원 7명(김선미, 권선택, 김원웅, 김학원, 류근 찬, 양승조, 정진석 의원) 주최, 시민단체 '대한민국의 희망' 주관으로 2007년 2월 7일 수요일 오후 2~5시 국회도서관 대강당에서 개최되었다.

6) 가천의대 생명공학부 김대영 교수와의 인터뷰는 2007년 6월에 이뤄졌다.

7) 황우석 · 최재천 · 김병종, 『나의 생명이야기』 (효형출판, 2004), 131쪽, 134쪽.

| 05 | 기자가 본 황우석 연구팀

1) 어느 생명과학도, 「연구원들을 농락하지 마십시오」 (오마이뉴스, 2006.1.13).

2) 서한기, 「황 교수 회견에 젊은 연구자 반박 쏟아져」 (연합뉴스, 2006.1.12).
   백승찬 · 장광순, 「黃 '처녀생식 줄기세포 납득안가'」 (경향신문, 2006.1.13).
   이형기, 「진실은 여론으로 결정되지 않는다」 (프레시안(피츠버그 의대 이형기 교수 기고문),
   2006.1.13).

3) 왕기자는 한국기자협회와 한국언론재단이 주관하는 '이달의 기자상'과 '올해의 기자상' 등
   10회 수상으로 최다 수상자로 기록된다. 이를 다룬 KBS 보도프로그램도 있었는데,
   김대영, 「기자상 신기록 세운 왕정식 기자, 그의 특종 비결은」 (KBS 미디어포커스,
   2006.1.14)

| 06 | 바보들의 행진

1) 위정환 · 이명진 · 이은지, 「황우석 줄기세포 연구팀 해체 불가피」 (매일경제, 2005.12.14).

2) AP통신의 김 수 박사 인터뷰 기사는 AP기자가 수암연구원을 방문취재하고 뉴욕의 또 다른
   과학기자가 해외 과학자들 반응을 취재하는 형식으로 보도되었다. 게재일은 2007년 6월 21
   일이었으며 기사 제목은 'AP EXCLUSIVE : Disgraced South Korean scientist back in
   lab to restore his credibility' 이었다.
   원문 : "We knew that was not the professor Hwang we knew," Kim Sue, one of
   Hwang's chief researchers, said during a two-hour interview, the only one
   scientists connected to Hwang have given since the scandal. "That's why
   we told the professor that we wanted to work with him again."

3) 박노황, 「USA 투데이 '황 교수 연구조작 판명은 타격이자 축복'」 (연합뉴스, 2006.1.18)

4) 권애리, 「미 하버드 대, 환자맞춤형 줄기세포 만든다」 (SBS, 2006.6.7).

5) 김유림, 「슈워제네거 줄기세포 연구지원 감행」 (머니투데이, 2006.7.21).

6) 노용택, 「'복제개 2 · 3호 탄생' 황우석팀 3인방 '마이웨이' … 黃, 구로동에 130평 연구실」
   (쿠키뉴스, 2006.7.12).

7) 김 수 박사의 AP 인터뷰 원문은,

　"We also had to buy new equipment because we couldn't take any from the university lab not even those professor Hwang bought with his own money," said Kim, her eyes welling with tears occasionally as she recalled the hardships Hwang and other researchers have experienced since the scandal.

8) 한승구, 「서울대, 황우석 전 교수팀 제자 논문도 조사」 (SBS, 2006.9.1).
　조풍연, 「황우석 씨 제자도 논문조작 의혹…서울대, 한달째 조사」 (세계일보, 2006.9.1).

9) 현상환 등, 「[설명자료] 복제강아지 미시, 그리운 가족 품으로」 (수암생명공학연구원, 2008.5.21), 3쪽.

10) 임소형, 「스너피-암캐 이어 늑대…동물복제 하면 '이병천'」 (동아일보, 2007.3.27).

11) 현상환 등, 「[설명자료] 복제강아지 미시, 그리운 가족 품으로」 (수암생명공학연구원, 2008.5.21), 4쪽.

12) 임화섭 · 임은진, 「광주비엔날레 감독 신정아 씨의 대담한 거짓말 행각」 (연합뉴스, 2007.7.11).
　본문 : "이런 대담한 거짓말 행각과 도덕 불감증 때문에 각종 미술 관련 게시판에는 신정아 씨를 가리켜 '예술계의 여자 황우석' 이라고 부르는 이들도 있다."
　김정훈, 「'황우석 사건' 변호사, 신정아 씨 사건도 맡아」 (노컷뉴스, 2007.9.16).
　본문 : '여자 황우석' 이라고까지 일컬어지는 신정아 씨의 변호를, 황우석 박사를 변호했던 박종록 변호사가 맡기로 한 것으로 알려졌다.

13) 현상환 등, 「[설명자료] 복제강아지 미시, 그리운 가족 품으로」 (수암생명공학연구원, 2008.5.21), 5쪽.

14) L. Fabregas, 「Pitt's Schatten shuns past, persists with stem cell work」 (피츠버그 트리뷴 리뷰(PITTSBURGH TRIBUNE-REVIEW), 2008.10.13).

15) 「Nobel Prize for Cardiff professor」 (BBC 온라인, 2007.10.8).

l6) 헌싱환 등, 「[설명자료] 복제강아지 미시, 그리운 가족 품으로」 (수암생명공학연구원, 2008.5.21), 5~6쪽.

17) 노원명, 「황우석 박사, 중국 사자개 17마리 복제 성공」 (매일경제, 2008.6.17).
　기사화는 6월에 되었지만 사자개 탄생은 4월 2일~5월 3일 사이였던 것으로 확인됐다.

18) J.Barron, 「Biotech Company to Auction Chances to Clone a Dog」 (뉴욕타임즈, 2008.5.21).

| 07 | 황우석은 의사인가 수의사인가

1) 정재영, 「황우석 불법난자채취 손배소 2년째 감감」 (세계일보, 2008.3.21).

2) 「보건의료기본법 제12조」 (시행 2000.7.13).

3) 「생명윤리 및 안전에 관한 법률 제 15조」 (제정 2004.1.29, 일부개정 2005.3.24).

| 08 | 황우석 관련주는 없다

1) 고 란, 「스타주 재미보긴 하늘의 별 따기」 (중앙일보, 2007.3.9).

2) 수암생명공학연구원 관계자는 주식관련 정황을 알 수 있는 위치의 책임 있는 임원으로, 인터
   뷰는 2007년 3월 이루어졌다.

3) 전필수, 「'특징주' 바이오주 강세, 황우석의 힘?」 (머니투데이, 2007.12.18).

4) 이미아, 「황우석 증시 입성설…바이오朱 들썩」 (한국경제, 2007.12.19).

5) 신수영 · 김명룡, 「제이콤, 황박사 관련설 '공시만 참고' 해명」 (머니투데이, 2007.12.21).

6) 현상환 등, 「[설명자료] 복제강아지 미시, 그리운 가족 품으로」 (수암생명공학연구원,
   2008.5.21), 8~9쪽.

7) 황우석 · 최재천 · 김병종, 「나의 생명이야기」 (효형출판, 2004), 156쪽.
   본문 : 나는 경제를 잘 모른다. 하지만 설령 경제에 정통했다고 해도 우리 연구는 하나의 기
        업이 독점할 성질의 것은 아니라고 생각한다. 그러니 이를 이끌고 책임질 것은 당연히
        내가 태어난 조국일 수밖에 없지 않은가. 따라서 특허권자를 대한민국으로 신청했다고
        해서 대단하게 여길 일은 아니다.

| 09 | 언론이 만들어준 100억대 땅부자

1) 이정신, 「[현장출동] 경기도 퇴촌 황교수 복제소 연구농장 정관계 인사, 기자 접대 장소」
   (MBC 뉴스데스크, 2006.1.10).

2) 특별취재팀, 「100억원대 땅부자가 소시민?」 (시사저널 847호, 인터넷 게재 2006.1.9, 주간지
   발간 2006.1.17).

3) 네티즌 장덕진 씨의 글은 정치포털 서프라이즈에 2007년 7월 5일 '황우석 농장의 값어치, 시세?'라는 제목으로 게재되었으며, 필자와의 인터뷰는 2008년 10월에 이뤄졌다.

4) 국토해양부 '토지이용규제정보서비스'
인터넷 주소 http://luris.mltm.go.kr/web/index.jsp

5) 부동산 애널리스트 K씨는 저술, 강연, 방송활동을 활발히 하는 분으로 평소 언론사들과의 관계를 고려, 익명으로 처리했다.

6) 황우석 · 최재천 · 김병종, 『나의 생명이야기』 (효형출판, 2004), 68쪽.

| 10 | 병실에 누워 있는 모습은 '명연기' 인가

1) 이형기, 『잊지말자 황우석』 (청년의사, 2007), 107~108쪽.

2) 사진은 2005년 12월 7일 오전 서울대 병원에 입원한 황우석 전 교수의 모습이다.

3) 안규리 서울대 교수의 증언은 황우석 박사 관련 제 22차 공판에서 이뤄졌다. 22차 공판은 2008년 4월 8일, 서울지법 417호 대법정에서 오후 2시부터 이뤄졌다.

4) 「줄기세포 논문조작 사건 수사결과」 (서울중앙지방검찰청, 2006.5.12 발표), 36~37쪽.

5) 황우석 박사 관련 제 22차 공판에서 황우석 측 변호인단의 변론내용(2008.4.8. 서울지법 417호 대법정).

6) 윤석만 씨와의 인터뷰는 2008년 4월, 황우석 공판이 이뤄지던 법원 주변에서 이뤄졌다.

7) 황우석 박사와 김선종 전 연구원 간의 법정진술 내용은 제 15차 공판(2007년 8월 28일, 서울중앙지법 417호)에서 검찰 측, 변호인 측 질의가 모두 끝난 뒤 이뤄졌다.

8) 안규리 서울대 교수의 증언은 황우석 박사 관련 제 22차 공판에서 이뤄졌다. 22차 공판은 2008년 4월 8일, 서울지법 417호 대법정에서 오후 2시부터 이뤄졌다.

9) 황우석 · 최재천 · 김병종, 『나의 생명이야기』 (효형출판, 2004), 147~148쪽.

| 11 | 그들은 황우석의 인질이 아니었다

1) 이 댓글은 다음 기사에 붙은 네티즌의 댓글이다.
강인규, 「한미FTA, 제2의 '황우석 사건' 될 것인가」 (오마이뉴스, 2007.3.30).

2) 황우석 박사 관련 촛불집회는 2005년 12월 24일 광화문 집회를 시작으로, 2006년 1월 7일

동화면세점 앞, 그리고 1월 10일 서울대 조사위 최종발표를 기점으로 급속히 늘어나기 시작해 매주 광화문을 중심으로 벌어졌다. 2월 4일 한 시민(故정해준 씨)이 분신했고, 2월 11일부터는 광화문뿐 아니라 부산, 대구, 광주 등지에서도 이뤄졌으며, 3월 1일 세종문화회관 앞 집회를 정점으로 대규모 집회는 하향곡선을 그었다. 그러나 이후에도 4월 KBS 앞 〈추적60분〉 방영촉구 집회와 5월 검찰청 앞 집회, 이후 황우석 박사 공판 집회 등 이슈와 사안별로 수십~수백 명 단위의 산발적인 집회가 이뤄져왔다.

3) 박성우 · 김호정 · 김성룡, 「그들은 왜…논문조작 발표에도 변치 않는 황 교수 지지자들」 (중앙일보, 2006.1.23).

4) 2006년 3월, 황우석 박사의 연구재개를 요구하며 전북에서 서울까지 4일째 도보행군을 하고 있던 서울의 학원강사 최○○ 씨를 1번 국도 수원에서 서울 방면 지지대 고개에서 취재했다.

5) 2006년 3월, 한달째 지하철에서 전단지를 배포하고 있던 서울 신림동의 30대 주부 ○○○ 씨를 지하철 2호선 을지로입구 역에서 취재했다.

6) 2006년 3월 1일, 서울 세종문화회관 앞 촛불시위 현장에서 만난 40대 개인사업가 ○○○ 씨와의 인터뷰 내용이다.

7) 해외교민 중 미국 캘리포니아 주에서 온 닉네임 '샤넬김'이라는 40대 여성은 '다시는 찾지 않으리라던 조국을 이렇게 (황우석) 진실규명 때문에 다시 찾게 되었는데 비행기 안에서 조국의 땅을 내려다보며 나도 모르게 눈물이 흘렀다' 라는 소회를 피력해 많은 청중들의 눈시울을 붉히기도 했다. 이후 그녀는 미국 내 한인사회에서 진실규명 운동을 활발히 벌이기도 했다. 필자는 2006년 4월경 KBS 앞에서 그녀를 만나 1시간 여 인터뷰를 한 뒤 방송을 기획했으나 피치 못할 사정으로 방송은 나가지 못했다.

PART 2

줄기세포의 진실

| 12 | 사기극의 진범은 누구인가

0) 사진의 출처는 연합뉴스 기사
서한기, 「조작 논문 공동저자 책임론 부상」 (연합뉴스, 2005.12.25).

1) 서유정, 「美 남성, 억울한 감옥살이 15년만에 DNA 검사로 결백 입증」 (뉴시스, 2008.7.4).

2) 김양중, 「줄기세포 바꿔치기 정황상 힘들어」 (한겨레, 2005.12.19).

3) 강양구, 「바꿔치기 자작극으로 치닫는 황우석 거짓말」 (프레시안, 2005.12.29).

4) 정명희 서울대 조사위원장의 발언은 2006년 1월 10일 최종발표 후 가진 기자들과의 일문일
답 내용으로 다음 기사에 전문이 실려 있다.
양승진, 「줄기세포 원래 없었는데 어떻게 바꿔치기 있을 수 있는가? [일문일답]」 (노컷뉴스,
2006.1.10).

5) DNA 프로필에 대한 전문지식은 다음 서적을 참고했다.
정연보, 『DNA의 진실』 (김영사, 2008), 25쪽, 291쪽.

6) 「황우석 교수 연구의혹 관련 조사결과 보고서」 (서울대학교 조사위원회, 2006.1.10), 8쪽 [표
2] 줄기세포주 2-14번의 지문분석 결과 참조.

7) 「황우석 교수 연구의혹 관련 조사결과 보고서」 (서울대학교 조사위원회, 2006.1.10), 10쪽 [표
6] 기간별 배반포 성공률 참조.

8) 「황우석 교수 연구의혹 관련 조사결과 보고서」 (서울대학교 조사위원회, 2006년 1.10), 19쪽
[그림2] 세포주1번의 보관 흐름도 참조.

9) 「줄기세포 논문조작 사건 수사결과」 (서울중앙지방검찰청, 2006.5.12), 50쪽.

10) 위 수사결과 중 32쪽 참조.

11) 위 수사결과 중 33쪽 참조.

12) 상식을 가진 조사관들이라면 도대체 이처럼 황당무개한 사기극이 누구에 의해 어떻게 행해
졌는지 그 조작의 실체를 밝히려 노력함이 마땅했다. 위의 DNA 프로필 결과가 정리되어 나
온 순간, 우선 미즈메디 배양연구원을 조사하고 그가 황우석 박사, 노성일 미즈메디 이사장,
문신용 서울대 의대 교수 등 논문의 핵심인물과 사전공모를 했는지 여부를 묻는 것이 조작
의 실체를 밝히는 수순이었다. 그러나 서울대 조사위원회는 '논문이 가짜'임을 확인하는 선
에서 조사를 덮었다. 검찰조사 역시 김선종 연구원이 자신의 세포조작을 자백한 순간, 그와
황우석의 공모관계만 집중적으로 밝히려 했을 뿐, 김선종과 미즈메디 다른 인물들과의 공모
관계는 밝히지 않았다.

13) 위 수사결과 중 50~51쪽 참조.

14) 위 수사결과 중 121쪽 참조.

15) 위 수사결과 중 14쪽 참조.

16) 위 수사결과 중 119쪽 참조.

| 13 | 서울대 조사보고서의 조작

1) 권영인, 「박종혁, 1번 줄기세포 DNA 일치 확인」(SBS 8시뉴스, 2006.1.13).

2) 권영인, 「서울대, 미즈메디 의심했지만…」(SBS 8시뉴스, 2006.1.14).

3) 정인권 연세대 교수의 법정진술을 들은 것은 황우석 박사관련 21차 공판으로, 2008년 1월 29일 서울지법 417호 대법정 오후 2시 이후였다. 본문에 실린 질의 답변 내용은 모두 필자가 방청석에서 메모를 한 것을 복수의 방청객 공판 후기와 비교해 보정한 것이다.

4) 도성해, 「황우석 공판에서 처녀생식 논란 재현되나」(노컷뉴스, 2008.2.7).

5) 「황우석 교수 연구의혹 관련 조사결과 보고서」(서울대학교 조사위원회, 2006.1.10), 19~20쪽.
   내용 : 당시 핵심적 역할을 수행한 류영준 연구원의 진술에 의거하여 난자 공여자 기록의 오류 가능성을 인정하고, 공여자 A와 비슷한 시기에 난자를 기증한 공여자 B 및 공여자 C를 추적하여 체세포(혈액)를 확보하였으며, 이에 대한 DNA 지문분석을 시행하였다.

6) 도성해, 「황우석 공판에서 처녀생식 논란 재현되나」(노컷뉴스, 2008.2.7).

7) 권영인, 「서울대, 미즈메디 의심했지만…」(SBS 8시뉴스, 2006.1.14).

8) 황우석 박사 관련 제 15차 공판(2007.8.28 서울지법 417호)에 검찰 측 증인으로 출석한 김선종 연구원은 자신의 컴퓨터에 저장해둔 미즈메디 인사들과의 전화통화 녹취파일 내용에 대해 답변했다. 굉장히 많은 녹취파일이 존재했는데 그중 두 개를 인용했다. 하나는 서울대 조사위가 활동을 시작한 2005년 12월 18일 미즈메디 노성일 이사장이 미국에 있던 김선종 연구원에게 국제전화를 통해 한 말이었다. 또 하나는 2005년 12월 22일 서울대 조사위원회 조사받고 돌아온 미즈메디 출신 윤현수 한양대 교수가 김선종 연구원에게 국제전화로 한 말이었다.

| 14 | '바꿔치기'인가 '섞어심기'인가

1) 드라마 〈신의 저울〉에서 거대 로펌에 맞서 싸우는 김혁재 검사(문성근 분)가 대형은행 불법매각 의혹 수사를 지휘하며 '본질을 파헤치자'고 독려한 대사. 〈신의 저울〉(연출 홍창욱, 극본 유현미)은 SBS를 통해 금요드라마 16부작으로 제작되었으며 2008년 8월 29일~10월 24일까지 방영되었다.

2) 강준구, 「[줄기세포 수사결과 발표] 서울대 조사와 다른 점…"黃 논문조작 지시" 밝혀내」(국민일보, 2006.5.12).

3) 이광철, 「바꿔치기 아닌 섞어심기인 이유」 (연합뉴스, 2006.5.12).

4) 황우석 등, 「검찰수사요청서」 (2005.12.22).

5) 「줄기세포 논문조작 사건 수사결과」 (서울중앙지방검찰청, 2006.5.12), 14쪽.

6) 위 수사결과 24쪽 참조.

7) 정형민 포천중문의대 차병원 교수의 인터뷰가 실린 기사는 다음과 같다.
   서한기, 「'줄기세포 바꿔치기' 과학적으로 이해 안 돼」 (연합뉴스, 2005.12.27).

8) 「줄기세포 논문조작 사건 수사결과」 (서울중앙지방검찰청, 2006.5.12), 17~18쪽.

9) 제주대 박세필 교수의 발언은 2007년 10월 9일 개최된 '올바른 생명윤리 관계법 개정을 위한 국회토론회(주관 시민단체 대한민국의 희망)' 기조발제가 끝난 뒤 질의응답 시간에서 '황우석 팀에게 연구기회가 주어지면 다시 줄기세포를 만들 수 있을 것으로 보나'라는 기자의 질문에 답변한 내용 중 일부이다.

10) 이동률 교수는 포천중문의대 차병원 교수로, 황우석 박사 관련 제 11차 공판(2007년 5월 15일)에 검찰 측 증인으로 출석해 황우석팀이 수립했던 배반포 사진을 판독한 뒤 전문가적 견해를 묻는 검찰과 변호인단의 질문에 답변한 내용.

| 15 | 마녀사냥의 메커니즘

1) 최인철, 『나를 바꾸는 심리학의 지혜 프레임』 (21세기북스, 2007), 21~22쪽.

2) 이형기, 『잊지말자 황우석』 (청년의사, 2007), 19~20쪽.

3) 프레임 이론에 대해서는 수많은 연구논문들이 있다. 그중에 언론과 수용자와의 관계에 있어 프레임에 대한 보다 쉽고 적절한 비유를 담은 논문으로는, 박영순의 고려대 석사학위 논문을 들 수 있다.
   박영순, 「정치적 갈등이슈에 대한 신문기사의 뉴스틀 연구」 (고려대 석사학위 논문, 1998).
   본문 : 하늘은 창문이 사각형이냐 삼각형이냐 또는 유리창이 파란색인지 빨간색인지에 따라 달리 보이기에 창문을 어느 쪽으로 내느냐에 따라 구름이 낀 하늘이 될 수도 있고 맑은 하늘이 될 수도 있다. 여기서 창문을 내는 측은 언론이고 창문을 통해 하늘을 보는 측은 수용자이다.

4) 고웅석, 「황우석 박사 논문조작 지휘… 28억 사기·횡령」 (연합뉴스, 2006.5.12).

5) 「줄기세포 논문조작 사건 수사결과」 (서울중앙지방검찰청, 2006.5.12), 36~37쪽.
   황우석 박사는 2005년 11월 중순 YTN의 DNA 검증결과를 본 뒤 가짜임을 알았다고 주장하고, 검찰은 2005년 10월 중·하순경 이미 가짜를 의심했을 것으로 주장한다. 분명한 것은 최소한 〈PD수첩〉 취재가 본격화된 2005년 10월까지는 황우석 박사가 가짜 여부를 인지하지 못했다는 것이다.

6) 황우석 박사의 답변내용은 2006년 1월 12일 프레스센터에서의 마지막 기자회견 당시 기자와의 질의응답 시간에 나온 것이다.
노주희, 「황우석 일문일답 '노성일, 내게 서운한 게 있었을지도…'」 (프레시안, 2006.1.12).
(기사에서는 반말로 나와 있으나 원래 어투인 존칭어로 바꿈)

7) 「줄기세포 논문조작 사건 수사결과」 (서울중앙지방검찰청, 2006.5.12), 76~78쪽 섀튼의 논문조작 관련 여부 참조.

8) 고웅석, 「황우석 박사 논문조작 지휘… 28억 사기·횡령」 (연합뉴스, 2006.5.12).

9) 이기진, 「특허청, 황우석 허락 없는 '황우석' 사용금지」 (동아일보, 2005.6.28).

10) 임상현, 「'SK, 황우석 고소한 적 없다' 검찰의 무리한 기소」 (국민의 소리, 2008.8.20).
이 기사에서 2008년 8월 19일 제 25차 공판(서울중앙지법)에 출석한 (주)SK의 박상원 기술원장과 조정호 팀장에 대해 황우석 측 변호인은 "황우석 박사가 먼저 만나자고 전화한 사실이 있는가?"라고 단도직입적으로 물었으며, 두 증인은 하나같이 "회장의 지시로 인해, 황우석 박사에게 먼저 연락을 취했다"라고 답했다. 예전에 검찰이 황우석 박사가 먼저 전화했다고 발표한 내용을 정면으로 반박하는 내용이다. SK 측이 서울대 수의대에 있는 황우석 박사에게 연락을 했는데, 부재중으로 연락이 되지 않았으며, 연락해달라는 전화 용건을 전해듣고 황우석 박사 측에서 연락왔다는 내용이 사건의 전체 전개과정이다. 그러나 검찰은 전체적인 전개과정을 무시하고 연락을 취했다는 사실 하나만을 강조하여 먼저 연락을 했다는 증거로 둔갑시켰다는 의혹이 있다.
재판장이 박 원장에게 "SK 측에서 피해자의 자격으로 황우석 박사를 고소한 사실이 있는가?"라고 묻자, 박 원장은 "그런 사실이 없다"고 답했다. 그러자 법정 안은 엄청나게 슬렁거렸다.

11) A씨는 연구용 시료 및 기기를 판매하는 회사의 사원으로 생물공학 관련 대학원 석사 출신이다. 그와의 인터뷰는 2007년 2월에 이뤄졌다.

| 16 | 원천기술과 〈추적60분〉

1) 인용된 내용은 2006년 1월 10일 서울대 조사위 최종기자회견 당시 정명희 서울대 조사위원장이 질의응답 시간에 KBS 문형열 PD의 질문에 답하는 내용이다. 필자가 당시 현장생중계 영상을 보며 녹취했다. YTN 현장생중계 '서울대 조사위 최종 조사결과 발표 일문일답'

인터넷 주소 : http://www.ytn.co.kr/_comm/pop_mov.php?s_mcd=0301&s_hcd=&key
=200601101135590585

2) 「황우석 교수 연구의혹 관련 조사결과 보고서」(서울대학교 조사위원회, 2006.1.10), 40쪽.
   서울대 보고서에는 배반포 형성기술에 대해 "사람 난자에서 핵이식을 통한 배반포형성 연구
   업적과 독창성은 인정되며 관련 지적재산권의 확보가 가능할 것으로 판단된다"라고 기재되
   어 있다. 그러나 정명희 위원장은 기자들 앞에서 "현재 이 기술은 이미 보유하고 있는 연구실
   들이 있어, 더 이상 독보적이라는 평가를 내리기는 어렵다"라고 발표했다.

3) 당시 원천기술 관련 주요언론의 헤드라인은 다음과 같았다.
   「원천기술마저 없다니…허탈」(중앙일보)
   「황우석 원천기술도 없다」(한겨레)
   「황교수팀 원천기술도 없다」(한국일보)
   「편법 총동원…줄기세포 없이」, 「원천기술은 없다」(경향신문)
   「원천기술 없어…스너피는 진짜」(서울신문)
   「맞춤형 줄기세포 1주도 없어…원천기술도 독보적이지 않다」(국민일보)
   「결국 원천기술은 없었다」(오마이뉴스)
   「황우석 교수팀, 원천기술도 없다」(SBS)
   「줄기세포 원천기술 없다」(MBC)

4) 2006년 1월 10일, 서울대 조사위원회 최종기자회견장, YTN 현장생중계 '서울대 조사위 최
   종 조사결과 발표 일문일답' 동영상 녹취
   인터넷 주소 : http://www.ytn.co.kr/_comm/pop_mov.php?s_mcd=0301&s_hcd=&key
   =200601101135590585
   Stojkovic 등(2005), 「Derivation of a human blastocyst after heterologous nuclear
   transfer to donated oocytes」(Reproductive BioMedicine Online, Volume 11, Number
   2, August), p. 226~231(6).

6) 이민영, 「배반포 평가놓고도 공방」(KBS 9시뉴스, 2006.1.11).

7) 이민영, 「배반포 평가놓고도 공방」(KBS 9시뉴스, 2006.1.11).

8) 「서울대 조사위원 오우택 서울대 약대 교수 전화인터뷰」(YTN, 2006.1.12).

9) 제주대 박세필 교수와의 인터뷰는 2008년 2월에 이뤄졌다.

10) 문형열 PD와의 인터뷰는 2007년 3월 「황우석리포트」 출간 직후 전화통화이다.

11) 조현호·이선민, 「추적60분, 황우석 취재 테이프 공개하라」(미디어오늘, 2006.9.28).

12) 진중권, 〈진중권의 SBS전망대〉(SBS라디오, 2006.4.5).

13) KBS 앞 〈추적60분〉 방영촉구 촛불시위 현장취재는 2006년 3월 30일 밤 12시 30분부터 2시까지 이뤄졌고, 현장에는 50여 명의 촛불시민들이 밤을 지새우고 있었다. 이들의 직업은 직장인, 대학원생, 학원강사, 자영업자 등 다양했다.

| 17 | '세계 최초 배반포 수립 성공'의 진실

1) 김원태, 「미국 최초로 인간배아복제 성공」 (MBC 뉴스데스크, 2008.1.18).

2) 임소형, 「황우석 시도 배아복제, 美서 세계 최초로 성공」 (동아일보, 2008.1.18).

3) 한국아이닷컴뉴스부, 「美 연구팀, '황우석 실패' 배아복제 세계 최초로 성공」 (한국일보 온라인, 2008.1.18).

4) Andrew J. French 등, 「Development of Human Cloned Blastocysts Following Somatic Cell Nuclear Transfer with Adult Fibroblasts」 (Stem Cells Vol. 26 No. 2, February. 2008), p. 485~493.

5) Gerald Schatten 등, 「Molecular Correlates of Primate Nuclear Transfer Failures」 (Science 11 April: Vol. 300. no. 5617, 2003), p. 297.

6) 류영준, 「Use of in vitro matured human oocytes from ovaries excised surgically as an alternative source for invitro fertilization and somatic cell nuclear transfer」 (서울대학교 대학원 석사학위 논문(수의학과 수의산과·생물공학전공, 지도교수 황우석), 2004)

7) 김 수 박사의 보고는 2007년 2월 7일 '체세포복제연구의 현황과 전망' 국회세미나(국회도서관 대강당) 기조발제 내용에서 인용되었다.

8) 「황우석 교수 연구의혹 관련조사 결과보고서」 (서울대학교 조사위원회, 2006.1.10), 40쪽.

9) 「줄기세포 논문조작사건 수사결과」 (서울중앙지방검찰청, 2006.5.12), 66쪽.

10) 현영준, 「서울대 조사위, 현재 줄기세포 원천기술 없다고 결론, 줄기세포 원천기술 없다」 (MBC 뉴스데스크 2006.1.10).

11) 김원태, 「미국 최초로 인간배아복제 성공」 (MBC 뉴스데스크, 2008.1.18).

| 18 | "줄기세포 1개면 어떻고 3개면 어떻겠냐?"

1) 강양구, 「진실을 영원히 덮을 수는 없습니다」 (프레시안, 2005.12.31).

2) 서한기, 「황우석 스캔들이 낳은 말의 성찬」(연합뉴스, 2006.1.2).

3) YTN 현장생중계, 「황우석 교수 기자회견 일문일답」(2005.12.16).

4) 2005년 5월 20일 아침 방송된 MBC라디오 〈손석희의 시선집중〉 황우석 석좌교수 전화인터뷰 중 일부. 출처는 〈손석희의 시선집중〉 인터넷 홈페이지 '인터뷰 전문보기' 참조 (http://www.imbc.com/broad/radio/fm/look/interview/index.html).

5) 장광순, 「김선영 교수가 본 황우석 사태」(경향신문, 2006.1.8).
그(김선영 교수)는 황 박사가 지난달 16일 기자회견 당시 발언한 내용을 문제 삼았다. 황 박사는 2005년 『사이언스』 논문조작 사실을 실토하며 "줄기세포가 1개면 어떻고 3개면 어떻습니까?"라고 말했다. 김 교수는 "과학자로서 연구의 진실성을 외면한 것"이라며 "황 박사는 결국 모든 과학도들이 자신처럼 연구하는 것으로 매도했다"고 한숨을 쉬었다.

6) 성철환, 「거짓말쟁이가 당당한 사회」(매일경제, 2007.7.15).

7) 남재일, 「한국 언론윤리 현황과 과제」(한국언론재단, 2006), 40쪽.

| 19 | 노성일 이사장의 게시중단 요청

1) 네이버 메일은 2008년 10월 30일 네이버 담당자가 '인터넷 게시글 임시중단 요청'이라는 제목으로 보내온 메일임.

2) 미 『연방회보』 내용 요약.
Federaal Register/Vol.72,No.5/Tuesday, January9,2007/Notices, p. 966~967.

3) 이형기, 『잊지말자 황우석』(청년의사, 2007).

4) 「줄기세포 논문조작 사건 수사결과」(서울중앙지방검찰청, 2006.5.12), 21~22쪽.

5) 위 수사결과 중 22쪽 참조.

6) 위 수사결과 중 120~121쪽 참조.

7) 위 수사결과 중 40쪽 참조.

8) 위 수사결과 중 40쪽 참조.

9) 위 수사결과 중 38쪽 참조.

10) 위 수사결과 중 38쪽 참조.

11) 위 수사결과 중 39~40쪽 참조.

12) 황우석 박사 관련 제 15차 공판(2007.8.28 서울지법 417호)에 검찰 측 증인으로 출석한 김선종 연구원은 사신의 컴퓨터에 저장해둔 미즈메디 인사들과의 전화통화 녹취파일 내용에 대해 답변했다. 굉장히 많은 녹취파일이 존재했는데 그중 세 개를 인용했다. 하나는 서울대 조사위 활동 시작한 2005년 12월 18일 미즈메디 노성일 이사장이 미국에 있던 김선종 연구원에게 국제전화를 통해 한 말이었다. 두 번째는 이틀 뒤인 12월 20일 노성일 이사장이 김 연구원에게 국제전화를 통해 한 말이었고, 마지막 세 번째는 전 미즈메디 줄기세포 팀장이었던 윤현수 한양대 교수가 2005년 12월 22일 서울대 조사위원회 조사를 받고 돌아온 뒤 김선종 연구원에게 국제전화를 통해 서울대의 조사 분위기를 전한 것이었다.

| 20 | 황우석팀 연구승인이 '나라망신' 인가

1) 이진우, 「[아시아시각] 황우석에 대한 상념」 (아시아경제, 2008.8.6).

2) 여론조사의 출처는 2008년 7월 19일 방영된 SBS 〈그것이 알고싶다〉 '황우석 재기논란–신화도 복제될 것인가?' (연출 최 성)이다.

제작진이 여론조사 기관 Metrix에 의뢰해 일반시민 천 명을 대상으로 실시한 조사에서 '현재 황우석 전 교수가 몸담고 있는 수암연구소는 지난해 12월 보건복지가족부에 체세포 복제배아 연구에 대한 승인을 신청했습니다. 보건복지가족부는 7개월이 지난 지금까지 승인결정을 보류하고 있는 상황입니다. 여러분이라면 어떤 결정을 내리시겠습니까?' 라는 질문에 대해 '다시 할 수 있도록 해야 한다'는 답변 88.4%, '못하도록 해야한다'는 답변 11.6%였다(95% 신뢰, 최대 ±3.10% 오차).

한편 황우석팀에게 '연구승인을 해줘야 한다'는 입장의 이유로는, '줄기세포 연구에 없어서는 안 될 과학자'라는 답변이 57.7%로 가장 많았고, '줄기세포 다시 만들 수 있으니까 (24.1%)', '충분한 자숙(9.2%)' 순이었다.

개복제 연구성과가 발표되기 훨씬 전의 여론조사 결과(2007년 1월 중앙일보)에서도 역시 76.8%가 '황 전 교수에게 연구기회를 다시 줘야 한다'고 답해서 국민 여론은 이미 일관되게 형성되었음을 알 수 있다.

3) 노원명, 「황우석 줄기세포 연구 재개될까?」 (매일경제, 2008.8.17).

4) 「미 보건복지성 연구윤리국 개요」, 『실천연구윤리』 (과학기술부, 2007), 242쪽.

미국 보건복지성 연구윤리국은 10년(1994~2003)간 총 1,777건의 제보를 접수하였으며, 이중 133건의 연구부정행위를 적발했다.

5) 연구윤리국 혹은 연구진실성위원회는 영문으로 ORI(Office of Research Integrity)로 표기한다.

최근 3년(2006~2008)간 연구조작 행정처분 사례는 미국 보건복지성 산하 연구진실성위원회

(ORI)의 인터넷 공개자료를 참조했다. 따라서 여기서 소개된 사례는 미국의 보건복지 분야 (U.S. Department of Health and Human Services) 사례에만 한정된다. 조작 및 행정처분사례 (Findings of Research Misconduct and Administrative Actions).

인터넷 주소 : http://ori.dhhs.gov/misconduct/cases

6) 위 ORI의 경우 피조사자에 대한 항목을 통해 '의혹제기는 확정된 결과가 아니며, 그러나 피조사자는 의혹제기만으로도 그의 연구경력에 심각한 영향을 받을 수 있음'을 명시하며, 피조사자의 권리와 조사기관이 피조사자에게 제공해야 하는 항목을 구체적으로 나열하고 있다.

인터넷주소 : http://ori.dhhs.gov/misconduct/respondents.shtml

7) 위 ORI의 조작행위 처리절차 가운데 '조사행위(Investigations)' 항목.

원문 : The purpose of the investigation is to explore in detail the allegations, to examine the evidence in depth, and to determine specifically whether misconduct has been committed, by whom, and to what extent.

인터넷 주소 : http://ori.dhhs.gov/misconduct/investigations.shtml

8) 황우석 박사 공판은 2009년 2월 23일 현재 33차 공판이 이뤄졌다.

9) 미국의 보건복지성(U.S. Department of Health and Human Services) 산하 연구진실성위원회 (ORI)의 조작행위 처리절차 가운데 'ORI의 전반적 재검토' 항목.

1차 조사기관의 결과보고가 도착했을 때 ORI는 조사의 객관성, 완결성 등을 재검토한다. 만일 조사기관의 증거제시가 불충분하다고 판단될 경우 정부기관인 ORI가 독자적으로 해당 사안을 다시 분석하거나 혹은 관련 데이터와 연구결과에 대한 새로운 분석을 할 수 있다고 명시되어 있다.

인터넷 주소 : http://ori.dhhs.gov/misconduct/oversight.shtml

10) 본문에 제시된 두 가지 조작 사례는 모두 미국 보건복지성(U.S. Department of Health and Human Services) 산하 연구진실성위원회(ORI)의 '조작행위 및 행정처분' 사례에 명시된 것이다.

인터넷 주소 : http://ori.dhhs.gov/misconduct/cases

11) 미국의 보건복지성(U.S. Department of Health and Human Services) 산하 연구진실성위원회 (ORI)의 조작행위 처리절차 가운데 '행정처분' 항목.

미국의 연구윤리 관련 행정처분기간은 보통 3년이며, 경우에 따라 1년부터 평생토록 지속될 수도 있다. 관건은 피조사자가 조사기관과 ORI 조사에 성실히 협조하느냐에 있다.

인터넷주소 : http://ori.dhhs.gov/misconduct/admin_actions.shtml

12) 박용채, 「일본판 황우석 사건 비화 조짐」 (경향신문, 2005.12.29).

일본 리보핵산(RNA) 연구의 최고 권위 교수였던 다이라 가즈나리(比良和誠) 교수는 과학저널

『네이처』에 게재한 논문 등에 대한 조작의혹을 받았다. 대학 측은 재현실험 기회와 기간을 부여해 자신이 직접 연구진실성을 입증할 것을 요구했으나 결국 4건의 논문 중 1건에 대한 데이터를 제출하는데 그쳐 그는 교수직에서 해고되었다.

| 21 | 세계 줄기세포 연구의 흐름

1) 『황우석 재기논란–신화도 복제될 것인가?』(연출 최성), (SBS 〈그것이 알고 싶다〉, 2008.7.19).

2) iPS는 induced pluripotent stem cell의 약자로 '인공(유도) 다능성(만능) 줄기세포'로 해석된다. 생체시계를 거꾸로 돌려 분화가 끝난 체세포를 다시 만능성을 지닌 배아줄기세포 단계로 되돌리는 줄기세포 수립방식을 뜻한다. 이 용어 사용에 대해 학자와 언론사마다 '유도 만능 줄기세포', '역분화 방식 줄기세포', '인공 다능성 줄기세포' 등 조금씩 미묘한 차이를 보이는데 본문에서는 '역분화 방식 줄기세포'로 일반화시키고자 한다.

3) 해당논문은 하버드 의대 케빈 에건 교수를 교신저자로 13명의 공동저자 명의로 2008년 8월 『사이언스』에 게재되었다.
Kevin Eggan, etc., 「Induced Pluripotent Stem Cells Generated from Patients with ALS Can Be Differentiated into Motor Neurons」(Science 29 August 2008: Vol. 321. no. 5893), p. 1218~1221.

4) Chris Henderson 교수는 뉴욕에 소재한 콜롬비아(Colombia) 대학 메디컬센터 내 'Center for Motor Neuron Biology and Disease'와 'Departments of Pathology, Neurology and Neuroscience'에 소속된 의학자이다. 그의 인터뷰는 미국 3대 지상파 방송 중 하나인 ABC방송뉴스 중에서 인용되는데,
Radha Chitale, 「Custom stem cells around the corner?」 (abc NEWS, 2008.8.1).
인터넷주소 : http://abclocal.go.com/ktrk/story?section=news/health&id= 6300576
원문: "We have the opportunity to study these motor neurons and see whether they behave in a manner that they do in the culture dish," Henderson said. "Although the promise of these ideas are there, there is much validation to do in terms of their potential to generate different types of neurons.... The [SCNT] embryonic stem cell model is really our gold standard."

5) 해당 그림은 매일경제 기사에 삽입된 그래픽으로 해당 기사는 다음과 같다.
노원명, 「난자없이 맞춤형 줄기세포 배양」 (매일경제, 2008.2.1).

6) 제주대 박세필 교수와의 인터뷰는 그가 iPS 성과를 발표한 2008년 2월에 이뤄졌다. 당시 박교수와 건국대 조상구 교수의 성과에 대해 많은 언론이 보도했다.

하채림, 「국내연구진 난자없이 맞춤형 줄기세포 확립 성공」 (연합뉴스, 2008.2.1).

이재원, 「국내연구진, '맞춤형 줄기세포' 기술 확보」 (파이낸셜뉴스, 2008.2.1).

신수영, 「국내연구진, 체세포서 맞춤형 줄기세포 확립 성공」 (머니투데이, 2008.2.1).

이기수, 「난자없이 배아줄기세포 확립 제주대 박세필 교수팀 등… 美·日보다 효율성 높아」 (국민일보, 2008.2.1).

임소형, 「국내 연구진도 난자 없이 줄기세포 만들어」 (동아일보, 2008.2.2).

7) David Baltimore, etc., 「Stem Cell Science Leaders Say Nation Must Pursue all Avenues of Stem Cell Research」 (대국민공개서한, 2008.9.16).
   서한에 서명한 과학자들의 이름은 7명으로, David Baltimore, George Q. Daley, Robert Klein, Martin Pera, James Thomson, Alan O. Trounson, Irving L. Weissman.

8) 위 공개서한에서 과학자들은 성체줄기세포에 대한 과장된 기대를 지적하면서 'Adult or Tissue Stem Cells: A Cautionary Tale(성체 혹은 피부세포: 의심스러운 전설)'이라는 소제목을 붙여 본문에 인용된 내용을 기술했다.

9) 위 공개서한에서 과학자들은 인간배아줄기세포 연구의 가치를 자세히 언급하며 'hESCs Remain the Prototype Pluripotent Cell(인간배아줄기세포는 만능세포의 원형으로 남는다)'라는 소제목을 붙여 본문에 인용된 내용을 기술했다.

10) 최철호, 「노벨상 수상 과학자 61명, 오바마 지지 촉구」 (뉴시스, 2008.9.27).

11) 「미 인간배아줄기세포연구, 오바마 조치 고대」 (워싱턴 로이터 인용 연합뉴스, 2008.11.11).

12) 「바티칸, 오바마에 줄기세포 연구 반대 메시지」 (바티칸에서 AP인용 뉴시스, 2008.11.12).

13) Stephen Ohlemacher, 「Obama reviews Bush orders on stem cells, drilling」 (AP통신, 2008.11.10).

14) 오바마 후보가 대선 유세기간 동안 온라인 과학분야 블로거 6인의 질문(시민6인의 'Science Debate 2008' 심층질문)에 답변한 내용으로 출처는 다음과 같다.
   「Obama's science policy」 (Discover 온라인 전문블로거 Phil Plait, 2008.9.8).

15) 미국 노벨상 수상자들의 공개서한 발표현장에 대표로 참석한 세 명의 과학자는 2002년 노벨의학상 수상자 로버트 호르비츠(H. Robert Horvitz), 2003년 노벨화학상 수상자 피터 아그레(Peter Agre), 1989년 노벨의학상 수상자 헤럴드 바머스(Harold Varmus)로 이들은 모두 부시 행정부의 배아줄기세포 규제정책에 반대입장을 피력했다. 관련기사는 AP통신의 「Scientists view both Obama, McCain as supportive(2008.10.15)」와 미국의 네트워크 블로깅 사이트인 'Network of those Abused by Church Blog'에 게재된 「Nobel laureates line up behind Obama's science policy(2008.10.1)」 참조.

16) 미국 노벨상 수상 과학자들의 공개서한은 "An Open Letter to the American People"이라는 제목으로 2008년 9월 25일 발표되었으며, 오바마 후보의 인터넷 사이트(www.barackobma.com)를 통해 공개되었다. 당시 이 공개서한에 사인을 한 노벨상 수상자들을 분야별로 정리해보면 노벨 물리학상 22명, 화학상 14명, 그리고 생리의학상 25명이다. 본문에 인용된 글의 원문은 다음과 같다.

"During the administration of George W. Bush, vital parts of our country's scientific enterprise have been damaged by stagnant or declining federal support. The government's scientific advisory process has been distorted by political considerations. As a result, our once dominant position in the scientific world has been shaken and our prosperity has been placed at risk."

"Senator Obama understands that Presidential leadership and federal investments in science and technology are crucial elements in successful governance of the world's leading country. We hope you will join us as we work together to ensure his election in November."

| 22 | 영국에선 혁신사례, 한국에선 범법사례

1) 김수병, 「윤리에 구속된 연구도 위험하다」(한겨레 21, 2006.12.6).

2) IVF(In Vitro Fertilization)는 '체외수정'을 뜻하며 아기를 갖고자 하는 여성이 자신의 난자를 몸 밖에서 정자와 수정시켜 배아를 만들고, 이 배아를 자신의 자궁에 이식하여 임신에 이르는 일명 '시험관아기' 시술법을 말한다.

3) 「Half-price IVF hailed a succes」(BBC 온라인, 2008.7.3).
원문 : A scheme offering half-price IVF for women who donate their eggs to research has been hailed a success.

4) 머독 교수의 인터뷰 내용은 위 기사에 게재되어 있다. 엘리슨 머독(Alison Murdoch) 교수는 North East England Stem Cell Institute(NESCI)에서 줄기세포 연구를 이끌고 있다.

5) 「줄기세포 논문조작 사건 수사결과」(서울중앙지방검찰청, 2006.5.12), 난자제공 현황(111쪽), 난자제공 과정상의 문제점(112쪽) 참조.
황우석 박사가 한나 산부인과에 호르몬제를 제공한 부분은,
「황우석 연구의 생명윤리 문제에 대한 보고서」(국가생명윤리심의위원회, 2006.11), 16쪽.

6) 박경호, 「[줄기세포 수사결과 발표] 檢 '논문조작 형사처벌 사례없어'」(서울신문, 2006.5.13), 3면 기사.

7) 「황우석 연구의 생명윤리 문제에 대한 보고서」 (국가생명윤리심의위원회, 2006.11), 18쪽.

| 23 | 체세포 복제냐 처녀생식이냐

1) 필자가 정치포털 '서프라이즈'에 올린 글에 대해 한 네티즌이 보내온 글귀로 원문과 출처는
다음과 같다.

학술은 이세상에 존재하는 것으로 學術之在天下也

수백 년이 지나면 반드시 변한다. 閱數百年而必變

그것이 변하고자 할 때에 基將變也

반드시 한두 사람의 선구자가 있어 必有一二人

그 단초를 열게 되면 수백 수천 사람이 開基端而千百人

이를 요란하게 비판한다. 譁然攻之

그것이 이미 변함에 있어서는 基卽變也

반드시 한두 사람이 성과를 모으게 되매 又必有一二人集基成

이에 수백 수천 사람들이 휩쓸려 이를 좇게 된다. 而千百人靡然從之

– 추사 김정희(1786–1856) 완당전집 권 1 학술 – 學術之在天下也

2) 2006년 1월 10일 서울대학교 조사위원회는 「황우석 교수 연구의혹관련 조사결과보고서」를
통해 1번 줄기세포가 처녀생식 줄기세포일 가능성을 강하게 주장했다. 이어 2006년 5월 1일
서울대학교 연구처는 「NT-1세포의 발생기원 : 황우석 전교수 연구의혹관련 서울대학교 조사
위원회 결과보고서 보충자료」를 통해 처녀생식 가능성을 다시 한번 주장했으며 이 연구결과
는 카이스트 정재훈 교수 등 외부인사의 참여에 의해 이뤄졌음을 밝혔다. 그리고 2007년 7
월 하버드 의대 김기태, 조지 데일리 박사 등에 의해 황우석팀 1번 세포에 대한 검증결과가
「셀 스템 셀」 논문으로 발표되었는데 이들 역시 처녀생식 줄기세포의 가능성을 강하게 언급
했다. 해당 논문은 다음과 같다.

G. Daley, etc., 「Recombination Signatures Distinguish Embryonic Stem Cells
Derived by Parthenogenesis and Somatic Cell Nuclear Transfer」 (Cell Stem Cell ,
Volume 1, Issue 3, 2007), p. 346~352.

3) 황우석 박사 관련 제 30차 공판은 2008년 12월 22일 오후 2시 서초동 서울중앙지법 311호
법정에서 이뤄졌다. 당시 증인은 변호인단이 채택한 충북대 수의학과 정의배 교수였다.

4) 각인(imprinting) 현상은 어린 동물들이 처음으로 시각적 · 청각적 · 촉각적 경험을 하게 된 대
상에 관심을 집중시킨 다음 그것을 쫓아다니는 학습의 한 형태로, 자연상태에서는 그 대상이
언제나 부모이나 실험에서는 다른 동물이나 무생물을 쓰고 있다(브리태니커 사전 동물학 관련 지
식 참조).

5) RT-PCR은 'Reverse Transcriptase-Polymerase Chain Reaction'의 약자로 우리말로는 '역전사효소중합연쇄반응검사'라고 한다.

6) 호세 시벨리 박사 등의 원숭이 처녀생식 『사이언스』 논문은 다음과 같다.

Cibelli, J.B.etc., 「Parthenogenetic stem cells in nonhuman primates」 (Science, Vol. 295, 2002), p. 819.

* 본문에서 제시된 원숭이 처녀생식 줄기세포에 대한 각인검사 결과 그림은 『사이언스』에 보고된 결과를 토대로 호세 시벨리 박사가 교신저자로 참여해 미국 국립학술원에 제출된 또 다른 논문의 「Fig 3」에서 인용했음을 밝힌다.

Vrana, K.E., Cibelli, J.B, etc., 「Nonhuman primate parthenogenetic stem cells」, PNAS September 30, vol. 100 no. Suppl 1 11911-11916 / Published online before print September 22, 2003, doi: 10.1073/pnas.2034195100

(PNAS는 Proceedings of the National Academy of Sciences of the United States of America의 약어로 미 국립학술원 게재논문을 뜻한다.)

한편 2007년에 발표된 미국-러시아 학자들의 인간처녀생식 줄기세포 논문은 다음과 같다.

Revazova, E.S., etc., 「Patient-Specific Stem Cell Lines Derived from Human Parthenogenetic Blastocytes」 (CLONING AND STEM CELLS vol 9, number 3, 2007)

*본문에 인용된 그림은 위 논문의 Fig 6. 「RT-PCR analysis of imprinted gene expression」을 인용했다.

7) G. Daley, etc., 「Recombination Signatures Distinguish Embryonic Stem Cells Derived by Parthenogenesis and Somatic Cell Nuclear Transfer」 (Cell Stem Cell , Volume 1 , Issue 3 , 2007), p. 346~352.

8) 정연보, 『DNA의 진실』 (김영사, 2008), 129~140쪽.

9) 위 G. Daley 등의 논문을 보면 해당 연구가 NIH와 NIH Director's Pioneer Award of the NIH Roadmap for Medical Research, 그리고 하버드 줄기세포 연구소와 보스턴 소아 병원에서 조성된 연구자금에 의해 수행되었음을 밝히고 있다. 한편 해당 논문에서 시료로 사용된 줄기세포는 구체적인 계대수를 명시하지 않은 채 서울대학교 수의대 실험실에서 제공된 것으로 기재되어 있다. 이는 2006년 서울대학교가 황우석 박사를 파면한 뒤 수의대 실험실에 보관 중이던 1번 줄기세포 시료를 하버드 조지 데일리 등에게 넘긴 것으로 추론할 수 있으며, 이후 법정증언에 따르면 해당 시료는 이미 수립된 이후 상당 기간 계대배양을 한 시료로 변이가 많이 이뤄졌을 것으로 추측된다. 그러나 논문에서는 이에 대한 정보가 더 이상 없다.

10) 서울대연구처, 「NT-1세포의 발생기원 : 황우석 전 교수 연구의혹관련 서울대학교 조사위원회 결과보고서 보충자료」 (2006.5.1).

인터넷 주소 : http://www.snu.ac.kr/withsnu/with0104_view.jsp?idx=66832

11) Rugg-Gunn, P.J., Ferguson-Smith, A.C., Pedersen, R.A., 「Status of genomic imprinting in human embryonic stem cells as revealed by a large cohort of independently derived and maintained lines」(Human Molecular Genetics, Vol. 16, Review Issue 2, 2007), p. 243~251.

12) 서울대연구처, 「NT-1세포의 발생기원 : 황우석 전 교수 연구의혹관련 서울대학교 조사위원회 결과보고서 보충자료」(2006.5.1).
   인터넷 주소 : http://www.snu.ac.kr/withsnu/with0104_view.jsp?idx=66832

13) 최현정, 「학자들 NT-1, 처녀생식보다 체세포복제 가능성 높다」(동아일보, 2006.3.17).

14) 김진우, 「서정선 교수, '1번 줄기세포 체세포 복제 맞다'」(YTN 2006.3.16).
   원문 : 서 교수는 '유전자 각인검사 결과 1번 세포주는 부계와 모계 유전자를 모두 갖고 있었다'며 '이것은 단성생식이 아니라는 것을 뜻한다'고 주장했습니다.
   최현정, 「서울대 교수들 "황교수팀 NT-1 과학적 규명해 보자"」(동아일보, 2006.4.12).
   원문 : 서울대 임정묵 교수(동물자원과학과)를 대표 발의자로 한 농생대, 치과대, 수의대 등 10여 명의 서울대 교수들은 4월 12일 성명서를 통해 "저희는 처녀생식의 과학적 판정에 대하여 어떠한 편견도 가지고 있지 않으며, 오직 과학현상의 객관적 규명을 통하여 우리나라 학계의 첨단연구능력이 향상되기를 진심으로 기원하고 있습니다. 이러한 우리의 노력이 과학계에 대한 국민적 신뢰로 승화될 수 있도록 동료 과학자들의 적극적인 동참과 의견개진을 제안드립니다"라고 공동검증을 제의했다. 그러나 서울대 연구처는 이들을 배제시킨 채 독자적으로 KAIST 등에 재검증을 의뢰, 처녀생식 결론을 얻은 뒤 "일부 과학자들이 성급한 견해를 표명했다"며 강도 높게 비판했다.

15) 서울대연구처, 「발생기원 : 황우석 전 교수 연구의혹관련 서울대학교 조사위원회 결과보고서 보충자료」(서울대연구처, 2006.5.1).
   인터넷 주소 : http://www.snu.ac.kr/withsnu/with0104_view.jsp?idx=66832

16) 제 29차 공판(2008.12.1) 증언내용은,
   임상현, 「[공판특보] MBC PD수첩, 미즈메디 바꿔치기와 유영준 제보자 검증 못해」(국민의 소리, 2008.12.?)

17) 황우석 박사 관련 제 30차 공판(2008년 12월 22일 오후 2시 서초동 서울중앙지법 311호 법정) 충북대 수의학과 정의배 교수의 증언은 이 현장을 방청한 필자의 수기와 다른 방청인들이 올린 복수의 법정참관 후기를 참조해 복원시켰다.

18) 필자가 서울대에서 쥐 처녀생식 연구를 발표한 A교수(그는 2006년 처녀생식 재검증을 주장한 소장파 교수 중 한 명)를 취재한 결과, 그의 소견은 다음과 같았다.
   "저 역시 처녀생식 관련 연구성과를 얻고 논문을 계속 게재했지만, 가장 확실한 판별법은

대조군과 비교해보는 거예요. 공여자의 체세포와 1번 줄기세포를 다양하게 비교해봐서 똑같으면 이건 체세포 복제 줄기세포가 맞는 것이고, 다르게 나오면 처녀생식일 가능성이 높은 것이죠. 2006년 당시에도 저희는 이러한 대조군 설정을 가장 강력히 주장했어요."

19) 충북대 정의배 교수는 각인검사를 시행하기 위해 실시한 RT-PCR 검사결과 체세포 제공자의 체세포와 줄기세포가 일치하게 나오며, 서울대 2차조사의 검사법이기도 한 '메틸레이션' 검사결과 역시 일치, 그리고 각인검사 결과를 정성·정량적으로 분석할 수 있는 '리얼타임 PCR' 검사결과 역시 대조군과 줄기세포 결과가 일치함을 법정에서 밝혔다.

20) 황우석 박사 관련 제 30차 공판(2008년 12월 22일 오후 2시 서초동 서울중앙지법 311호 법정) 충북대 수의학과 정의배 교수의 증언은 이 현장을 방청한 필자의 수기와 다른 방청인들이 올린 복수의 법정참관 후기를 참조해 복원시켰다.

PART 3   특허전쟁의 실체
_____

| 24 | 원천특허를 말한다

0) 사진은 영화 〈괴물〉의 한 장면으로, 특허란 특허는 있는 대로 집어삼키고 툭하면 소송 걸어 피를 말리는 미국의 '특허괴물'을 상징한다.

1) 명진규, 「한국 주도 '터치폰', 핵심기술은 모두 '외산'」 (아이뉴스24, 2008.11.13).

2) 원천기술이란 ① 어떤 제품을 생산하는 데 있어 없어서는 안 될 핵심기술로, ② 다른 기술에 의존하지 않는 독창성을 지녀야 하며, ③ 그로부터 다수의 응용기술을 만들어낼 수 있는 생산성이 있어야 한다. 이는 특허심사관의 다음 연구 글을 참조했다.
반용병, 「원천특허란 무엇인가?」 (국가지정 화학공학연구정보센터(CHERIC), 2006).
인터넷 주소 : http://www.cheric.org/ippage/p/ipdata/2006/10/file/p2006101801.pdf

3) 김길원, 「'애완견 복제 성공' 황우석, 그동안 뭐했나」 (연합뉴스, 2008.5.21).

4) 오철우, 「'스너피냐 돌리냐' 개복제 특허 공방」 (한겨레, 2008.7.3).

5) 김희원, 「물고 물린 개복제 특허분쟁」 (한국일보, 2008.10.31).
돌리 특허권자인 미국의 스타트라이센싱사는 한국의 동물복제 회사인 알앤엘바이오를 상대

로 특허권 침해금지 소송을 제기했다고 30일 밝혔다. 스타트라이센싱사의 조나단 대처 회장은 "알앤엘바이오가 2월 12일 개복제 사업을 개시, 이후 암 탐지견 복제 사실을 발표하고 개복제 할인을 광고하는 등 상업적 활동을 벌인 것은 스타트라이센싱의 권리 침해"라고 밝혔다. 이 회사는 "알앤엘바이오가 개복제와 관련한 특허실시권을 갖고 있다 하더라도, 이 기술이 원천적으로 체세포를 채취해서 핵을 뺀 난자에 융합하는 등 체세포 핵이식 복제기술을 벗어날 수 없다"는 입장이다. 앞서 알앤엘바이오는 서울대가 소유한 개복제 관련 특허 2건의 전용실시권을 근거로 황우석 박사가 이끄는 수암생명공학연구원을 상대로 특허침해 금지소송을 9월 초 서울중앙지법에 냈었다.

6) 2004년도 『사이언스』 논문에 보고된 황우석 박사의 자가핵이식 1번 줄기세포(NT-1) 관련 특허는 2004년 12월 30일 국제특허출원(PCT/KR2004/003528)된 바 있으며, 2008년 9월 현재 한국을 비롯한 11개 국가의 국내심사단계에 진입한 상황임.
   특허청 생명공학심사과, 「황우석 줄기세포 특허출원에 대한 각 국 특허청의 심사진행현황 설명자료」(특허청 생명공학심사과, 2008.9.25).

| 25 | 황우석 줄기세포 연구의 경제가치

1) 하태정, 「황우석 연구성과의 경제적 가치 및 시사점」(과학기술정책연구원(STEPI) 혁신정책연구센터 발간 혁신정책 Brief, 2005.8.19), 통권 제4호, 13쪽.

2) 박성준, 「황교수 줄기세포 연구 경제가치 2015년 최대 33조」(세계일보, 2005.11.29).

3) 하태정, 「황우석 연구성과의 경제적 가치 및 시사점」(과학기술정책연구원(STEPI) 혁신정책연구센터 발간 혁신정책 Brief, 2005.8.19), 통권 제4호, 20~21쪽.

4) 「Revolutionary treatment for girl」(BBC Online, 2007.5.14).
   인터넷 주소 : http://news.bbc.co.uk/2/hi/uk_news/england/dorset/6653717.stm
   한편 중국의 줄기세포 치료병원은 Tiantan Puhua Neurosurgical Hospital.
   인터넷 주소 : http://www.puhuachina.com

5) 「Woman's drive for son's treatment」(BBC Online, 2007.6.24).
   인터넷 주소 : http://news.bbc.co.uk/2/hi/uk_news/england/leicestershire/6234936.
        stm
   본문 : A woman whose eight-year-old son has a terminal illness is raising money
        in case a potentially life-saving treatment becomes available.

6) 이민주, 「자신의 줄기세포 배양 '맞춤형 장기이식' 성공」(한국일보(영국 인디펜던트 등 외신인

용), 2008.11.20).

7) 『사이언스』 예측 표 내용은 위의 과학기술정책연구원 자료를 인용했다.

하태정, 「황우석 연구성과의 경제적 가치 및 시사점」 (과학기술정책연구원(STEPI) 혁신정책연구센터 발간 혁신정책 Brief, 2005.8.19), 통권 제4호, 11쪽.

그리고 『사이언스』 해당 논문은 다음과 같다.

D. Perry, 「Patients' Voice: The Powerful Sound in the Stem Cell Debater」 (Science Vol. 287, Feb. 2000).

8) 하태정, 「황우석 연구성과의 경제적 가치 및 시사점」 (과학기술정책연구원(STEPI) 혁신정책연구센터발간 혁신정책 Brief, 2005.8.19), 통권 제4호, 12쪽.

9) 세계보건기구(WHO)의 알츠하이머 환자 예측의 출처기사는 다음과 같다.

황온중, 「[해외편] 노인성치매 효과적 치료법 발견」 (세계일보, 2008.5.7).

세계보건기구(WHO)의 2030년 당뇨환자 예측 출처기사는 다음과 같다.

이기수, 「세포이식·복제술 개발… '당뇨병 정복' 앞당긴다」 (국민일보, 2004.5.11).

10) 하태정, 「황우석 연구성과의 경제적 가치 및 시사점」 (과학기술정책연구원(STEPI) 혁신정책연구센터 발간 혁신정책 Brief, 2005.8.19), 통권 제4호, 13쪽.

11) 이상원 등, 「줄기세포 기술경쟁력 현황 및 대응전략」 (한국보건산업진흥원, 2006.12), 4쪽.

바이오업계 시장분석전문지인 제인 파마 바이오텍 리포트(Jain Pharma Biotech Report, 2006.5)는 향후 10년간 줄기세포 치료제의 연평균 시장성장률(CAGR)은 18.5%의 고성장을 거듭하여 2015년 전세계 시장규모는 109억 달러 규모로 성장할 것으로 예측했다. 한편 Navigant consulting(2005.1)은 미국 줄기세포 치료시장은 2015년에 36억 달러 규모에 달할 것으로 예측했다.

12) 국가별 미국특허의 점유율 비교를 보면 세포치료 분야에서 미국이 76.3%, 일본 5.1%인데 반해 한국은 0.3%였고, 바이오장기 분야에서는 미국 87.2%, 영국 2.9%인데 반해 한국은 0.3%, 재생의학 전체를 놓고 볼 때 미국 81.6%, 일본 4.1%인데 반해 한국은 0.6% 점유율에 그쳤다.

안두현·정교민·신 율, 「우리나라의 재생의학 기술경쟁력 평가 : 특허분석을 중심으로」 (과학기술정책연구원, 2008.5.20), 3쪽.

13) 임호섭, 「한국 감사원은 외국제약사 편?」 (헬스코리아뉴스, 2008.8.8).

기사에 따르면 백혈병 치료제 '글리벡'은 생산원가 대비 30.32배나 높은 약값인 한 정당 2만 3,045원이 유지되고 있고, 2008년 6월부터 공급된 백혈병 치료제 '스프라이셀'의 경우 원가 대비 29.1배 높은 5만 5천 원에 보험약가가 결정되었다.

14) 하태정, 「황우석 연구성과의 경제적 가치 및 시사점」 (과학기술정책연구원(STEPI) 혁신정책

연구센터 발간 혁신정책 Brief, 2008.8.19), 통권 제4호, 12~13쪽.

15) 고베 재생의료 클러스터 조감도.

인터넷 주소 : http://www.city.kobe.jp/cityoffice/06/015/iryo/index

16) 한국보건산업진흥원, 「국내 줄기세포 전문가 8인과 함께 만든 줄기세포산업 10대 육성전략」 (BT전략이슈리포트 1호, 2005.9), 37쪽.

17) 위 자료 107~110쪽 줄기세포 클러스터 조성편 참조.

| 26 | 호주 특허의 진실

1) 임소형, 「황우석 배아줄기세포, 호주 특허 등록될 듯」 (동아일보, 2008.9.22), 1면.

2) 이경욱, 「濠 특허청 "황우석 박사팀 특허출원 아직 심사 중"」 (연합뉴스, 2008.9.24)

3) 특허청 생명공학심사과, 「황우석 줄기세포 특허출원에 대한 각국 특허청의 심사진행현황 설명자료」 (특허청 생명공학심사과, 2008.9.25).

4) 위 동아일보 임소형 기자의 기사와 호주 특허청 인터넷 제공 서비스 확인결과 황우석팀 줄기세포 특허는 "Embryonic Stem cell line and method for preparing the same"으로 PCT 국제특허출원 번호는 "PCT/KR03/002899"이며 호주 특허청에의 출원번호 (application number)는 "AU 2004309300 B2"로 확인되었다.

5) 임소형, 「황우석 배아줄기세포, 호주 특허 등록될 듯」 (동아일보 인터넷판, 2008.9.22).

인터넷 주소 : http://www.donga.com/fbin/output?n=200809220164

6) 노원명, 「한국서 퇴짜 황우석 줄기세포, 호주는 인정」 (매일경제, 2008.9.22).

7) 김훈기, 「끝나지 않은 과학계 사건, 황우석 스케치」 (동아사이언스, 2008.9.21).

8) 이경욱, 「濠 특허청 "황우석 박사팀 특허출원 아직 심사 중"」 (연합뉴스, 2008.9.24).

9) IP Australia, 「IP Australia statement on patent application AU 2004309300 relating to a human embryonic stem cell line」 (2008.9.24).

10) 한국 특허청 관계자와의 인터뷰는 2008년 9월 25일 오전 전화 인터뷰로 이뤄졌다.

| 27 | '황우석 특허거절'은 오보

1) 조호진, 「황우석 줄기세포 특허 6개국에선 거절당해」 (조선일보, 2008.9.25).

2) 특허청 생명공학심사과 관계자와의 인터뷰는 실무급 1명, 책임자급 1명 모두 2명으로 2008년 9월 25일 전화 인터뷰를 통해 이뤄졌다.

3) 위 특허청 생명공학심사과 관계자 중 실무급 직원의 말이었다.

4) 특허청 생명공학심사과, 「황우석 줄기세포 특허출원에 대한 각국 특허청의 심사진행현황 설명자료」 (2008.9.25).

5) 조선일보 영문판 기사는 디지털조선닷컴에서 온라인으로 제공하는 기사였다.

　　인터넷 주소 : http://english.chosun.com/w21data/html/news/200809/2008092
　　　　　　　　50014.html

6) 조선일보 일본어판 기사는 디지털조선닷컴에서 온라인으로 제공하는 기사였다.
　　인터넷 주소 : http://www. chosunonline.com/article/20080925000033

| 28 | 미국 특허괴물의 등장

1) David Cyranoski, 「Hwang work granted patent」 (Nature News 455, 01 Oct 2008), p.571 .

2) 국내에 등록된 돌리특허 관련 청구항을 보면 다음과 같다.
　　청구항 1.
　　　(a) 분화된 이배체 공여체 세포의 핵을 핵출된 난모세포에 이식하는 단계
　　　(b) 상기 단계 (a)의 난모세포를 활성화 없이 충분한 시간 동안 유지하여, 핵을 재프로그래밍시키는 단계
　　　(c) 상기 난모세포를 활성화시키는 단계
　　　(d) 활성화된 난모세포를 항온처리하여 배를 발생시키는 단계
　　　(e) 상기 배를 인간을 제외한 포유동물로 발생시키는 단계를 포함하는, 인간을 제외한 포유동물의 클로닝 방법
　　청구항 2.
　　　제1항에 있어서 분화된 세포는 생체외에서 얻어지거나 또는 시험관 내 세포 배양물로부터 얻어지는 것인 방법
　　청구항 3.

제1항에 있어서, 인간을 제외한 포유동물은 소, 양, 돼지, 염소, 말, 마우스 및 랫트로 구성되는 군으로부터 선택되는 것인 방법

3) 호주 특허청이 공개한 황우석팀 줄기세포 특허청구내용 주소는 다음과 같다.
   인터넷 주소 : http://pericles.ipaustralia.gov.au/aub/aub_pages_1.process_simple_search?p_application_no=2004309300&p_procedure=paint_simple_search

   국내 출원된 특허청구내용의 일단은 다음과 같다.
   청구항 1. 인간의 체세포의 핵을 탈핵된 인간 난자에 이식함으로써 얻어진 핵이식란으로부터 유래된 배아줄기세포
   청구항 2. 제1항에 있어서, 수탁번호 제 KCLRF-BP-00092호로 기탁된 세포주인 것을 특징으로 하는 배아줄기세포
   청구항 3. 하기 단계들을 포함하는 배아줄기세포주의 제조방법(이하 생략)

4) IP Australia, 「IP Australia statement on patent application AU 2004309300 relating to a human embryonic stem cell line」 (2008.9.24).

5) 메릴 구즈너(Merrill Goozner)는 미국의 소비자단체인 공익을 위한 과학센터(CSPI, Center for Science in the Public Interest)의 과학윤리 디렉터로, 필자는 'California stem cell report'라는 블로그 사이트에 게재된 기사에 담겨진 메릴 구즈너의 인터뷰 내용을 본문에 인용했다.
   「Time for a stem cell sunshine vaccine」 (California stem cell report, 2006.1.9).

6) Victoria Griffith, 「Geron, The former patent powerhouse works on new therapies」 (Scientific American 온라인, 2005.6.27).
   제론(Geron)사 홈페이지 '체세포 핵이식(Nuclear transfer) 분야' 실적설명 참조.
   인터넷 주소 : http://www.geron.com/technology/nuclear/nuclear.aspx

7) 제론사의 인간배아줄기세포 유래 중추신경계세포는 'Oligodendrocytes'으로 중추신경계에서 수초를 형성하는 세포들로 '희돌기교세포'라고 한다.

8) 제론(Geron)은 오바마 당선 후인 2009년 1월 22일 세계 최초로 미국 FDA로 부터 임상시험 승인을 얻었다. 제론사 홈페이지의 '인간배아술기세포 유래 신경세포(hESC-Derived Oligodendrocytes-GRNOPC1)' 설명부분 참조.
   인터넷 주소 : http://www.geron.com/products/productinformation/spinalcordinjury.aspx

9) 류현정 「美서 줄기세포 인간 임상실험 가능해질까」 (전자신문, 2008.8.28).
   본문 : 제론은 13년 동안 줄기세포만 연구한 전문회사로, 연구에 쏟아부은 금액만 1억 5,000만 달러(1,420억 원)에 달한다.

10) Michael Woodhead, 「Embryo cloning to start in Sydney」 (6minutes.com.au, 2008.9.17).

　인터넷 주소 : http://www.6minutes.com.au/articles/z1/view.asp?id=234488

11) David Cyranoski, 「Hwang work granted patent」 (Nature News 455, 2008.10.2), p. 571.

12) 「연 25억 달러 적자, 질 높여야−로열티의 경제학」 (한경비즈니스, 2008.6.9).

| 29 | 특허권자인 서울대학교의 침묵

1) 조호진, 「[기자수첩] 줄기세포 그늘에 숨어버린 서울대」 (조선일보, 2008.9.29).

2) 이상지 박사는 前국방과학연구소 책임연구원으로 현재 대덕단지 벤처기업 GG21 CTO로 IT 분야 과학자로서 BT 분야의 황우석 특허논란을 관찰해왔다. 그가 출연한 프로그램은 BTV(불교TV)의 특집좌담 「황우석 줄기세포 호주 특허등록, 그 의미와 과제는?(2008.10.1)」 이었다.

3) 이상지 박사는 한편 호주 특허법 제61조를 설명하며 호주 특허는 사실상 등록된 것임을 주장하기도 했다. 호주 특허법 제61조는 특허등록 결정 후 특허증 교부까지 과정에 대해 규정해 놓은 부분으로, 이에 따르면 호주 특허청이 내부 심사를 거쳐 이의제기 절차에서 이의제기가 없을 때에는 정해진 기간(보통 3개월) 내에 반드시 특허증을 교부해야 함을 알 수 있다. 이는 향후 관련 소송에 있어 근거로도 활용될 수 있는 대단히 중요한 법적 근거로 볼 수 있다.

4) 2008년 10월 1일 방영된 불교TV 특집좌담 「황우석 줄기세포 호주 특허등록, 그 의미와 과제는?」에서 이상지 박사의 발언내용을 필자가 녹취해서 인용했다.

5) 박영봉, 「황우석 "호주 특허 보호대책"요청 − 수암연구소, 대한변리사협회에 등록 조사의뢰」 (인터넷 언론 '매스타임즈', 2008.10.1).

6) 김순웅 변리사의 법정증언은 황우석 박사 관련 제 28차 공판에서 이뤄졌으며, 2008년 10월 20일, 서울중앙지법 417호 대법정이었다. 필자는 방청석에서 관련 증언내용을 속기했고, 이를 다수의 공판 후기와 맞춰 오류를 줄이고자 애썼다.

7) 황우석 변호인단의 질문내용은 위 〈제 28차 공판〉 현장에서 필자가 속기한 것이다.

8) 판사와 증인(김순웅 변리사)과의 질의응답 내용은 위 〈제 28차 공판〉 현장에서 필자가 속기한 것이다.

9) 검찰과 증인(김순웅 변리사)과의 질의응답 내용은 위 〈제 28차 공판〉 현장에서 필자가 속기한 것이다.

10) 위 〈제 28차 공판〉 현장에서 필자가 속기한 것이다.

| 30 | 스너피 발명자가 스너피 특허에 물리다

1) 톨킨은 생전에 영화화를 염두에 두지 못한 채 영화판권 계약에 소홀했으며, 영화판권의 최종
   소유권을 가진 채 대박을 터뜨린 헐리우드의 뉴라인시네마는 톨킨 측에 영화수익금을 제대로
   전달하지 않아 거액의 소송논란이 빚어지기도 했다. 최근 소송논란에 대한 참조기사는 다음
   과 같다.
   김도형, 「톨킨, 한 푼도 못 받았다고?」 (FILM2.0, 2008.2.15).
   본문 : 톨킨의 유산을 관리하는 톨킨 트러스트와 출판사 하퍼콜린스는 "뉴라인시네마는 톨킨
       트러스트와 하퍼콜린스에 영화 총 수익의 7.5%를 지급할 의무가 있다"는 내용의 소송
       을 내고 손해배상금 1억 5,000만 달러의 지급을 주장했다. 뉴라인시네마가 〈반지의
       제왕〉의 수익금을 톨킨 측에 전혀 전달하지 않았다는 것이다.

2) 「황우석 지적재산권 침해로 피소」 (헤럴드경제 생생뉴스, 2008.9.2).
   본문 : 9월 2일 서울중앙지법에 따르면 알앤엘바이오는 황 박사가 이끄는 수암생명공학연구
       원을 상대로 특허권 침해금지 소송을 냈다. 관련기사는 다음과 같다.
   정태일, 「개복제 지적재산권 침해」 (헤럴드경제, 2008.9.2).
   김진우, 「황우석, '스너피 복제' 지적재산권 침해 피소」 (아시아경제, 2008.9.3).

3) 알앤엘바이오의 라정찬 대표는 국내외 언론과의 인터뷰를 통해 분쟁의 상대는 미국의 바이
   오아트가 아닌 한국의 수암생명공학연구원(황우석 박사팀)임을 여러차례 언급했다.
   박충훈, 「세계 최초 유료 복제견 '부거' 주인 품에 안겨」 (아시아경제, 2008.8.5).
   본문 : 알앤엘바이오의 라(정찬) 대표는 "분쟁의 상대는 바이오아트사가 아니라 수암생명공학
       연구원"이며 "서울대로부터 개복제 전용권리를 받은 건 알앤엘바이오이다. 조만간 (법
       정분쟁 등) 액션을 취할 것"이라는 의지를 표명했다.

4) 김희원, 「물고 물린 개복제 특허분쟁」 (한국일보, 2008.10.31).
   본문 : 돌리 특허권자인 미국의 스타트라이센싱사는 한국의 동물복제 회사인 알앤엘바이오를
       상대로 특허권 침해금지 소송을 제기했다고 10월 30일 밝혔다.

| 31 | 새튼이 노린 것은 무엇인가

1) Jennifer Bails, 「Pitt biologist trying to patent human cloning process」 (Pittsburgh

Tribune-Review, 2006.1.7).

2) 김민호,「[단독] 섀튼, EU에도 특허출원··· '쥐어짜기' 기술까지 포함 ··· 검찰, 경위 파악나서」
(국민일보, 2006.2.9).
이은지,「섀튼, 한국서 배아줄기 특허출원」(매일경제, 2006.4.24).
본문 : 김우식 과학기술부총리는 23일 SBS '한수진의 선데이 클릭'에 출연해 "섀튼 교수가
지난해 미국에 이어 우리나라에서도 배아줄기세포 복제기술과 관련 특허출원을 했다
고 들었다"고 밝혔다.

3) 섀튼 교수가 출원한 줄기세포 특허의 발명자 명단에는 섀튼 교수 자신과 함께 두 명의 연구
자들(Calvin Simerly, Christopher Navara)의 이름만 있다. 이들은 모두 섀튼 박사가 이끄는 매
기 여성 연구소의 피츠버그 발생학 센터(Pittsburgh Development Center at Magee-Womens
Research Institute in Oakland) 소속이다.
특허 출원일에 대한 참조기사는 위에 제시된 피츠버그 트리뷴 리뷰 기사였다.
Jennifer Bails,「Pitt biologist trying to patent human cloning process」(Pittsburgh
Tribune-Review, 2006.1.7).

4)「Summary Investigative Report On Allegations Of Possible Scientific Misconduct On
The Part Of Gerald P. Schatten, PH.D.」(University of Pittsburgh The Investigative
Board, 2006.2.8), p.8.
섀튼 특허의혹 관련 보고서
원문 : Also, Dr. Schatten's patent application of 2004, submitted through Magee,
presents claims that likely could not be fulfilled by inventions developed at
Magee alone, but might plausibly be supported by technologies reportedely
developed by Dr. Hwang's group between the filings of provisional and
actual patents.

5) 참고 기사는「네이처」뉴스로 다음과 같다.
Erika Check,「Schatten in the spotlight」(Nature News, 09 Jan 2006), doi:
10.1038/news060109-7, News.

6) Calvin Simerly et al.,「Molecular Correlates of Primate Nuclear Transfer Failures」
(Science Vol.300, 2003), p. 297. (이 논문에 섀튼 교수는 교신저자로 올라 있다.)

7) 참고기사는「네이처」뉴스로 다음과 같다.
Helen Pearson,「Biologists come close to cloning primates」(Nature News, 18 Oct
2004), doi: 10.1038/news041018-12, News.

8) Kristen Philipkoski,「Squeezing Out Monkey Clones」(www.wired.com. 2004.12.6).

9) 사진의 출처는 정치포털 '서프라이즈'의 네티즌들이 줄기세포 논란에 대해 작성한 일명 「서프라이즈 보고서」 (서프라이즈, 2006.2.20), 17쪽(난자 핵 제거).

10) 변호사 · 안원모 · 배금자 · 허기원 · 권태형, 「섀튼과 황우석 특허비교-섀튼의 특허도용 분석」 (국민변호인단 지적재산권팀, 2006.7.10).
    인터넷 주소는 여러 가지가 있으나 편의상 시민단체 '민초리' 자료실을 쓴다.
    인터넷 주소 : http://www.minchori.org/v3/board.php?page=2&board_id=24&mode
                =view&no=3196

11) 국민변호인단 공동대표인 이건호 변호사를 비롯해 공동 실무간사인 김주원 배금자 안원모 변호사와 대한변협 인권이사 이국재 변호사 등 100여 명의 변호사로 구성된 국민변호인단은 2006년 6월 19일 12시 서울시 서초동 변호사회관 2층에서 모임을 갖고, 황우석 특허기술 보호에 대한 서울대 산학협력재단의 대안을 묻는 공개질의서를 보내는 한편, 이후 〈추적 60분〉 담당PD 문형열 PD의 징계관련 건에 대한 변론활동을 펼치기도 했다.
    김선일, 「변호사 100명 '황우석 특허' 보호 나서」 (내일신문, 2006.6.29).
    김주원 변호사, 「[신문로]국부(國富)가 증발(蒸發)한다」 (내일신문, 2006.6.26).

12) 「Stem cell patent battle brewing over Korean research」 (Portfolio Media, 2006.2.14).
    요약 : "한국의 연구를 둘러싸고 줄기세포 특허다툼 예상돼. 미국이 선 발명에 우선권을 주는 전 세계 유일한 나라이므로 섀튼은 해외특허 취득에 있어서는 (선 출원이라는 점에서) 황우석보다 유리할 수 있고, 반면 황우석은 미국에서의 권리를 위해 선 발명을 입증하려 할 것이다."

13) 이창섭, 「'국제 과학계, 섀튼도 검증해야' 〈네이처〉」 (연합뉴스, 2006.1.12).
    『네이처』 최신호(11일자)는 섀튼 교수가 원숭이 복제에 성공한 뒤 "10여년간 고민했던 문제가 순식간에 해결됐다. 세계는 한국에 감사해야 한다"며 황 교수팀의 기술력을 격찬했지만, 협력과정에서 얻은 것으로 추정되는 동물복제 관련기술을 단독으로 특허출원하는 등 이해하기 어려운 행동을 했다며 텍사스 주의 특허변호사 마거릿 샘슨의 말을 인용했다.
    "섀튼 교수나 황 교수팀이 다툼의 여지가 없는 완벽한 특허를 얻기는 어렵기 때문에 복수의 그룹이 서로 다른 방법의 줄기세포 제조 및 이용 방법에 대해 특허를 받게 될 것"이라면서 "일단 특허권자가 되면 엄청난 혜택이 있을 것"이라고 말했다.

14) 김성준, 「섀튼, 황 교수 연구결과로 156억 원 받아내」 (SBS 8시뉴스, 2006.2.23).
    워싱턴 특파원(김성준 기자)의 현지 리포팅으로 이뤄진 위 기사에서는 한편 섀튼 교수의 특허도용 의혹에 대한 미국 내 분위기를 자세히 언급하기도 했다.
    본문 : "지난 16일 미 특허청이 공개한 섀튼의 특허신청 서류에는 황우석 교수팀이 갖고 있던 체세포 복제관련 기술들이 자기 것인 양 게재돼 있습니다. 이른바 젓가락 기법으

로 알려진 핵치환 방법도 포함됐습니다. 전문가들은 정작 이런 기법을 창안한 황 교수팀은 논문조작 때문에 학계에서 배제된 만큼 섀튼이 특허권을 독차지할 가능성이 높다고 지적했습니다. 이렇게 섀튼 교수를 둘러싼 각종 의혹이 증폭되면서 최근 발표된 피츠버그 대학 측의 진상조사 결과가 섀튼 감싸기에만 급급했다는 비난이 번지고 있습니다."

15) 신성식 김정수, 「섀튼, 줄기세포 재단 미국인 다수 참여해야」 (중앙일보, 2005.11.29).

16) 안규리 서울대 의대 교수의 법정진술은 2008년 4월 8일 오후 2시 서울지법 417호 대법정 제 22차 공판에서 이뤄졌다.

17) Rick Weiss, 「U. S. Scientist Leaves Joint Stem Cell Project」 (Washington Post, 2005.11.12).

18) 섀튼 교수가 공식행사에 모습을 드러낸 것은 2007년 10월 12일 피츠버그 대학의 오클랜드 캠퍼스에서 열린 '피츠버그 사이언스 2007 과학 심포지움'으로 그는 연구주제 발표를 맡은 3명 중 한 사람으로 '재생의학(Regenerative Medicine)' 세션 발표를 담당했다.
Luis Fabregas, 「Pitt's Schatten shuns past, persists with stem cell work」 (Pittsburgh Tribune-Review, 2007.10.13).

| 32 | 황우석 특허, 국민들이 지켜낸다

1) 장하나, 「서울대, 황우석 특허 에이치바이온에 넘겨」 (연합뉴스, 2009.1.12).
원문 : 서울대가 황우석 전 교수팀의 줄기세포 특허에 대한 권리를 황 전 교수가 대표이사로 재직 중인 에이치바이온(H-Bion)에 넘기기로 했다. 서울대는 12일 오후 바이오기업 에이치바이온 관계자들과 황 전 교수팀의 줄기세포 기술에 대한 양도계약을 맺었다고 밝혔다.

2) 황우석 박사 측 수암생명공학연구소와 변호인단은 제 30차 공판(2008.12.22)과 31차 공판(2009.1.12), 32차 공판(2009.2.2)을 통해 1번 줄기세포가 체세포 핵이식 줄기세포임을 입증할 수 있는 관련 전문들을 연속으로 증인으로 채택했다. 실제로 30차 공판에 출석한 충북대 정의배 교수는 자신들의 과학적 검증결과를 증언했고, 31차 공판에 출석한 대한줄기세포치료학 회장 신문석(의사) 씨가 당시 황 박사의 줄기세포 실용화 관련 발언은 국제 흐름에 비춰 결코 과장이 아니었음을 증언했다. 또한 32차 공판 증인으로 채택된 박연춘 박사(뉴욕대 유전학)는 1번 줄기세포에 대한 서울대와 하버드 논문에 대한 과학적 반박 내용을 증언했다.

3) IP Australia, 「IP Australia statement on patent application AU 2004309300 relating to a human embryonic stem cell line」 (2008.9.24).

4) 김순웅 변리사의 법정증언은 황우석 박사 관련 제 28차 공판에서 이뤄졌으며, 2008년 10월 20일 서울중앙지법 417호 대법정이었다. 필자는 방청석에서 관련 증언 내용을 속기했고, 이를 다수의 공판 후기와 맞춰 오류를 줄이고자 애썼다.

5) 장하나, 「황우석 해외 특허 두고 서울대 난감」 (연합뉴스, 2008.12.11).
   장하나, 「서울대, 황우석 해외특허 출원 포기」 (연합뉴스, 2008.12.30).
   HYUNG-JIN KIM, 「SKorean university to stop seeking cloning patent」 (AP, 2008.12.30).

6) 장하나, 「서울대, 황우석 특허 에이치바이온에 넘겨」 (연합뉴스, 2009.1.12).

7) 2009년 1월 12일 오후 5시 서울대학교 정문 앞 천막농성 현장에서 시민 '현주'.

8) 2009년 1월 12일 오후 5시 10분경 서울대학교 정문 앞 천막농성 현장에서 김진웅 어르신.

9) 2009년 1월 12일 오후 5시 20분경 서울대학교 정문 앞 천막농성 현장에서 시민 '아톰'.

10) 2009년 1월 12일 오후 5시 30분경 서울대학교 정문 앞 천막농성 현장에서 시민 '세 친구'.

11) 2009년 1월 12일 오후 5시 10분경 서울대학교 정문 앞 천막농성 현장에서 시민 '기술보유'.

PART 4   동물복제 어디까지 왔나

| 33 | 영롱이는 없다?

0) 미국의 시사주간지 『타임』은 2005년 가장 놀라운 발명품으로 황우석 연구팀의 복제개 '스너피(Snuppy)'를 꼽았다.

1) 「황우석 신화, 어떻게 만들어졌나」 (MBC PD수첩, 2006.1.10).

2) 사진은 인터넷 다시보기 서비스를 화면캡쳐한 것으로 출처는 iMBC.com의 〈PD수첩〉 사이트 '다시보기'에서 2006년 1월 10일 방영분을 찾았다.
   인터넷 주소 : http://www.imbc.com/broad/tv/culture/pd/vod/index.html?
               kind=text&progCode=1000836100240100000&pagesize=15&pagenum
               =9&cornerFlag=1&ContentTypeID=1

3) 국가과학기술전자도서관(NDSL)이 인터넷을 통해 제공하는 '과학기술정보통합서비스'를 통해 학술논문을 검색할 수 있나.

인터넷 주소 : http://www.ndsl.kr/index.do

4) 일본의 유키오 연구팀은 체세포 핵이식에 의해 4마리의 복제 육우를 얻었다고 『사이언스』에 논문을 게재했다.

Yoko Kato et al., 「Eight Calves Cloned from Somatic Cells of a Single Adult」 (Science, Vol. 282, 385, 1998) p. 810~813.

5) W. S. Hwang et al., 「Production of Holstein and Korean Native Calves Cloned by Somatic Cell Nuclear Transfer(SNT) in Korea」 (Transgenic Research, Vol. 8 No. 6, 1999) p. 482~483.

6) 황우석팀 전직 연구원 A씨와의 인터뷰는 2007년 11월에 이뤄졌다.

7) 서울대 동물자원과학과 임정묵 교수와의 인터뷰는 2007년 1월에 이뤄졌다.

8) J.K. Cho. et etc., 「Development of bovine oocytes reconstructed with different donor somatic cells with or without serum starvation」 (Theriogenology, Volume 57, Issue 7, 2002) p. 1819.

9) 안지선, 「노성일 이사장, "영롱이도 너무 튼튼하다"」 (마이데일리, 2005.12.16).

본문 : 그는 또 기자들과의 일문일답 도중, "지금 와서 영롱이가 너무 튼튼하다는 생각이 든다. 더구나 새끼까지 낳았다는 것도 세계적인 신기록"이라고 의심하며 "대부분의 복제동물은 허약해서 제대로 못 살고 도중 병으로 죽거나 하는 것이 보통이다"고 덧붙였다.

10) 「황우석 신화, 어떻게 만들어졌나」 (MBC PD수첩, 2006.1.10).

11) 황우석팀 전직 연구원 A씨와의 인터뷰는 2007년 11월에 이뤄졌다.

12) 이은정, 「스너피 · 영롱이도 못 믿는다?」 (경향신문, 2005.12.29).

13) 박병상, 「동물원에서 '조로'할 복제동물의 슬픈 사연」 (프레시안, 2005.8.5).

14) 2008년 9월 4일 서울대는 스너피와 다른 복제 암캐와의 사이에서 10마리의 새끼가 태어났다고 발표했다.

이진경, 「복제개 '스너피' 2세 탄생」 (세계일보, 2008.9.5).

15) 「황우석 신화, 어떻게 만들어졌나」 (MBC PD수첩, 2006.1.10).

그런데 한학수 PD가 취재후기로 저술한 책 『여러분! 이 뉴스를 어떻게 전해드려야할까요?』에 따르면 〈PD수첩〉팀은 황우석팀으로부터 건네받은 영롱이 시료에 대한 DNA 분석결과가 '시료양이 모자라 유전자 검출 안 됨'으로 나왔는데, 이를 속이고 황우석팀으로부터 다시 시료를 얻기 위해 '미약하게나마 검출되었음'으로 표현했다는 정황이 나온다(380~381쪽 참조).

16) 이은정, 「체세포 복제? 시간차 쌍둥이?」 (경향신문, 2005.12.20).
이근영, 「영롱이 · 스너피에게도 의심 눈초리 '곤혹'」 (한겨레신문, 2006.1.17).
윤태곤, 「PD수첩 녹취록 추가공개로 '영롱이' 의혹도 재점화」 (프레시안, 2005.12.16).

17) 이창섭, 「스너피 조작 정보 없지만 의혹해소 위해 검증〈네이처〉」, (연합뉴스, 2005.12.21).
본문 : 란자 박사는 황 교수팀이 복제기술이 아니라 쌍둥이를 만드는 기술인 할구분할 방법을 통해 '스피너'를 만들었을 가능성이 있다면서 미토콘드리아 DNA 검사를 실시할 것을 촉구했다.

18) 이은정, 「스너피 · 영롱이도 못 믿는다?」 (경향신문 2005.12.29).

19) 이은정, 「스너피 · 영롱이도 못 믿는다?」 (경향신문 2005.12.29).

20) 「황우석 신화, 어떻게 만들어졌나」 (MBC PD수첩, 2006.1.10).

21) 동물복제 전문가 C씨와의 인터뷰는 2007년 11월에 이뤄졌다.

| 34 | '늑대복제' 하면 이병천?

1) 임소형 · 박근태, 「스너피—암캐 이어 늑대… 동물복제 하면 "이병천"」 (동아일보, 2007.3.26).

2) 이한석, 「서울대, 복제늑대 '스널프', '스널피' 첫 공개」 (SBS 8시뉴스, 2007.3.26).

3) 유지혜 · 홍희경 · 박경호, 「늑대복제 성공, 황의 반격」 (서울신문, 2006.1.13).

4) Min Kyu Kim, et al., 「Endangered Wolves Cloned from Adult Somatic Cells」 (Cloning and Stem Cells, 2007 Spring:9(1)), p. 130~137.

5) 「〈보도자료〉 서울대 수의대 동물복제 연구팀 늑대복제 성공—개난자를 이용한 늑대복제 최초 보고, 서울대공원 전시」 (서울대학교 연구처, 2007.3.26).

6) Mark Henderson, 「Korean team creates first cloned wolves」 (Times online, 2006.3.26).

7) AFP 통신 서울발 기사의 제목은 「Korean researchers clone a wolf」였고, 게재일은 2007년 3월 26일이었다.

* 백두산 호랑이는 시베리아 호랑이의 일종이며 학술명은 'Panthera Tigris Altaica'

1) 이은영, 「황우석의 백두산 호랑이 복제 풀스토리, "백두산 호랑이 낭림이는 황 박사를 잘 몰라요」 (신동아 49권 2호 통권 557호, 2006.2), 120~127쪽.

2) 〈PD수첩〉 최승호 전 팀장의 2007년 〈신동아〉와의 인터뷰 내용이었다.
김승훈, 「황우석 사태 1년, 최승호 전 〈PD수첩〉 팀장의 토로」 (신동아, 2007.1), 244~260쪽. 본문인용 부분은 249쪽에 있다.

3) 윤호우, 「특집 황우석의 원천기술 언론플레이」 (뉴스메이커(weekly경향), 2006.2.10).

4) 김덕련, 「황우석, 연구보다 언론플레이가 우선」 (오마이뉴스, 2006.1.9).

5) 우영범, 「이종간 핵이식에 의한 한국 호랑이 복제에 관한 연구(Interspecies Somatic Cell Nuclear Transfer for the Production of the Siberian Tiger(Panthera Tigris Altaica)」 (서울대학교 대학원 수의학과 석사논문, 2001).
2000년 소, 고양이 난자를 이용한 호랑이 배반포 단계까지의 성공을 보고.

6) 김정태, 「호랑이 체세포의 이종간 복제기법 수립(Establishment of Tiger Intergeneric Somatic Cell Nuclear Transfer)」 (서울대학교 대학원 수의학과 박사학위논문, 2004).

7) 권용삼, 「The Tiger Interspecies Somatic Cell Nuclear Transfer with Porcine Oocyte Aided by ANOVA Analysis」 (서울대학교 대학원 협동과정 생물정보학전공 석사학위논문, 2005).
Hashem M. A. et al., 「Cell Cycle Analysis and Interspecies Nuclear Transfer of In Vitro Cultured Skin Fibroblasts of the Siberian Tiger(Panthera Tigris Altaica)」 (Molecular Reproduction and Development Vol.74 No.4, 2007), p. 403~411.

8) 국제특허 출원 'METHOD FOR PRODUCING CLONED TIGERS BY EMPLOYING INTER-SPECIES NUCLEAR TRANSPLANT ION TECHNIQUE(이종간 핵이식에 의한 복제 호랑이 생산방법)' 출원번호 EP00941006, 공고일 2001.7.25, 출원인 황우석, 미국과 유럽특허 출원을 뜻하는 FPD(First Page Data).

9) 김근배, 「황우석 신화와 대한민국 과학」 (역사비평사, 2007), 176쪽.

10) 이인용, 「백두산 호랑이 복제하는 서울대 황우석 교수와 대담」 (MBC 뉴스데스크, 1999.12.28).

11) 사진의 출처는 우영범 연구원의 석사학위 논문이다.

우영범, 「Interspecies Somatic Cell Nuclear Transfer for the Production of the Siberian Tiger(Panthera Tigris Altaica)」 (서울대 석사논문, 2001), 10쪽.

12) 우영범, 「Interspecies Somatic Cell Nuclear Transfer for the Production of the Siberian Tiger(Panthera Tigris Altaica)」 (서울대 석사논문, 2001), 12쪽.

13) 김정태, 「호랑이 체세포의 이종간 복제기법 수립(Establishment of Tiger Intergeneric Somatic Cell Nuclear Transfer)」, (서울대학교 대학원 수의학과 박사학위논문, 2004), 127~133쪽.

14) 김남응, 「백두산 호랑이 복제 1차 시도 무산」 (국민일보, 2000.8.8).

15) 우영범, 「Interspecies Somatic Cell Nuclear Transfer for the Production of the Siberian Tiger(Panthera Tigris Altaica)」 (서울대 석사논문, 2001), 10쪽.

16) 사진과 기사내용의 출처는 모두 『한겨레21』 기사이다.
김수병, 「낭림이와 황우석」 (한겨레21, 2005.8.12).

17) 김정태, 「호랑이 체세포의 이종간 복제기법 수립(Establishment of Tiger Intergeneric Somatic Cell Nuclear Transfer)」 (서울대학교 대학원 수의학과 박사학위논문, 2004), 130쪽.

18) 김근배, 『황우석 신화와 대한민국 과학』 (역사비평사, 2004), 180쪽.

19) 김정태, 「호랑이 체세포의 이종간 복제기법 수립(Establishment of Tiger Intergeneric Somatic Cell Nuclear Transfer)」, (서울대학교 대학원 수의학과 박사학위논문, 2004), 131쪽. 이 논문에 실린 복제 호랑이 초음파 임신진단 사진은 2006년 브릭(BRIC) 네티즌들에 의해 '복제돼지의 초음파 사진이 아니냐'는 의혹이 제기되었고 서울대 진실성위원회의 검증이 이뤄지기도 했다.

20) 김근배, 『황우석 신화와 대한민국 과학』 (역사비평사, 2004), 191쪽.

21) Byeong Chun Lee et al., 「Dogs Cloned from Adult Somatic Cells」 (Nature 436, 641 (4 August)| doi:10.1038/436641a; Published online, 3 August 2005).
이 논문의 교신저자는 황우석 박사이다.

22) 김순덕, 「[인물 포커스] 복제소 영롱이 아빠 황우석 교수」 (동아일보, 2005.5.25), 20면.

23) 서정, 「황우석 박사 줄기세포와 멸종의 호주 태즈메니아 호랑이」 (블로그 '디자인 두 시져스', 2008.10.3).
인터넷 주소 : http://blog.daum.net/ukhair/5791958?srchid=BR1http%3A
%2F%2Fblog.daum.net%2Fukhair%2F5791958

24) 사진의 출처는 머니투데이 기사이다.
오수현, 「멸종한 태즈메니안 타이거, 다시 볼 수 있으려나」 (머니투데이, 2008.5.20).

1) 강창구, 「황우석 무균돼지 식탁 위로」 (연합뉴스, 2006.11.19).

2) 「연합뉴스 보도관련 해명자료」 (경기도 농정국장, 2006.11.19).

3) 「황우석 기자회견」 (YTN 현장생중계 동영상 녹취, 2006.1.12)
   인터넷 주소 : http://www.ytn.co.kr/_comm/pop_mov.php?s_mcd=0301&s_hcd=&
       key=200601121053467923

4) 김 수 박사의 국회세미나 발표내용 인용은 불교TV(BTN) 방송녹취를 통했다.
   BTN 특별기획 「줄기세포 연구와 생명윤리법−국회세미나 체세포복제연구의 현황과 전망」
   2007년 2월 17일, 2월 24일, 3월 3일.

5) AP통신의 김 수 박사 인터뷰 기사는 AP기자가 수암연구원을 방문취재하고 뉴욕의 과학기자
   가 해외 과학자들 반응을 취재하는 형식으로 보도되었다. 게재일은 2007년 6월 21일이었으
   며 기사 제목은 「AP EXCLUSIVE : Disgraced South Korean scientist back in lab to
   restore his credibility」이었다.

6) 김근배, 『황우석 신화와 대한민국 과학』 (역사비평사, 2004), 199쪽.
   김근배 교수가 인용한 수치는 국립장기이식관리센터(http://www.konos.go.kr, 2006년 9월 10일)
   의 통계자료를 참조한 것으로 나와 있다.

7) 농림수산식품부 「바이오장기생산사업단 창단, 605억 원 투입」 (농림수산식품뉴스,
   2004.6.4).

8) 위 농림수산식품뉴스에서 인용.

9) 김 수 박사의 인터뷰 내용은 2006년 1월 13일 KBS 9시뉴스에 방영된 내용이다.
   이충헌, 「무균 돼지 줄기세포란」 (KBS 9시 뉴스, 2006.1.13).

10) 과학기술정책연구원, 「바이오장기 기술개발 및 산업화 동향」 (과학기술정책연구원, 2005),
    20~27쪽.

11) 이은정, 「黃 "무균돼지 통한 줄기세포 확립"」 (경향신문, 2006.1.12).

12) 김 수 박사의 국회세미나 발표내용 인용은 불교TV(BTN) 방송녹취를 통했다.
    BTN 특별기획 「줄기세포 연구와 생명윤리법−국회세미나 체세포 복제연구의 현황과 전망」
    2007년 2월 17일, 2월 24일, 3월 3일.

1) 앨빈토플러 하이디토플러, 「부의 미래(Revolutionary Wealth)」 김중웅 옮김, (청림출판, 2006), 34~35쪽.

2) 참여연대 시민과학센터 정책위원 김명진 씨의 발언내용은 〈PD수첩〉 방영분을 필자가 녹취한 뒤 본문에 인용했다.
「황우석 신화, 어떻게 만들어졌나」 (MBC PD수첩, 2006.1.10).

3) 관련내용과 사진의 출처는 워싱턴포스트 기사이다.
Rick Weiss, 「Scientists announce Mad Cow Breakthrough」 (Washington Post, 2007.1.1), p. 403.
인터넷 주소 : http://www.washingtonpost.com/wp-dyn/content/article/2006/12/31/AR2006123100672.html

4) 강호원, 「중국도 광우병 내성소 복제성공」 (세계일보 신화통신 인용, 2006.4.27).

5) SB Prusiner, 「Molecular biology of prion diseases」 (Science 14 June: Vol. 252. no. 5012, 2001), pp. 1515 - 1522 / DOI: 10.1126/science.1675487

6) C. Denning, et al., 「Deletion of the (1,3)galactosyl transferase (GGTA1) gene and the prion protein (PrP) gene in sheep」 (Nature Biotechnology 19, 2001), p. 559~562 / doi:10.1038/89313
이 연구는 로슬린연구소(Department of Gene Expression and Development, Roslin Institute, Roslin) 연구원들이 주도했으며 이언 윌머트도 공동교신저자로 참여하고 있다.

7) 2007년 1월 1일, 미국 언론들은 일본 기린맥주 부설 연구소와 기린의 미국 자회사 헤마텍의 연구진이 내성소 12마리를 만들어냈으며 이들 모두 20개월이 될 때까지 건강하게 자라고 있다고 전했다. 연구진은 소에서 광우병을 발생시키는 단백질 '프리온'을 제거하기 위해 유전자의 특정 기능을 제어하는 '녹아웃' 기법을 이용한 뒤 이렇게 만들어진 세포를 복제해 내성소를 탄생시켰다.
이종국, 「미 · 일 연구진, 광우병 내성소 복제 성공」 (YTN, 2007.1.1).
박상표, 「미 · 일 광우병 내성소 복제 호들갑」 (참세상, 2007.1.2).

8) Mohammad Musharraf Uddin Bhuiyan, 「체세포 핵이식기법을 이용한 소 형질전환 복제 배아의 생산에 관한 연구(Studies on the production of bovine transgenic cloned embryos by somatic cell nuclear transfer)」 (서울대학교 대학원 수의학과 박사학위 논문(지도교수: 황우석), 2004).

9) 조종기, 「체세포 복제에 의한 형질전환 소 생산체계 확립(Establishment of systems for transgenic cow production by somatic cell nuclear transfer)」(서울대학교 대학원 수의학과 박사학위 논문(지도교수: 이병천), 2004).

10) 이기진, 「황우석팀 의약품 생산 복제소 특허 받아」(동아일보, 2005.10.21).

11) 박건형, 「[美 쇠고기 논란 확산] 황우석 '광우병 내성소' 논쟁으로」(서울신문, 2008.5.7).

12) 황현택, 「[단독] 광우병 내성소 검증작업 1~3년은 더 걸려」(세계일보, 2006.1.23).
세계일보 기자는 일본 이바라키현 쓰쿠바시에 위치한 동물위생연구소 연구교류과장 오노데라씨와의 전화 인터뷰를 했는데, 일단의 내용은 다음과 같다.
질문 : 광우병 내성소가 맞다고 보나.
답변 : 확인 중이다. 아직 반년밖에 지나지 않았고, 시간이 꽤 걸리는 연구다. 이르면 1년, 늦으면 2, 3년이 걸릴 수도 있다. 확인방법은 광우병 내성소를 여러 가지 방법으로 감염시켜 진짜 내성소가 맞는지 보는 것이다. 만약 감염이 된다면 서울대가 주장한 방식으로는 진정한 광우병 내성소가 되지 않는다는 것을 보여주는 셈이다.
질문 : 광우병 내성소에 대한 논문이 없는데, 무엇을 근거로 교류연구를 하는가.
답변 : 우리는 「사이언스」나 「네이처」 같은 잡지에 논문이 발표되는 것을 전제로 교류연구를 하진 않는다. 필요에 따라 직접 확인하는 것이다.

13) 황우석 변호인단이 2006년 공판과정에서 제기한 '피고인 황우석에 대한 신문' 중.